KB079458

갈라진 마음들

갈라진 마음들

김성경 지음

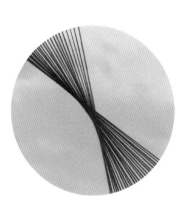

분단의 사회심리학

창비

프롤로그

처음으로 먼발치에서나마 북조선 인민들을 본 것은 2001년 여름이었다. 우연한 기회에 방문한 조·중 접경지역에서 강 너머 까맣게 그을린 삐쩍 마른 아이들과 눈이 마주친 적이 있었다. 너무나 낙후된 환경에 이미 할 말을 잃은 나는 그들이 왜 저렇게 말랐는지 질문조차 할 수 없었다. "저쪽은 못 먹어서 저래요." 함께 간 중국 동포 가이드는 일상인 듯이 말했다. 지난밤 온갖 중국음식으로 배불리 먹었던 나와 일행은 수치심을 느꼈던 것 같다. 이 상태가 되도록 아무것도 하지 않았다는 것에, 무엇보다 막상 눈으로 직접 확인하기 전까지 별다른 생각조차 없었다는 것에 쥐구멍에라도 들어가고 싶은 심정이었다.

연길을 떠나면서 뭐든 하겠다는 생각을 했던 것 같다. 하지만 불과 며칠 지나지 않아 그때 본 북조선 인민들의 얼굴이 희미해졌다. 잠깐의 충격이 사그라지는 속도는 찰나였다. 그렇게 10년이

지났고, 다시 연길에 간 것이 2011년이다. 강 건너는 10년의 세월이 무색할 만큼 똑같아 보였다. 간간이 보이는 사람들의 얼굴과 표정 또한 변함없었다. 곳곳이 민둥산이었으며, 살림집은 녹슬고 낡았다. 여전히 그들은 못 먹고 있었다.

북조선 연구를 본격적으로 시작한 이유는 내 마음속에 잔흔으로 남겨진 그들의 얼굴 때문이었던 것 같다. 북조선과 분단에 관련된 기존 연구가 정치체제와 권력구조에 집중되어 있었지만, 정작 궁금한 사람들의 삶이나 문화에 대한 연구는 부족한 것도 동인이었다. 독재체제에 신음하는 사람들로 단순화하기에는 그들의 삶이 너무도 치열하다. 그렇다고 여느 누구와도 비슷한 보편적 존재로 설명하기에는 이들의 사회문화적·역사적 맥락의 영향력이 엄청나다. 무지는 편견을 만든다. 편견은 오해를 낳는다. 그렇게 남북의 사람들은 멀어져갔으며, 분단된 시간 동안 북녘에 사는 이들은 생존의 고통을 그들끼리 오롯이 견뎌내고 있다.

북조선 인민들에 주목하면 할수록 나머지 반쪽으로 존재하는 이곳의 사람들이 눈에 들어왔다. 아무렇지도 않은 것처럼 살아가고 있지만 불쑥불쑥 등장하는 분단이라는 폭력에 허우적거린다. 태극기를 들고 나라 걱정을 하는 어르신부터, 북조선을 한국 경제의 '먹거리'로 해석하는 회사원들, 젊은 시절 기억을 반추하며 통일 문제에 다시 관심을 기울이는 중장년층, 북조선에 관심 없다는 청년들까지 각자의 자리에서 분단 문제에 자유롭지 못한 삶을 살아가고 있다. 때로는 과잉된 혐오와 적대감으로, 아니면 무관심과 무시로 각자의 사회적 위치에 걸맞게 나름의 대응방식을

체화하고 있다. 분단은 그렇게 남북 모두의 삶을 비틀어버렸다.

그렇다면 분단만 해결되면 될까? 만약 운이 좋아 한반도에서 국제정치적 지각변동만 가시화되면 이 모든 갈등과 편견은 한순간에 사그라질 수 있을까? 국가와 정치체제 수준에서의 변화가 오랫동안 켜켜이 쌓여 다음 세대로 전수되고 있는 감정과 마음까지 단번에 바꿔낼 수 있을 것인가의 문제 말이다. 구조적 차원의 전환을 추동할 수 있는 것도 사람들이지만, 동시에 외부적 변화에 아랑곳하지 않고 유지되는 것이 사람들의 마음이기도 하다. 지금이라도 분단으로 찢겨나간 사람들의 분열된 마음과 감정의 면면을 밝혀내야 하고, 그 상처를 보듬어야 한다. 평화라는 새로운 감각체계를 몸과 마음에 새겨넣어 탈분단의 주축이 되어야 한다. 결국 이곳의 사람들이 진심을 다해 나설 때 근원적인 변화가 가능하기 때문이다.

이 책은 분단 문제를 사람들의 경험, 인식, 감정 등의 층위에서 분석하고자 했다. 특히 분단이 생산하는 감정구조, 나의 개념으로는 '분단적 마음'이 현 상태를 재생산하는 데 결정적인 역할을 하고 있음을 밝혔다. 모두가 공유하는 이 마음을 평화와 탈분단의 마음으로 전환하지 않고서는 분단 문제의 궁극적인 해결이 어렵다는 것을 주장하였다. 국가가 나서서 남북한의 평화와 화해를 모색하는 것도 중요하겠지만, 우리 스스로 우리 안에 존재하는 분단적 감정과 감각을 마주하고, 이것을 전환하려는 노력 또한 병행되어야 한다. 여기서 '우리'란 단순히 남북이라는 지정학적 공간에 살고 있는 이들만을 지칭하는 것은 아니다. 식민-전쟁-분단의 중층적 역사 공간에서 생산된 수많은 코리안 디아스포라를 아우르며, 과거-현재-미래 세대까지 포함하는 상상적 공동체를 지칭하는 것이다. 이러한 시도는 단순히 민족이라는 근대적 집단 정체성을 넘어서 평화라는 가치를 공유하는 보다 열린 공동체를 지향하는 것이기도 하다.

한편 이 책은 분단과 북조선을 문화적으로 읽어내려는 시도의 일환이다. 가능하면 독자들이 분단과 북조선에 대해 낯설게 생각하길 바라면서 이 책을 썼다. 사유의 전환이 행동과 실천의 변화를 가능하게 한다고 믿기 때문이다. 무엇보다도 분단 문제에 관련된 연구는 담론적 수준의 분석에 머물지 않고, 문화정치적 참여와 개입에 나서는 것이 중요하다고 생각한다. 이런 맥락에서 이 책은 현실 사회에 개입하여 변화를 기획하는 것의 중요성을 강조해온 문화연구cultural studies적 접근을 따르고 있다. 특히 분단국의 문화연구자로서 분단구조의 문제를 어떻게 접근하며, 어떤 전략과 방법으로 넘어서야 하는지에 대한 고민과 질문을 이 책에 담아내려 했다.

분단과 마음에 관한 문제의식은 대한민국 교육부의 재원으로 한국연구재단의 지원 아래 수행되고 있는 북한대학원대학교 남북한마음통합연구센터의 연구프로젝트의 일부로 발전되었다 (NRF-2017S1A3A2065782). 박사학위를 마친 이후 여러 연구소와 대학을 떠돌던 내게 분단과 마음이라는 새로운 연구주제를 마주할 수 있게 도와준 연구팀의 모든 동료 연구자께 진심으로 감사드린다. 세교연구소에서 진행한 창비담론 아카데미도 커다란 지적 자극이 되었음을 밝혀야 할 것 같다. 성공회대학교 동아시아연구소, 싱가포르국립대학교 아시아연구소, 싱가포르국립대학교 사회학과 등에서 만난 동료 연구자들도 소중한 자양분이 되었다. 특별히 탈식민이라는 질문의 무게감이 무엇인지를 고민하게 해준 타이완의 문화연구자 천광싱陳光興 선생께 깊은 감사를 드린다. 내가 신진연구자로서 곳곳에서 암초를 만나 좌절할 때마다 항상 손을 내밀어주셨다.

마지막으로 번잡스레 분주한 나를 견뎌준 가족들에게 이 책을 바친다. 느리더라도 멈추지 않고 연구하는 것으로 보답하고자 한다.

2020년 9월
김성경

차례

1
장

분단의 사회심리학

분단을 살아간다는 것

우리는 분단에서 자유로워질 수 있을까

분단이 지겹다고 한다. 조금 더 정확하게는 분단을 '이야기하는 것'이 시대착오적이라는 것이다. 하긴 한동안 널리 회자된 세계화와 신자유주의 같은 개념조차 힘을 잃어가고, 과학기술혁명, 포스트휴먼, 포스트트루스post-truth와 같은 낯선 패러다임이 터져나오는 이 시기에 아직도 분단이라니. 세계는 광속으로 변해가는데, 한국사회는 여전히 20세기에 매몰되어 있음을 증명하는 것이기에, 한탄할 만도 하다.

그러나 안타깝게도 분단은 계속되고 있다. 우리 삶을 옥죄고 있다. 분단은 발달된 테크놀로지와 결합되어 더욱 교묘하고 은밀하게 작동한다. 한국에 살고 있는 사람이라면 누구나 분단이 만들어낸 감정과 마음에서 자유로울 수가 없다. 게다가 '사실' 혹은

'진실'에 대한 근대주의적 믿음이나 인간의 존재론적 가치가 흔들리면서 등장한 극단주의와 극우주의는 분단이 더욱 맹위를 떨치게 하였다. 마치 전쟁 시기에 그러했던 것처럼 '빨갱이' '종북' '미제 앞잡이' '토착왜구' 등과 같은 편가르기와 적대적 언어는 온라인과 오프라인을 가리지 않고 사회 전반으로 확산되었으며, 다른 생각을 가진 이들을 향한 혐오의 감정은 강화되고 있다. 언어적·물리적 비방과 폭력이 난무하게 되면서 갈등의 근본 원인에 대한 치열한 분석은 사라져버린다. 도대체 분단은 무엇이며, 우리에게 무엇을 남겼는가? 우리는 과연 분단에서 자유로워질 수 있을까?

분단의 역사는 70년을 훌쩍 넘었다. 한세기 가까운 시간 동안 남북은 서로를 적으로 규정하며 살아온 것이다. 1945년 식민지 조선의 해방 이후 국제적 냉전질서의 영향으로 북위 38도 기준선으로 분단선이 그어졌다. 한반도 북측 지역은 소련 군정이 지배했으며, 남측 또한 미군정의 통치하에 있었다. 극단적 혼란이 이어졌고, 결국 1950년 한국전쟁으로 귀결되고 만다. 한국전쟁은 역사상 가장 참혹한 내전 중 하나로 기록되었으며, 동시에 냉전의 양 진영 간에 치러진 국제전이었다. 물론 그 상처의 대부분은 한반도에 살고 있는 사람들에게 오롯이 남겨졌지만 말이다. 1953년 정전협정이 이루어진 이래 한반도는 말 그대로 '정전停戰' 상태, 즉 전쟁을 잠시 멈춘 상태로 존재해왔다. 총포 소리가 잦아들자 전쟁이 끝났다고 잠시 착각하기도 했다.

하지만 일상 속 전쟁은 더욱 치열해져만 갔다. 전쟁은 인간을 파괴하며, 사회를 왜곡한다. 국가 안보라는 이유에서 개인의 자유와 권리는 언제든지 침해될 수 있는 것이었으며, 체제 우월성을 증명하는 것이 실질적인 민주화나 평등하고 공정한 사회경제 구축보다 우선시되었다. 한국은 압축적 근대화로 정의되는 급격한 경제성장을 내세워 체제 우위를 선점하려 하였고, 북조선°은 물질적 풍요를 추구하는 남한을 비판하면서 식민 청산과 반제국주의를 앞세운 정치와 경제 시스템으로 우월성을 증명하려 하였다. 체제경쟁이 격화되면 될수록 그곳에서 살아가는 사람들의 삶은 피폐해져만 갔다. 그만큼 무한경쟁에 내몰린 한국 시민들과 반제국주의 투쟁이라는 미명하에 생존과 자유를 억압받는 북조선 인민들의 힘겨운 삶은 분단이라는 동일한 원인에 기반을 두고 있다.

분단과 착종된 탈식민의 과정은 뒤틀릴 수밖에 없었으며, 그 흔적은 독특한 사회체계가 형성되는 데 결정적인 역할을 하였다. 탈식민화를 최우선 가치로 내세우면서 체제 정당성을 획득하고 수령을 중심으로 한 사회를 구축한 북조선과 한미동맹 체제를 기반에 두고 경제발전을 이뤄낸 한국의 경로는 역설적으로 닮아 있기도 하다. 탈식민이라는 동일한 과정을 과잉과 결핍이라는 방식으로 상이하게 대응하고 있지만, 상호배제에 기반을 둔 사회구조를 구축함으로써 남과 북은 그 의존도가 절대적이기 때문이다.

° 이 책에서는 조선민주주의인민공화국이 자신들을 지칭하는 개념으로 쓰고 있는 북조선으로 용어를 통일하였다. 남쪽과 북쪽을 함께 지칭할 때는 북한이라는 표현을 제한적으로 썼지만, 가능하면 그들이 공식적으로 자신들을 지칭하는 용어로 불러주는 것이 적절한 표기법이라고 생각하기 때문이다.

분단의 맥락에서 서로의 타자로서의 정체성이 남북한 사회의 근간이 되었다는 뜻이다. 북조선이 아닌 것이 한국사회를 규정짓는 요인이 되고, 비슷하게 한국과는 다른 정치, 경제, 사회 체제가 북조선의 지향점이 되었다. 그렇게 남과 북은 지독히도 서로를 의식하면서 진화해왔다.

남북한 사회가 이럴진대, 이곳에서 살아가는 사람들 또한 이러한 구조에서 자유로울 수 없다. 그럼에도 우리는 점차 분단에 대해서 말하지 않는다. 모두들 무감각해져서인지, 분단을 중요한 문제로 인식하지 않는다. 그렇다면 질문은 시대를 아우르는 문제의 근원인 분단이 이처럼 쉽사리 간과되는 이유가 무엇인가 하는 것이어야 한다. 역사를 관통하는 근본 모순임에도 불구하고, 대다수의 사람들이 분단을 당연한 조건으로 받아들이는 이유는 무엇일까? 무엇보다도 분단을 살아간다는 것은 어떤 것일까?

분단에 장악된 일상, 인식, 감정

민주화와 압축적 경제성장, 극단적 신자유주의와 세계화 등의 파고를 헤쳐온 한국사회는 어쩌면 의도적으로 분단을 외면하려 했는지도 모른다. 백낙청의 표현을 빌리면 한국사회는 '후천성분단인식결핍증후군'에 시달리고 있는데, '분단'이라는 비정상적인 사회구조를 '정상적'인 것으로 인지하게 하는 분단 효과가 우리의 인식체계 자체를 왜곡해왔다.[1] 국제사회가 인정하고 있는 북조선이라는 존재를 부정하는 헌법의 영토 조항부터, 국가보안법, 징병제, 막대한 국방예산, 거기에 첨예해져만 가는 남남갈등과 종북몰이까지 한국사회의 모순이나 갈등의 근간에 분단이 있다. 그럼에도 '정상적'인 것으로 둔갑해버린 분단은 논의의 지평에서 자취를 감춰 우리가 바꿔서는 안 되는 혹은 바꿔낼 수 없는 성역으로 간주되고 만다.

분단과 결합되어 작동해온 자본주의는 한국사회의 독특한 모순을 생산하였다. 백낙청의 분단체제론이 지적하고 있는 것처럼 한국사회는 세계를 장악해온 '세계체제'world system의 하위 단위이면서 동시에 분단을 매개로 한 독특한 '체제'이기도 하다. 자본주의의 전지구적 작동에 주목한 월러스틴Immanuel Wallerstein의 세계체제론을 한반도 분단의 맥락에서 재해석한 '분단체제론'은 남북의 '독특한 상호적대/상호의존의 굳건한 결합구조'에 주목한다.[2] 거칠게 요약하자면 남북의 기득권세력은 분단을 활용하여 자신의 권력을 유지함으로써, 기형적 사회를 재생산해왔다는 것이다. 월러스틴이 주목했던 세계제국과 세계경제로 요약되는 자본주의 세계체제가 한반도에서는 분단이라는 또 하나의 하위 체제와 긴밀하게 연관되어 작동한다는 분석이다.[3] 한국사회의 자본 집중화와 계급 불평등의 문제는 세계체제만으로는 설명될 수 없는 독특한 분단적 맥락을 담지하고 있기에 한국사회의 진정한 변혁과 변화는 단순히 세계체제를 해체하는 것으로는 완성될 수 없다. 세계체제–분단체제–남/북한체제라는 세 층위의 중층적 결합 양식의 면면을 밝혀내어, 그 연결고리를 끊어내는 작업, 좀더 구체적으로는 분단체제를 해체함으로써 세계체제와 남북한 국가체제의 문제를 내부로부터 격파하려는 시도가 요구된다.

분단체제론은 남북한 사회를 논의할 때 세계체제의 일부로서의 측면과 분단체제 차원의 문제, 그리고 한국과 북조선 체제 한쪽에 집중할 때 부상하는 문제를 다층적으로 살펴보자는 제안을 담고 있다.[4] 세계체제-분단체제-남/북한체제가 중첩되어 있는 한반도의 맥락에서 자본주의 세계체제의 변혁은 반자본주의 체제 혹은 사회주의 체제의 구축보다는 그 내부에 존재하는 분단체제의 극복이라는 현실적 방안을 통해서 모색될 수 있다. 자본주의 극복이라는 기치를 내걸고 등장했던 사회주의권이 붕괴한 것은 그만큼 세계 단위로 구성된 자본주의 착취 체제가 공고화되었음을 의미하는 것이고, 이에 대한 극복 방안은 결코 과거와 같은 방식이 될 수 없다는 문제의식이 공유되고 있기 때문이다. 이런 맥락에서 분단체제의 극복은 단순히 남과 북의 문제에만 머무는 것이 아니라 세계사적 의미를 지닌 대변혁의 프로젝트가 된다.

분단체제론의 이러한 시각은 분단체제 극복이라는 실천적 문제를 남과 북이라는 국가 단위와 지역, 그리고 세계체제와의 연관성의 맥락에서 새롭게 사유하게 한다.* 또한 분단체제론은 남한체제의 근본적 문제는 분단을 매개로 한 세계체제의 작동에서

---

* 동아시아 맥락에서의 분단체제론은 최원식 등에 의해서 발전되었다. 최원식은 분단체제론과 동아시아라는 지역적 관점을 결합하여, 한반도 중심주의를 탈피하려는 시도를 하였다. 이에 대해서는 최원식 『제국 이후의 동아시아』, 창비 2009; 류준필 「분단체제론과 동아시아론」, 『아세아연구』 52권 4호, 2009 참고.

기인한다는 입장이다. 예컨대 남한사회의 극심한 경쟁과 갈등 같은 사회문제는 결국 분단을 배태한 세계 자본주의의 착취구조가 작동함으로써 가능해진 것이다. 이런 맥락에서 남한사회의 사회문제는 여느 국가의 것과는 다른 양상으로 전개되었고, 그만큼 이에 대한 극복 방안 또한 분단과 절합^{articulation}되어 있는 세계체제를 문제시함으로써 가능함을 알 수 있다.

한국사회는 분단이라는 특수한 상황하에서 경제발전을 이루었으며, 이 과정에서 국가가 강력하게 작동하는 경제체제를 구축하였다. 소위 압축적 근대화 혹은 국가자본주의라고 정의되는 국가중심적 경제성장 모델을 구축한 것이다. 이러한 경제구조는 경제성장의 속도라는 측면에서 괄목할 만한 성과를 거두기는 하였지만, 경제 불평등을 가중시켰으며 불안정한 복지체계의 원인이 되었다. 또한 군사비 지출과 징집제 등은 경제적 부담이긴 하더라도 강력한 국가를 유지시켰으며, 이런 구조하에서 개인의 권리나 이해관계는 국가의 이름으로 언제든 제압당할 수 있었다. 여기에 신자유주의의 광풍이 점차로 확산되면서 대부분의 개인들은 끝없는 경쟁으로 인한 상시적인 불안감을 안고 살아가게 된 것이다. 한국사회를 살아가는 개인들은 확실성을 잃어버린 채 부유하는 삶을 살아가게 되고, 거기에 분단이라는 또다른 층위의 억압구조에 포획되어 신음하게 되는 것이다.

분단을 활용하여 자신들의 지배구조를 구축한 세력들은 시민이 '분단'을 인식하여 극복하는 것을 달가워하지 않음은 당연한 일이다. 이런 맥락에서 백낙청이 경고한 '후천성분단인식결핍증후군'은 지금껏 한국사회를 장악해온 교육과 언론 등의 지식(담론) 과 자본주의 체제의 기득권세력 등의 합작품이다. 물론 중요한 역사적 발전 기점마다 분단의 작동을 알아챈 시민들의 행동이 터 져나오기도 했지만 대부분은 분단이 자신의 삶의 근본적 모순임 을 간파하지 못한다. 한국사회가 몇번의 혁명과도 같은 민주화의 과정을 이뤄내면서도 시민이 주도하여 분단을 해체하는 일에 적 극적으로 나서지 못한 것은 분단세력의 권력이 우리의 일상과 인 식 그리고 감정까지도 장악하고 있음을 의미하는 것이기도 하다.

그렇다면 북조선의 상황은 어떠할까? 북조선의 사회주의 실험 이 3대 세습이라는 권위주의적 독재체제로 귀결된 이유 중 하나 는 바로 분단체제의 작동이다. 김일성의 권력을 공고하게 했던 1956년 8월 종파사건과 1967년 갑산파 숙청을 통해서 주체사상 을 공식화한 것 등의 배경에는 냉전과 분단이 자리하고 있기 때 문이다. 예컨대 1956년의 8월 종파사건은 외부적으로는 스딸린I. V. Stalin 사후에 진행된 흐루쇼프N. S. Khrushchyov의 스딸린 격하운동에 대응하면서도 중소분쟁 사이에서 북조선만의 입지를 구축하기 위한 것이었다. 내부적으로는 한국전쟁이라는 열전을 마치고 냉 전의 두 진영 사이에서 이루어지는 급격한 세력 재편에 대응하기 위한 방편으로 김일성의 절대적 권력 체계가 정당화되었다. 또한 1967년의 갑산파 숙청 이후에는 주체사상이 통치이데올로기로서 전면에 등장하고, 김일성-김정일로 이어지는 개인 우상화가 더 욱 강화된다. 냉전의 반대편에 있는 미국-한국이라는 축에 대응 하면서도 동시에 소련이나 중국의 영향력에서도 어느정도의 자율성을 확보하는 것이 중요했던 북조선은 '주체'라는 새로운 개념과 이념체계를 내세움으로써 자신들만의 사회체계를 구축하려 했다.

문제는 '주체'의 사회가 외부로부터 북조선을 고립시키고, 통제체계가 더욱 촘촘하게 작동하게 하였으며, 수령 중심의 경직된 사회적 관계를 만들어냈다는 데 있다. 김일성 수령에 대한 절대적 복종과 김정일과 김정은으로 이어지는 권력 승계는 '주체'라는 맥락에서 정당화되기까지 한다. 특히 동구권이 몰락하고 냉전의 한 축이 크게 흔들리면서 북조선은 '우리식 사회주의'라는 기치 아래 인민들을 더욱 통제하기에 이른다. 사회주의 국가가 붕괴한 것은 자본주의적 사고와 개인주의 등이 퍼졌기 때문이라고 평가하면서, 외부의 영향을 차단하여 북조선만의 사회주의를 구축하고자 했다. '우리식 사회주의'는 수령을 중심으로 한 정치체계와 전시 사회체계 구축 등으로 현실화된다. 이런 상황에서 미제국주의의 위협에 맞선다는 명분에서 이루어지는 상시적 대중동원이 일반화되며, 외부의 개입을 속출해낸다는 원칙을 앞세워 촘촘한 감시와 통제 체계가 작동하게 된다.

한편 북조선의 핵 개발 또한 미국을 위시한 세력의 '위협'이 주요 명분으로 활용된다. 분단이 작동하는 상황에서 북조선은 자신의 체제가 외부에 의해서 붕괴될 수 있다는 두려움에 노출되어 있고, 그 어떤 희생을 치르더라도 핵 무력을 완성하여 체제를 안정적으로 유지하려 한다. 이런 의식구조에서는 아무리 인민이 먹을 것이 없어 죽어가도 외부의 위협에 대응하기 위해서라면 군사비를 지출하고, 군을 우선하는 것이 당연시된다. 사실상의 전시 상황이라는 미명하에 무려 10년에 달하는 과도한 징집기간과 국가 중점 사업에 동원되는 조직화된 노동력 등이 필수불가결한 조건으로 둔갑한다. 개인주의에 대한 비판과 집단주의적 생활태도 또한 위협에 대응하여 '주체의 나라'를 구현하기 위해서 불가피한 것이 된다. '고난의 행군' 이후에 시장이 빠르게 확산되었음에도 불구하고 국가의 시장 통제가 여전히 가능한 것은 바로 분단을 매개로 절대화되어 있는 국가권력 때문이기도 하다.

그만큼 작금의 북조선사회는 냉전의 위협을 담지한 분단체제가 생산한 것이며, 북조선 인민들의 삶 또한 그러하다. 북조선체제는 주민을 통제하고 권력의 정당성을 확보하기 위해서 미 제국주의의 위협을 적극적으로 활용하였다. 미국과 한국은 북조선을 견제하기 위해 군사훈련 및 군비 증강을 계속하고 있으며, 북조선은 이에 대한 대응으로 군사적 도발에 나선다. 북조선의 군사적 대응은 다시 미국과 국제사회의 제재로 이어진다. 누가 먼저 시작했는지 불분명한 이 게임에서 서로를 위협으로 호명하며 각자 정치적 이득을 챙기고 있다. 부시 행정부가 이미 '악의 축'이라는 레토릭으로 미국사회를 통합하고, 국제사회에서의 자신들의 패권적 지위를 강화한 것이 좋은 예이다. 북조선 또한 미국의 위협이 있기에 3대 세습으로 이어지는 독특한 정치사회체제를 구축할 수 있었다. 즉 분단체제가 담지하고 있는 적대적 공생 관계는 남북을 넘어 북조선과 미국 사이에서도 작동한다.

이런 상황에서 북조선의 인민이 '분단'을 해체하는 일에 나설 수 있을까? 자신들의 삶을 옥죄고 있는 것의 근원이 단순히 독재자에게 있는 것이 아니라 냉전과 분단이 촘촘하게 얽혀 있는 국제 정세의 파생물이라는 것을 꿰뚫어볼 수 있을지의 문제 말이다. 북조선체제는 더욱 미국의 적대 정책을 자신들의 권력 정당성을 강화하는 방식으로 선전할 것이고, 이런 상황에서 인민들이 분단-냉전-세계체제의 중층적 작동을 문제시하는 인식을 구축하기란 쉽지 않다. 문제는 북조선 인민들이 자신을 둘러싼 세계의 작동을 인식하지 못한 채 이루어지는 그 어떤 변화도 분단체제의 완전한 해체로 확장되기 어렵다는 사실이다. 아무리 위로부터의 체제 전환이 일어난다고 하더라도 그것은 결국 분단체제의 작동을 더욱 은밀하게 강화하는 것에 머물 확률이 높기 때문이다. 분단과 위협에 대한 과잉된 감정은 체제에 순응적인 인민을 생산하였다. 그만큼 분단체제 해체의 주역으로서의 주체적 인민이 등장하기 위해서는 상당한 시간과 역동적인 역사적 국면이 요구된다.

분단이 만들어낸 마음

감정, 정동, 마음

분단에 상대적으로 무관심한 한국 시민과 분단에 과잉된 위협
감을 느끼는 북조선의 인민은 분단체제가 만들어낸 쌍생아이다.
다른 양상으로 나타나는 감정구조가 결국 분단체제라는 같은 뿌
리에 근원을 두고 있다는 뜻이다. 분단이 문제적인 이유는 이성
수준만이 아닌 감정을 생산한다는 데 있다. 근대의 포문을 연 데
까르뜨 R. Descartes의 '코키토 에르고 숨' cogito, ergo sum은 근대 사회의
주요 법칙이 무엇인지를 명확하게 드러낸다. "나는 생각한다. 고
로 존재한다."는 이 명제는 '생각한다는 것'이야말로 인간의 존재
를 증명하는 것임을 설파한다. 근대적 인간이라 함은 즉 생각하
는 능력, 이성을 통해서 인식하고 의심하는 존재라는 뜻이다. 사
회과학에서 이성중심주의는 근대성의 핵심을 이루게 되었고, 자

연스레 이성의 영역을 그것의 외부를 설정함으로써 명확하게 구축하게 된다. 특히 데까르뜨는 인간을 속이는 '감각'이 현실과 존재를 진실이 아닌 것으로 만들어내고, 이를 의심하는 생각하는 능력이야말로 참과 거짓을 판별하게 한다고 강조한다. 인간을 혼란에 빠뜨리는 감각은 이성의 힘으로 극복해야 하는 것이다. 그렇다면 데까르뜨가 감각이라고 정의한 힘의 전반은 이성 밖의 어떤 것들, 즉 감정, 정동情動, 감성, 느낌 등을 포함하는 것이다.

이성의 이름으로 오랫동안 유폐되어 있던 광범위한 영역을 다시금 주목하려는 시도는 근대 사회에 대한 성찰과 깊은 연관을 가진다. 그 방식은 두가지로 진행되는 경향이 있는데, 하나는 근대성의 논의에서 소거된 감정 등의 힘을 이성중심주의에 대한 대안으로 주목하려는 것이고, 다른 하나는 이성과 감정의 이분법을 해체함으로써 이성과 감정의 관련성을 강조하는 것이다. 전자의 경우에는 근대 이후 탈근대 패러다임의 등장의 맥락에서 감정의 중요성을 강조한다면, 후자는 근대성에 대한 사회과학적 접근에서 감정은 단지 명시적으로 다루어지지 않았을 뿐 단 한번도 배제된 바 없다는 주장을 담고 있다. 우리가 어느 쪽 입장에 서 있든 기억해야 할 것은 사회를 생산하는 중요한 힘으로서 감정, 정동, 감성 등을 주목했다는 점이다. 지금껏 통제되고, 계몽되어야 하는 것으로 호명되던 광범위한 영역이 인간의 존재론적 특성으로 복원되었음을 의미하는 것이고 동시에 사회를 구성하는 결정적 역할을 하고 있음을 인정하는 것이기도 하다.[5]

이성이 상대적으로 명확하게 정의되어왔다면, 이성 안팎의 힘에 대해서는 다양한 개념이 등장하고 있다. 가장 대표적인 것은 감정 emotion 으로, 사람들의 개인적인 심리적 상태를 뜻하면서도 동시에 상호작용을 통해서 만들어지는 특정한 감성과 느낌 전반을 일컫는다. 1970년대 이후 감정적 전회 the emotional turn 로 명명될 정도로 '감정'에 대한 연구가 쏟아져 나오게 되는데, 현대 자본주의 사회의 갈등과 감정의 관계에 대해서 논의한 랜들 콜린스 Randall Collins 의 『갈등사회학』 Conflict Sociology 을 필두로 신자유주의와 감정의 상관관계를 분석한 대표적 연구가 등장하게 된다.* 감정 사회학으로 명명되는 대다수의 연구는 고전사회학자의 연구에서 충분히 주목받지 못한 감정에 대한 논의를 적극적으로 차용하여 감정의 중요성을 논증하거나 현대 사회의 작동원리로서 사랑, 분노, 수치심, 공포 등의 감정을 분석하기도 한다.

비슷한 문제의식에 등장한 정동 affect 담론은 이성과 감정의 이분법을 넘어서는 것에서 한걸음 더 나아가 인간 중심의 접근이 아닌 수많은 물질과 사회체계 작동의 메커니즘을 전면에 내세운 시도이다. 이는 소위 물질적 전환 the material turn 이라고 하는 지적 흐름과도 연관이 있다.[6] 몸과 이성의 구분뿐만 아니라 사회와 자연,

---

* 감정을 다룬 고전사회학자는 에밀 뒤르켐(Émile Durkheim), 막스 베버(Max Weber), 지멜(Georg Simmel), 애덤 스미스(Adam Smith) 등 상당수를 이룬다. 하지만 이들의 연구는 대부분 이성중심주의 패러다임에서 해석되어오다가 1970년대에 들어서 적극적으로 감정사회학의 맥락에서 다시 주목받게 되었다. 랜들 콜린스의 연구를 시작으로 앨리 혹실드(Arlie Russell Hochschild)는 감정이 자본주의 사회에서 어떻게 조율되고 관리되는가에 주목했으며, 사회적 상호작용의 맥락에서 감정의 역할에 주목한 시어도어 켐퍼(Theodore D. Kemper), 자본주의는 감정적 관계를 생성하고 있음을 주장한 에바 일루즈(Eva Illouz) 등이 있다.

인간과 물질 등의 연관성을 포착하고자 하는 것인데, 여기서의 인간은 사회적 혹은 자연적 환경 및 물질과의 연속적인 작동을 통해서 변환되는 존재이다. 정동은 "몸과 몸(인간, 비인간, 부분-신체, 그리고 다른 것들)을 지나는 강도들에서 발견되며, 또 신체와 세계들 주위나 사이를 순환하거나 때로 그것들에 달라붙어 있는 울림"이다.[7] 정동은 인간의 몸과 의식이 세계 속에 존재하면서 동시에 끊임없이 영향을 주고받으며 변용되고 있음이 강조되는 것이다. 즉, 정동의 논의에서 인간은 고정된 존재가 아니라 세계 안에서 수많은 마주침과 기운에 따라 끊임없이 변환되는 불완전한 연속체이다.

감정과 정동이라는 논의는 우리를 새로운 세계로 안내한다. 설명되지 않던 영역 혹은 지극히 개인적이라고 치부되던 것들, 근대적 인간이라는 전형 아래 교정되어야 했던 힘들이 사실은 현 사회의 핵심적인 부분임을 설파하기 때문이다. 비슷한 맥락에서 김홍중은 '마음의 사회학'이라는 개념을 제안하기도 한다. 그에게 마음heart이란 이성, 감정, 감각, 정서, 의지 등의 총체로서 "모든 앎의 방식이 수렴되는 중심부"이다.[8] 마음이 중요한 이유는 그것이 개인 심리의 영역에만 국한된 것이 아니라 사회적 영향력을 지니면서, 개인과 사회의 긴밀한 관계를 응축하고 있기 때문이다. 김홍중은 1980년대 민주화운동의 자장에 있던 한국사회가 공유한 사회적 마음이 '진정성'이었다면, IMFInternational Monetary Fund, 국제통화기금 구제금융 사태 이후 신자유주의 광풍에 타격을 받은 우리 대부분은 생존주의라는 마음의 레짐regime을 구축하게 되었다고 분석한다.[9] 사회를 해석하는 것이 사회학자의 일차적 책무라고 할 때 그에게 한국사회란 각 시대마다 특정한 마음의 레짐을 공유하는 집단으로 설명될 수 있다.

김홍중의 연구가 감정이나 정동 등의 서구 철학적 개념이 아닌 마음이라는 다분히 동양적인 일상어를 굳이 전면에 내세운 것은 기존의 감정사회학이나 정동 연구가 제공하는 문제의식을 수용하면서도 특정 사회의 문화와 역사성을 담지하고자 하는 시도라고 평가할 만하다. 마음이라는 개념은 이성과 비이성의 '총체'이면서도 일상의 수준에서 우리의 삶을 결정짓고 사회적 행위를 가능하게 하는 힘을 포착하는 데 유용하다. 이 모호한 영역은 이성, 감정, 감각, 의지, 정념 등으로 명확하게 구분되기 어렵다. 오히려 '마음'으로 구성되면서 그 안의 여러 구성요소들이 각 상황에 따라 적절하게 절합되는 것이다. 뒤르켐이 사회를 정의하면서, 사회는 단순히 개인들의 합이 아니라고 한 것처럼 마음은 그것의 구성요소로 쉽사리 분리될 수 없는 어떤 것이다. 오히려 중요한 것은 다양한 요소들이 특정한 역사적 순간과 공간적 맥락에서 어떤 배합과 방식으로 결합하여 사회적 힘으로 가시화되고, 사회적 행위를 만들어가는지이다.

방법으로서의 마음

한편 마음이라는 일상 언어를 활용하여 사회현상을 분석하는 것은 그만큼 여러가지 개념적·이론적 도전에 직면하기 쉽다. 사회과학 내 유사 개념과의 구분을 분명하게 제시할 것을 요구받기도 하고, 때로는 방법론적 엄밀성이라는 측면에서의 모호함과 측정 불가능성이라는 맥락에서 폄하되기도 한다. 하지만 마음이라는 개념은 그것이 지닌 난점보다는 개념의 풍부함과 유용성이 크다. 그리고 현대 사회가 목도하고 있는 여러 문제에 개입하기 위해서는 더더욱 이 개념이 지닌 가능성에 주목해야 한다. 인식론적 전략으로서의 가치도 있다. 예컨대 마음이라는 개념을 '방법으로서' 경유한다면 지금까지의 사회과학이 천착했던 이성과 비이성의 이분법을 넘어서 새로운 영역에 한걸음 다가갈 수 있다.

여기서는 타께우찌 요시미竹內好가 '방법으로서의 아시아'라는 개념을 통해 서구와 동양의 이분법을 교란하여, 더 발전된 형태의 가치체계를 구축하고자 했던 것을 참조한다. 그는 '아시아'를 발견되고 규정되어야 하는 실체로 보고 그에 접근하는 것을 멈추고, 아시아를 '방법으로서' 경유하자고 제안한다.[10] 서구의 평등주의, 근대성, 인본주의와 같은 보편적 가치는 동양이라는 인식체계와 경험을 경유할 때 더 발전된 가치체계로 전환 가능하다는 주장이다. 동양의 경험을 경유하는 것을 '문화적 되감기 혹은 가치상의 되감기'라고 정의하면서, 폭력성을 내재하고 있는 서양의 가치를 변혁하기 위해서는 동양을 '방법으로서' 접근해야 한다는 것이다. 이를 위해서 아시아를 서구의 반대항으로 정의하여 그 실체를 분석하는 것에 매몰될 것이 아니라 아시아 내의 다양한 존재와 경험을 참조하고 비교하여 새로운 인식 틀을 구축해야 한다는 주장을 담고 있다.

비슷한 맥락에서 마음을 '방법으로서' 경유하는 것의 의미는 크게 두가지로 요약된다. 첫째, 기존의 사회과학을 장악하고 있는 이성과 비이성, 몸과 영혼, 인간과 자연 등의 이분법을 넘어서려는 전략이다. 둘 사이의 관계가 인위적으로 만들어진 것임을 폭로함으로써 이분법으로 해명되지 않는 모호한 영역을 논의에 적극적으로 초대하는 것이다. 둘째, '방법으로서' 마음을 문제시하는 것은 이것의 실체를 '더욱 명확하게' 규명하라는 비판에 함몰되지 않고 마음 그 자체가 다양한 구성요소와 담론의 장임을 인정하는 것이다.[11] 다양한 마음의 작동을 면밀하게 분석하고 비교함으로써 기존의 이성중심주의적 근대성을 넘어서는 가치체계를 모색하고자 하는 것이다. 마음은 때로는 특정 감정이나 느낌으로 표출되기도 하고, 정동적 순간에 영향을 받아 전혀 다른 방향으로 변화하기도 한다. 마음은 행동을 만들기도 하면서도, 때로는 행동되지 않는 힘으로 존재하며 잠시 숨을 고르기도 한다. 이렇듯 변화무쌍한 마음의 작동을 특정한 언어 혹은 특징으로 규정 짓는 것은 어쩌면 처음부터 가능하지 않을지도 모른다. 다만 마음이 무엇인가를 하고 있다면, 그리고 그것이 하는 일로 인해 사회가 작동하고 사람들의 삶이 구성된다면 그것에 대한 탐구를 멈춰서는 안 될 것이다.

게다가 마음이라는 일상적이고 익숙한 언어를 사회과학적 개념으로 활용하는 이유는 한국사회 구성원 대부분이 논리적 언어로 정의할 수는 없지만 느낌으로 감각할 수 있는 힘을 문제시하기 위함이다. '마음이 아프다' '마음이 변하다' '마음을 먹다' '마음이 좋다' '마음이 나쁘다' 등의 표현이 나타내는 것처럼 우리가 마음으로 표현하는 것은 문화의 영역, 한반도에서 같은 언어를 공유해온 사람들의 몸에 배태된 힘을 의미한다. 그만큼 마음이라는 개념의 장점은 근대성 논의에서 작동해온 이분법이나 서구철학이 내포하고 있는 보편주의적 접근에서 벗어나 한국사회라는 공간의 지역성과 역사성을 고려하게 한다. 한반도의 맥락에서 (탈)식민과 분단이라는 역사적 경험과 연루된 사람들의 삶, 의식, 감정 등에 다가가기 위해 사람들이 공유해온 문화적 상징이자 역사적으로 구성되어온 힘으로서의 '마음'을 분석 개념으로 활용하는 것은 이 때문이다.

이 책이 주장하고자 하는 기본 명제는 아래와 같다. 분단이라는 한반도적 경험과 사회구조가 이 공간에서 살아가는 구성원들이 특정한 마음을 공유하게 하였다는 것이다. 바로 '분단적 마음'이다. 한반도의 분단을 살아가는 모든 이들은 분단이 배태된 마음에서 자유로울 수 없다. 분단적 마음은 단순히 북조선에 대한 적대적 입장과 같은 정치적 차원에만 머무르지 않는다. 차이를 인정하지 않는 태도와 인식, 이념이라는 문제에 지독히도 매몰되는 습성, 외부의 영향을 위협으로 인식하는 민감한 감각, 과도한 민족주의적 감성, 불안정한 개인성과 집단 의존성의 공존, 거기에 분단 문제에 대한 의도적인 무관심까지 한반도를 살아가는 구성원의 생활세계 곳곳에서 분단적 마음은 작동하고 있다.

분단적 마음을 문제시하는 이유는 이것이 세대를 넘어 전수되면서, 현재의 행위를 가능하게 하고 더 나아가서는 미래의 향방을 결정짓기 때문이다. 전쟁이나 첨예한 분단 상황을 경험하지 못한 청년세대조차 분단적 마음에 포획되어 집단 간의 갈등이나 혐오에 쉽게 동화되기도 하고, 국가주의적 감각체계를 앞세우며 사회 내 다양성에 대한 소극적 태도를 견지하기도 한다. 마음에 깊게 배태된 분단은 쉽사리 사라지지 않고, 때로는 가시적인 영역에서 혹은 사회 깊숙한 속에서 비가시적인 힘으로 작동하고 있다. 한국사회의 근본 모순인 분단은 그만큼 비틀어진 마음을 생산하였고, 다시금 그 문제적 마음이 이 사회의 문제를 더욱 악화시키고 있다.

분단은 몇몇 정치 지도자의 약속에 의해서 쉽사리 사라지는 것이 아니다. 탈식민의 과정에서 수많은 심리적·감정적 문제들이 돌출된 해외 사례만 봐도 탈분단의 과정이 결코 순탄치만은 않을 것임을 짐작할 수 있다. 성공적인 통일이라며 칭송이 자자하던 독일이 내부적으로 경험하는 갈등과 불평등의 문제는 동·서독 주민들 사이의 "머릿속의 장벽"으로 인한 것이라는 분석이 시사하는 것처럼 말이다.[12] 그러기에 지금이라도 우리 모두를 장악하고 있는 분단적 마음에 균열을 만들어내야 한다. 분단을 자연스럽고 당연한 것으로 생각하게 하는 분단적 마음의 해체 없이는 탈분단과 평화에 대한 진정한 논의가 시작되기 어렵다. 누구라도 지금보다 조금이라도 나은 미래를 만들고자 한다면 분단에 맞서야 한다.

분단적 마음을 어떻게 포착할까

일상의 미시사회학

분단적 마음은 일상을 파고든다. 작동 방식도 촘촘하고 다양하다. 교육 현장, 언론과 미디어, 직장, 사회적 집단 등 일상 곳곳에서 분단은 작동하고 있다. 일상이라는 영역에서 작동하는 분단은 그럼에도 불구하고 충분히 논의되지 못했다. 그 이유는 일상에 대한 접근은 감정연구가 그러했던 것처럼 상대적으로 적게 그리고 제한적으로 이루어졌기 때문이다. 굴드너Alvin Ward Gouldner에 따르면 고대 사회에서조차 일상에 대한 입장은 첨예하게 구분되었다. 철학자들 대부분은 일상이 철학적 삶의 밖에 존재하는 세속적인 것, 정제되지 않은 욕망의 영역을 뜻하는 것으로 부정적으로 인식한 반면 몇몇 예술가는 일상에 인간적으로 사는 것의 의미가 존재한다는 입장이었다.[13] 일상은 평범한 사람들이 별다른 의식 없이 반복적으로 만들어내고 수행하는 장이면서 오랫동안 체화된 문화와 규범 등이 응축되어 있는 공간이기도 하다. 이 때문에 일상은 쉽사리 변하지 않지만 동시에 일상의 변화는 그만큼 혁명적일 수밖에 없다.

일상에 대한 연구는 대략적으로 맑시스트적 접근과 미시사회학이라고 명명되는 상징적 상호작용론의 분석이 있다. 앙리 르페브르Henri Lefèbvre를 위시한 맑시스트 연구자들은 생산과 재생산 과정의 소외가 첨예하게 작동하면서도 동시에 변혁의 가능성이 내재된 공간으로 일상을 정의한다. 르페브르는 자본주의의 경제적 착취와 소외에 대한 비판에서 재생산의 기능을 수행하는 일상이 가장 은밀하면서도 공고하게 자본주의를 지탱하는 힘이라고 주장한다. 상품경제가 전세계를 장악하면서 인간은 '총체성'을 잃어버리게 되었으며, 모든 것은 상품으로 물화reification되어버렸다.[14] 그러므로 자본주의를 넘어서기 위해서는 경제적·사회적 불평등만을 문제시할 것이 아니라 일상에 켜켜이 존재하고 있는 소외의 작동을 해체해야 한다고 주장한다. 이를 위해 현재의 자본주의적 일상을 거부하고 총체적 인간을 가능하게 하는 또다른 일상을 복원해야만 한다.

그 방법은 바로 일상을 "작품·창조·자유·소유·양식·(효용)가치·인간 존재 등"이 가능한 공간으로 변혁하는 것이다. 인간 존재의 복원 가능성은 국가, 학문, 소위 (공식)문화라고 언급되는 것에 있는 것이 아니라 바로 평범하고 하찮다고 여겨지는 일상에 있다. 왜냐하면 일상이야말로 "필수적인 것과 임의적인 것, 가능한 것과 불가능한 것, 착취된 것과 그렇지 않은 것, 경험적으로 좋은 운과 나쁜 운이 접합하는 지대이다. (…) 일상생활은 소외와 탈소외의 변증법의 영역"이기 때문이다.[15] 일상에 내재되어 있는 소외를 간파함으로써 탈소외의 가능성을 현실화할 수 있다는 주장이다.

한편 상징적 상호작용론은 일상이라는 미시적 상황에 주목하면서 사회 구성원의 주관적 경험세계가 지닌 사회적 의미를 밝혀내는 것에 천착한다. 특히 고프먼Erving Goffman의 일상세계 연구는 분석 초점이 개인이나 구조가 아니라 '지금-여기'의 구체적인 '상황'이다.[16] 그에게 개인은 각 상황적 요건에 따라 자신들의 행동규범을 조정하여 끊임없는 상호관계를 구축하는 존재들이다. 상호작용이라는 사회적 행위는 개인들이 공유하는 관계 양식에 기반을 두고 있으며, 이에 접근하기 위해서는 '어떤' 관계 양식이 구축되는지 미시적 수준에서 면밀하게 살펴봐야 한다.[17] 일상의 구체적 상황과 순간에 개인들의 상호관계가 어떻게 가능한지를 분석하여 이들 사이에 암묵적으로 작동하는 사회적 코드, 규범이 무엇인지 밝혀낸다. 일상에서 사람들이 별다른 의미 없이 하는 행위들은 아주 잘 짜인 사회문화적 규범에 의한 것이다. 일상의 작동을 밝혀내는 것은 결국 인식되지 않은 영역으로 남겨져 있는 사회를 찾아가는 작업이기도 하다.

일상은 평범한 사람들이 당연한 것으로 생각하며 수행하는 반복적인 행위 일반을 의미한다. 앞서 살펴본 것처럼 일상은 르페브르와 같은 맑시스트에게는 자본주의적 소외가 관철되는 문제적 공간이며, 상징적 상호작용론자에게는 비가시적으로 공유되는 사회적·문화적 합의와 규범이 개인 사이의 상호작용으로 물질화되는 공간이다. 사소한 영역으로 치부된 일상은 정치적이며 사회적이다. 일상은 사회 구성원 모두가 연루되어 있다. 이런 맥락에서 일상에 접근하는 것은 그 사회의 작동원리와 더불어 변화 가능성까지 탐색하려는 시도이다.

분단의 작동이 확인되는 곳은 사회 전반이다. 그중에서도 분단은 일상에 깊게 내재되어 있다. '별 생각 없이' 하는 수많은 상호작용이 사실은 분단이라는 규범 아래 수행되고 있는 실천이라는 뜻이다. 공권력과 서열에 순종적인 습성, 집단 내 피아를 구분하는 관성, 징집제로 인한 군사문화적 행동, 과도한 집단주의적 의식, 공고한 가부장제적 문화와 내재되어 있는 성폭력 등 분단이 직간접적으로 작동하여 만들어내는 문화적 규범과 사회적 규칙은 셀 수 없이 많다. 게다가 분단의 일상은 분단세력이 자신들의 기득권을 유지하기 위해 구축한 다양한 장치들이 작동하는 공간이기도 하다. 압축적 근대화라는 미명하에 이루어진 급속한 산업화의 과정은 한국 사람들의 일상을 더욱 착취적이며 소외의 공간으로 만들었고, 여기에 결정적인 장치로 작동했던 것이 바로 분단이데올로기와 분단 감정이었기 때문이다. 시민들의 일상은 이처럼 냉전 시기에는 체제경쟁이라는 명분 아래 언제든지 동원 가능한 영역이었는데, 민주화 이후에는 상품과 자본에 완전히 잠식되어버렸다. 이제 사람들은 분단 해체와 같은 시대적 질문을 상품의 가치와 경제적 이익이라는 프레임으로 해석한다. 루카치

György Lukács의 표현을 빌려오면 경제적 가치와 합리적 계산이라는 미명 아래 사회적 유기성은 파괴되고, 모든 것은 계산 가능한 단위로 쪼개져 인간의 심리적 영역조차도 물화되어버리는 것처럼 말이다.

문제는 분단의 일상이 너무나도 평범하고 규칙적으로 행해지는 까닭에 그 면면이 인식되기 쉽지 않다는 점이다. 분단에 대한 무관심조차 분단의 일상성의 일부분이다. 질문을 던지지 못하는 것은 그것이 너무나 자명하기 때문일 것이고, 사소하다는 이름으로 행해지는 모든 일상적 행위는 분명 사회적 의미와 합의를 바탕으로 한다. 다행스러운 것은 일상은 쉽사리 변하지 않지만 그렇다고 불변하는 것도 아니라는 사실이다. 일상의 작동을 파악하는 것은 문제적 일상을 해체하기 위함이고 동시에 공고한 일상의 변화를 만들어내기 위해서이다. '있는 것'을 탐구하는 것에서 멈출 것이 아니라 이로부터 무엇이 가능한지를 탐색해야 한다는 르페브르의 주장을 다시금 새겨봄직하다.[18] 분단의 일상을 문제시하는 것은 바로 분단의 일상을 밝혀내어 그것으로부터 탈분단의 일상을 기획하기 위함이다.

분단적 마음에 접근하는 방법

마음은 무엇이라는 식의 실체 규명 작업은 이 연구가 지향하는 바가 아니다. 마음이라는 것의 포괄성, 가변성, 무정형성 등을 감안했을 때 마음을 정의 내리는 작업은 가능하지 않다. 마음은 각 역사적, 사회적, 문화적 국면에서 특정한 형태로 발현되기 때문이다. 이런 맥락에서 한반도 시공간에서 분단을 매개로 작동하는 현상들을 분석하여 현현하는 마음의 조각들을 하나둘씩 맞추어가는 것이 이 연구가 선택한 연구방법이다. 일상에서의 다양한 사회적 상황을 추적함으로써 분단적 마음이라는 남북한 사회가 공유하는 감정, 정동, 의지, 감각 등의 면면에 한걸음 다가가보려 하는 것이다.

크게는 문화 해석적 접근의 틀에서 다양한 연구방법을 활용한다. 일찍이 기어츠Clifford Geertz가 언급했듯이 특정 집단의 문화적 의미와 맥락을 추적하는 해석적 과학의 방법으로서 현지조사, 민족지적 접근, 문헌조사, 심층인터뷰 등의 기법을 다양하게 활용하였다. 분단적 마음의 작동을 해석한다는 것은 구성원들 사이에서 특정한 문화적 규범과 코드로 작용하는 의미구조가 존재함을 뜻한다. 필자는 가능한 한 많은 자료를 수집하여 특정 행위나 현상으로 표출되는 것 이면에서 작동하는 이러한 의미구조에 접근하는 것을 목표로 하였다. 다양한 연구방법을 활용하는 것은 바로 복잡하고 다층적으로 작동하는 의미구조의 망을 포착하기 위함이며, 연구와 해석의 과정은 언어와 행위 등으로 표면화된 것을 해독 가능한 형태로 만들어내는 역동적 과정이다.[19]

한국 시민의 분단적 마음이 어떻게 작동하는지에 대한 연구는 일상 속에 내재되어 있는 분단을 포착하여 드러내는 작업을 중심으로 진행하였다. 인류학적 연구방법을 활용한 관찰이나 연구

참여자와의 심층면접 등에서 축적한 자료를 적극적으로 읽어내려는 시도를 하였다. 북조선 출신 여성에 관한 연구의 경우에는 지난 2011년 이래로 해마다 계속해온 조·중 접경지역 현지조사의 자료를 해석적으로 분석하여 활용하기도 하였다. 북조선 인민의 마음에 대한 연구는 북조선 출신자와의 인터뷰를 기본 바탕으로 하면서도 이들이 공유하는 의미체계에 접근하기 위해 다양한 매체(소설, 영화, 방송 이미지 등)를 적극적으로 해석하기도 하였다. 이는 레이먼드 윌리엄즈Raymond Williams가 감정구조structure of feeling를 읽어내는 방식으로 언어, 예술, 지적 생산물 등을 적극 활용한 것에서 착안한 것이다.● 그는 "삶의 총체적 양식"인 문화는 문학작품, 미술, 음악 등을 통해서 두드러지게 나타나게 되는데, 특히 문화에 내재되어 있는 감정구조는 문화생산물 안의 문화적 코드와 의미구조를 읽어냄으로써 발견 가능하다고 주장한다.[20] 이런 맥락에서 한국의 대중문화 속에 암호화되어 있는 분단적 마음의 일면을 분석하거나, 북조선의 문학작품, 기록영화, 방송 보도 등에 포함되어 있는 특정한 마음의 발현을 포착하였다.

● 레이먼드 윌리엄즈가 영국의 각 시대별로 존재해온 계급 문화를 연구하면서 제안한 '감정구조'는 구체적인 형태나 특징으로 지칭되거나 제도나 규범으로 구축되지는 않았지만 구성원들이 내재적으로 공유하는 문화 전반을 가리킨다. 사회 구성원 사이에 작동하는 정서적 요인에 주목하면서도 생각과 대비되는 것으로 단순화할 수 없는 것이 바로 감정구조이다. 윌리엄즈의 개념으로 감정구조는 "느껴진 생각(thought as felt)이고 생각된 느낌(feeling as thought)"으로서 과거형의 완결성을 지닌 것이 아니라 끊임없이 맞물려 작동하는 현재적이면서도 실천적인 것을 지칭한다. 레이먼드 윌리엄즈『마르크스주의와 문학』, 박만준 옮김, 지식을만드는지식 2013, 269면.

한편 남북한의 분단적 마음에 접근하는 것에 한계도 분명히 존재한다. 마음이라는 개념의 모호성은 그만큼 해석이나 분석의 어려움을 내장하고 있기 때문이다. 한국의 분단적 마음을 해석하는 것은 그렇다고 쳐도 북조선에 접근하는 것이 제한되어 있는 연구자가, 그것도 북조선 인민들이 공유하고 있는 마음을 분석하기란 쉽지 않다. 북조선 인민과의 접촉이 제한되어 있는 상황에서 그들이 공유하는 의미체계에 대한 중층기술이 가능할 것인지에 대한 의문도 여전히 존재한다. 혹여나 연구자 내부에 현존하는 분단적 마음이 문화 해석의 오독을 이끌어낼 가능성도 완전히 부정하기는 어렵다. 이를 조금이라도 극복하기 위해서 북조선 출신자와의 일상적인 교류를 통해 그들이 공유하는 문화의 의미를 두텁게 기술하려 하였으며, 현지조사 자료와 인터뷰 자료 등 질적 연구 자료와 문화 분석을 교차 검증하여 해석하고자 했다. 주지하듯 문화연구는 특정 문화를 일방적으로 해석하는 것이 아니라 상이한 문화와의 교통을 시도하는 장을 뜻한다. 그만큼 이 연구는 분단적 마음이라는 틀을 통해 한국의 시민과 북조선의 인민 사이의 대화를 시도하고자 한다. 서로가 사실은 긴밀하게 연관되어 있음을 확인함으로써, 상호 간의 이해의 지평을 넓히려는 기획이다. 궁극적으로는 분단적 마음의 해체와 한반도 평화와 사회 통합의 마음 구성을 위한 가능성 탐색을 목적으로 한다.

한반도 분단은 촌각을 다투는 중차대한 문제이다. 굳어질 대로 굳어져버린 분단을 흔드는 일은 시간이 가면 갈수록 점점 더 어려워질 것이기 때문이다. 그냥 이대로 사는 것이 차라리 낫다고 생각하는 대부분의 찢어진 마음을 치유하고, 탈분단과 평화의 마음을 만들어내는 것이 필요하다. 이제는 반목과 갈등을 그만하겠다는 의지와 사람들 사이의 공감, 연민, 그리고 연대감 공유가 그 시작이다. '마음먹기에 달렸다'고 하지 않던가.

2
장

분단의 감정과 정동

분단에 대한 무감각

감정과 사회의 관계

감정은 사회적이다. 사회의 시공간에 따라 감정은 끊임없이 변화한다. 그렇다고 감정이 생물학적이거나 개인적인 것이 아니라는 의미는 아니다. 주지하듯 동양 철학에서는 인간 감정의 양태를 칠정七情*으로 설명하기도 했고, 이성과 합리성을 강조한 데까르뜨는 경이, 사랑, 미움, 욕망, 환희, 슬픔을 대표적 감정으로, 최근 활발한 연구성과를 내놓는 뇌과학자 또한 공포, 분노, 슬픔 그리고 기쁨 등을 기본 감정으로 꼽는다.[1] 감정을 인간의 생물학적 존재 조건으로 보는 시각이 존재한다는 뜻이다. 뇌과학에서는 감

• 기쁨〔喜〕 노여움〔怒〕, 슬픔〔哀〕, 두려움〔懼〕, 싫어함〔惡〕, 사랑〔愛〕, 욕망〔慾〕으로 정의한다. 비슷하게 중용에서는 기쁨〔喜〕, 노여움〔怒〕, 슬픔〔哀〕, 즐거움〔樂〕을 가리켜 인간의 기본 감정이라고 정의하기도 한다.

정을 인간의 생물학적 특징으로서 외부의 반응에 대한 신경증적 반응의 총체로 정의하기도 한다.[2] 생물학적인 인간이라면 이러한 기본 감정을 바탕으로 각 사회적 상황과 순간에 따라 특정한 감정을 경험한다는 주장이다.

하지만 감정이 아무리 보편적이며 생물학적 성격을 지니고 있다고 하더라도 간과하지 말아야 할 점은 바로 이것이 지닌 사회성이다. 각 사회만의 특별한 감정구조structure of feeling라고 할 법한 감정의 특수성이 그 보편성 및 편재성과 병존한다. 윌리엄즈의 표현으로는 제도나 명확한 체계로 가시화되지는 않았지만 사회의 구성원은 특정한 감정을 공유하고 있다.[3] 사회학에서 감정을 주목하는 이유는 특정한 역사적·사회적 상황에서 감정이 어떤 형태와 강도로 생산되는지 그리고 사회적으로 구성된 감정이 무엇을 하는지를 밝히기 위함이다.

박형신과 정수남은 감정사회학의 연구를 크게 세가지로 구분하여 설명한다. 우선 심리학이나 인지심리학적 시각으로 '치료요법적 접근'이다. 감정의 결함을 치료하는 것을 목적으로 한다. 특히 부정적 감정을 주목하여 치료와 복원의 대상으로 접근한다. 여기서의 감정은 개인의 내면에 머물러 있는 것으로, 감정과 사회의 관계는 제한적으로 접근한다.

두번째는 사회구성주의의 자장에서 감정을 문제시하는 시도이다. 감정은 "사회구성원들이 공유하는 상징체계에 따라 달리 표출"되는 사회적 산물이다.[4] 감정은 각 사회의 문화체계에 따라 포착되고 생산되는 것으로, 사회적·역사적 맥락에 따라 재구성되는 것이다.

마지막으로 감정적 사회학emotional sociology은 구성되는 감정을 밝혀내는 것에 머물지 않고, 감정을 사회구조와 사회적 행위의 독립변수로 다루는 것을 목적으로 한다. 물론 감정과 사회구조 혹은 사회적 행위 사이의 인과관계를 밝혀내는 것은 감정연구가 지향하는 것도 아니고, 가능한 것도 아닐 것이다. 상관관계 혹은 인과관계를 '증명'하려는 경험주의 혹은 실증주의의 대척점에 있는 감정연구가 감정의 작동을 다시금 그 연관 도식에 대입할 리 만무하다. 그럼에도 감정적 사회학이라는 시도는 "잠재적 인과성"이라는 맥락에서 감정이 특정한 사회적 상황과 맥락에서 무엇을 하는지, 감정이 집단적 행위를 어떻게 추동하는지를 밝혀내려는 야심찬 시도이다.*

감정사회학의 이러한 연구 경향성들은 배타적으로 구분되기보다는 서로 긴밀하게 연관되어 있다고 보는 것이 적절하다. 감정이란 개인의 심리적 수준과 사회적 맥락을 떼어놓고 생각할 수 없다. 병리학적 맥락에서 감정에 접근하는 경우에도 그것의 양상은 항상 사회의 영향을 받아왔음이 자명한 사실이다. 예컨대 한병철이 『피로사회』에서 주장한 것처럼 각 사회는 그 특징을 응축한 특정한 심리적 상태를 공유하는 경향이 있는데, 20세기 중반

---

* 바바렛(Jack M. Barbalet)은 '배후감정'(background emotion)이라는 개념을 통해 감정적 행위 주체가 행위를 전개하는 과정 전반의 '감정동학'(emotional dynamics)을 주목했다. 이에 대한 논의는 J. M. 바바렛 『감정의 거시사회학: 감정은 사회를 어떻게 움직이는가?』, 박형신·정수남 옮김, 일신사 2007 참고.

까지는 부정적인 것을 규율하는 방식의 사회심리 상태였다면 현재는 긍정의 과잉으로 인한 자기착취가 횡행하게 되었다.[5] 개인의 자유를 강조하는 것과 같은 긍정성의 확대는 점점 더 많은 현대인들이 과잉으로 인한 우울증이라는 질병에 걸리게 하는 이유이기도 하다. 긍정성의 강조는 더 많은 욕망을 생산할 수밖에 없고, 자신이 원하는 것을 이룬다는 미명 아래 사람들은 극단적 과잉 상태에 내몰리게 되는 것이다. 이렇듯 그의 주장은 사회의 작동과 변화에 개인들의 심리 상태와 병리적 상태 등이 긴밀하게 연관되어 있음을 밝혔다.

게다가 감정의 사회문화적 구성론의 입장 또한 감정적 사회학의 문제의식과 일견 맞닿아 있다. 사회와 문화에 따라 특정한 감정이 구성되고 있음을 밝혀내는 작업은 결국 그러한 감정이 사회 안에서 어떤 역할을 하고 있는지 그리고 개인과 집단에게 공유되면서 어떤 파장을 만들고 있는지 밝혀냄으로써 비로소 가시화될 수 있기 때문이다. 바바렛Jack M. Barbalet이나 이를 발전시킨 박형신과 정수남의 경우 자신들의 연구가 사회구성론적 감정 논의와 차이가 있다고 주장하지만 이들의 경험적 연구는 특정 감정의 사회적 구성 과정을 분석하는 것에 집중함으로써 감정과 사회구조의 관계를 탐색하고 있다는 점에서 이 두 입장이 상호보완적임을 역설적으로 증명한다. 주은우가 지적한 것처럼 감정연구가 지금 해야 할 일은 단순히 이성의 반대로 감정을 부각시키면서 감정의 영역을 한없이 확장하기보다는 좀더 미시적인 수준에서 사회적 감정의 생성 메커니즘과 작동 방식을 분석하는 것이다.[6] 이성중심주의에 대한 비판으로서 감정이라는 것을 뭉뚱그려 주장하기보다는 각 사회적·역사적 상황에서 어떤 감정(들)이 구성되고 중첩되고 있는지를 추적하면서 그 이면에서 작동하는 상징체계와 의미는 무엇인지 면밀하게 분석하자는 뜻이다.

그렇다면 이제 진짜 질문을 시작해보자. 분단체제를 살아가는 사람들의 감정(들)은 무엇일까? 다시 말해 분단을 배태한 언어와 상징체계에서 생산되는 감정은 어떠한 것이 있을까? 분단을 공유하면서도 신자유주의와 주체사상이라는 구별되는 체계 속에서 살아가는 남북한의 사람들의 감정은 얼마나 다를까? 남북한의 상이한 감정은 과연 접점을 찾아갈 수 있을까?

폭력과 불안의 편재성

분단이라는 외부적 요건에 반응하는 방식은 여러가지이다. 한국사회에서 확인되는 가장 가시적인 반응으로는 분단에 대한 무감각증이다. 분단 폭력이라는 것이 일상 곳곳에 존재하고 있음에도 이를 '애써' 무시하거나 폭력을 넘어서는 상황에 대해서 상상하지 못하는 상태가 바로 그러한 것이다. 일상에서 작동하는 폭력을 감각하여 문제를 제기하지 못한다는 것은 결국 폭력 없는 세상을 기획할 수 없음을 의미한다. 평화라는 것이 갑자기 찾아오는 것이 아니라 하나의 과정으로 존재하는 것이라면 현실에서 우리가 얼마나 폭력에 노출되어 있는지를 몸과 마음으로 감각하는 것이 평화를 향한 시작점이다.

북핵 위기가 본격화된 2000년대 중반부터 한반도를 둘러싼 안보 위기감은 가중되어왔다. 핵실험에 이어 장거리 미사일 실험까지 계속되자 전세계는 북핵 문제의 심각성을 절감하게 된다. 급기야 트럼프 대통령은 2017년 유엔 연설에서 김정은 위원장을 "꼬마 로켓맨"Little Rocketman이라고 비아냥거리며 무력 사용이 가능하다는 연설을 하기에 이른다. 이에 뒤질세라 북조선 또한 김정은 위원장 이름으로 "미국의 늙다리 미치광이 반드시, 반드시 불로 다스릴 것"7이라는 엄포를 놓았다. 군사적 긴장이 한없이 높아지자 외신들은 서둘러 서울로 몰려들었다. 금방이라도 전쟁이 날 것 같은 상황에서 외신의 기대는 긴장이 한껏 고조된 한국사회를 보도하는 것이다. 하지만 그들이 본 것은 놀랄 정도로 태연한 한국 시민들의 모습이었다. 아무 일도 일어나지 않은 듯 일상을 계속하는 모습은 과연 외신의 해석처럼 촛불혁명을 이루어낸 '성숙한 시민의식' 때문일까?

한반도의 군사적 위기가 고조된 것은 하루 이틀의 일이 아니다. 북조선의 핵위기가 시작되기 전부터도 남북 간의 수많은 충돌이 긴장을 고조시켜왔다. 한국전쟁이라는 참혹한 기억에 주기적으로 계속되어온 군사적 충돌, 테러, 그리고 간첩단 사건까지 남북 사이에는 수많은 국지적 충돌이 있었다. 남북 경쟁이 첨예하던 시기인 1968년 1월 21일에 발생한 것으로, 청와대에 침투하려 했던 북조선군이 사살 및 검거된 사건(일명 김신조 사건), 1968년 10월 30일부터 11월 2일까지 총 120명의 북조선군이 남한에 침투

한 울진삼척지구 무장공비 침투 사건, 1983년에 있었던 다대포 북조선무장군 침투 사건, 1983년의 미얀마 아웅산묘소 암살·폭발 사건, 1987년 KAL기 폭발 사건까지 열거하기 힘들 정도의 사건·사고가 계속되었다. 실제로 1960년대와 70년대 초반까지는 남북 사이의 정치·군사적 경쟁이 첨예하던 시기였고, 그만큼 국지적 충돌의 형태를 띠는 무장군인의 습격과 같은 사건들이 계속되었다.*

남북의 경제적 격차가 점차 확대된 1980년대에 들어서는 북조선 무장군인에 의한 군사적 충돌보다는 국지적 수준에서의 테러와 직파 간첩 사건 등이 주를 이루게 된다. 1990년대부터는 북조선의 핵문제가 본격적으로 불거지면서 핵을 둘러싼 긴장이 확산되고, 역설적으로 남북 사이의 군사적 충돌은 상대적으로 적게 발생하게 되었다. 2000년대에 들어서는 1999년에 이어 2002년에 서해의 연평도 부근에서 다시 발생한 남북 간 교전 사태나 2010년 천안함 사건, 그리고 같은 해 연평도 포격 사건 등 군사적 긴장이 계속되기는 했지만 그 발생 빈도가 급격하게 줄어든 것은 분명하다.

그만큼 군사적 충돌에 대한 국민들의 무감각은 사건의 빈도가 줄어드는 것과도 긴밀한 연관성을 지닌다. 과거처럼 일상적으로 충돌이 일어나는 것이 아니라 서해안과 같이 제한된 지역에서 드물게 사건이 발생하기 때문이다. 국지적으로 발생하는 충돌은 일상에서 일어나는 것과는 다르게 감각될 확률이 높다. 또한 핵문

---

* 1960년대의 남북 간의 극심한 군사적 긴장을 김연철은 '제한전쟁'이라고 정의한다. 김연철 『70년의 대화: 새로 읽는 남북관계사』, 창비 2018, 2장 참고.

제와 같은 너무나 커다란 위협 앞에서 공포나 두려움을 갖기보다는 오히려 무관심을 선택하여 일상을 유지하려 한 것이라는 해석도 가능하다. 핵무기가 갖는 속성이 일상적인 폭력이 아니라 삶을 절멸하는 극단적인 파괴라는 측면에서 한국 주민은 상대적으로 적게 위기감에 노출된 것일 수도 있다. 북조선의 핵문제가 사실상 1990년대 초반부터 시작되었다는 것을 감안했을 때 너무나 오랫동안 지속적으로 악화되었다는 측면에서 내성이 생겼을 가능성도 있다.

심리학적으로 무감각은 외부 자극의 강도가 증가하면서 자극의 변화를 감각하는 능력이 급격하게 감소하는 것을 의미한다. 무감각에 대한 심리학적 연구는 외부 자극에 대한 감각은 계산에 근거한 분석적 사고와 감정이나 기분에 바탕을 둔 감정적 사고라는 두 축으로 이루어져 있다고 가정한다. 외부 자극에 대한 분석적 사고보다 감정이나 기분에 의한 평가 감각이 강화되면서 등장하는 것이 무감각이다. 분석적 사고가 자극의 변화를 계산하는 능력이라면, 감정이나 느낌에 의한 사고는 자극의 차이를 '좋다-나쁘다'로 감각하면서 점차 무감각에 빠지게 한다는 주장이다.[8] 예컨대 커다란 군사적 충돌로 일시적으로 다수의 사망자가 발생하는 것과 지속적인 위협으로 인해 매일 소수의 희생자가 발생하는 경우 중 전자보다 후자를 더 좋은 상태로 감각하게 되는 것이 바로 무관심이라는 심리적 기제의 속성이다.

한편 최근까지 상당수의 심리학적 연구가 무감각의 원인이나 합리적 능력과 감정적 평가의 관계성 등을 경험적으로 고찰하여 그 면면을 분석하기도 하였지만, 심리학에서 대체적으로 인정하는 무감각의 기제는 증가하는 외부 자극에 반응하지 않는 개인의 대응 전반을 가리키는 것이다. 전쟁이나 폭력 상황에 노출된 많은 사람들이 죽음이나 폭력에 점차적으로 무감각해지는 것이나 점점 강도가 높아져가는 사회통제 시스템을 불편해하다가 점차 자포자기하며 순응하는 태도를 보이는 것 등이 예시가 될 것이다. 이러한 무감각이라는 심리적 상태는 미국의 9·11테러 사건을 감각할 수 없음을 토로한 권인숙의 글에도 나타난다.

> 9·11사건 이후 제3세계에서 온 친구들과 전화 통화를 하면서 그런 이야기를 했었다. 그 높은 빌딩이 무너진 것은 너무나도 극적이지만 사실 우리 사회들에서는 얼마나 이러저러하게 극적인 일이 많았는지, 새삼스레 놀랄 것도 없지 않냐는 것이었다. (…) 한국전쟁, 남북 사이의 군사적 긴장, 군부 지배, 광주사태, 격렬했던 학생운동과 끊임없었던 분신 소식, 미얀마 랭군 폭파 사건, 칼기 격추 등의 소식을 숨쉬듯이 듣고 느끼며 살아왔던 나의 반응이 다른 것은 당연할지도 모른다. (…) 온갖 방향으로 다 면역이 되어서 더이상 별로 놀랄 것도 없는 사회에서 살다 온 사람의 무감각함 말이다.[9]

분단 현실과 민주화의 격동을 경험한 그녀에게 9·11테러의 참혹함은 그리 놀랄 만한 것은 아니었다. 물론 수많은 사람들이 목숨을 잃는 상황은 분명 엄청난 충격이었지만, 놀랍게도 그녀에게는 슬프지도 않거니와 테러 이후 미국인들이 경험하고 있는 테러에 대한 불안 또한 멀게만 느껴졌다. "면역"이라는 표현을 쓰면서 고통에 대한 내성으로 무감각을 설명하고 있다. 권인숙은 자신의 무감각함의 배경에는 분단이라는 일상에서 매순간 느꼈던 슬픔과 불안이 있다고 분석한다. 상시적으로 전쟁과 폭력을 경험하고 있는 대부분의 제3세계 사람들의 생존 방식은 바로 외부 충격에 가능하면 최대한 무감각해지는 것이다. 무감각을 선택해야지만 안정적인 삶을 유지할 수 있는 한국사회의 현실을 의미하는 것이기도 하다.

심리적 방어기제: 무관심과 무감각

프로이트 Sigmund Freud 적 시각에서는 무의식적 무관심/무감각이 심리적 방어기제로서 히스테리적 증상이라는 해석도 가능하다. 심리적으로 억압된 커다란 충격으로 인해 육체적 혹은 인지적 감각을 잃어버리는 증상이 발현되는 경우가 있다. 예컨대 프로이트와 그의 공동 저자인 브로이어 박사의 임상 사례로 알려진 안나 O는 지독한 히스테리 증상으로 고통받았는데, 그녀의 증상 중 가장 눈에 띄는 것은 바로 언어장애였다. 그녀는 처음에는 언어를 잊어버렸다가 점차 회복되는 과정에서 모국어인 독일어를 전혀 쓰지 못했다. 흥미롭게도 이후 안나 O는 독일에서 상까지 받을 정도의 성공한 여성이 되었는데, 이를 두고 그녀가 프로이트가 정의했던 히스테리 증상을 이겨내고 성공한 것인지에 대한 논란이 있었다. 안나 O가 독일어를 잊어버린 것은 바로 독일어가 표상하는 특정한 문화적 정체성을 거부하고, 영어와 같은 타 언어를 씀으로써 전혀 다른 존재가 되고자 했다는 해석이 가능하다.[10] 독일어가 내포한 일련의 감각을 지워냄으로써, 자신을 억누르는 심리적 억압 상태에 대응하고자 한 것이다. 실제로 그녀는 공교육에서 배제된 채 부친의 간호를 담당해야 하는 상황에서 엄청난 심리적 억압을 경험했고, 이에 대한 무의식적 반응으로 가부장제 문화의 축적물인 모국어를 거부한 것이다.

이렇듯 무감각은 억압에 노출된 상태에서 발생하는 심리적 반응으로서 리비도적 좌절에 대한 저항의 방식이다. 일상에서 계속되는 분단의 작동에 대한 대응으로서 한국인들은 분단에 대한 무감각을 선택했을 가능성이 있다. 군사적 긴장이 고조될 때마다 불안과 긴장감에 떠는 것보다 차라리 분단에 대해서 감정적 거리를 두고, 최대한 감정이입을 하지 않고자 하는 것이다. 이러한 감정의 이면에는 '전쟁은 안 날 거니까'라는 근거 없는 믿음이 자리하고 있기도 하고, '설혹 전쟁이 난다고 해도 할 수 있는 것이 없다'는 자포자기의 심정이 자리했을 수도 있다. 분단은 적어도 '현재' 나의 일상에 커다란 영향을 미치지 못할 것이라는 믿음이 그 근간을 이룬다. 경쟁과 생존이라는 현재적 감각이 분단이라는 또 다른 층위의 두려움을 무화시키는 역할을 수행하기도 한다. 다른 한편으로는 분단이 일상의 일부분이라는 것을 애써 감각하지 않으려는 몸부림일 수도 있을 것이다.

분단 무감각은 평화에 대한 불감증의 자원이다. 무엇이 문제인지 감각할 수 없는 이들이 평화로운 상태가 무엇인지 가늠하기란 불가능에 가깝다. 예컨대 문재인 대통령의 평양 방문에서 가장 큰 성과라고 할 수 있는 「역사적인 판문점선언 이행을 위한 군사 분야 합의서」[9·19 군사합의서]가 하나씩 이행되는 과정은 평화를 상상하고 느끼는 것이 그리 쉬운 일이 아님을 보여준다. 남북은 상대방에 대한 일체의 적대행위를 중지하기로 하고 실질적인 방안으로 상호 1킬로미터 이내에 근접해 설치돼 있는 비무장지대[DMZ] 내 남북 감시초소의 철수를 합의하였다. 또한 군사분계선에서의 비행금지 구역은 동부지역 40킬로미터, 서부지역 20킬로미터를 적용하기로 했다. 남북 간의 합의는 비무장지대의 감시초소를 철거하는 것으로 가시화되었는데, 이에 대한 시민들의 반응은 냉담을 넘어서 무관심과 무감각이었다. 70여년 동안 한반도 영토를 가로질러 작동한 군사적 대치물을 제거하는 역사적 순간의 의미가 제대로 파악되지 못한 것이다.

흥미롭게도 북조선은 감시초소 철거 방식을 '폭파'로 결정했다. 그것도 10개의 감시초소를 동시에 '폭파'하는 스펙터클을 통해서 사람들과 세계에 분단이 평화로 이행되고 있음을 천명하고 싶었으리라. 절묘한 계획이다. 미디어에 둘러싸여 있는 한국 주민에게 폭파는 분명 매력적인 스펙터클임에 분명하다. 거기에 북조선의 주민 또한 감시초소가 사라지는 것을 보는 것은 커다란 변화임에 분명하다. '폭파'라는 스펙터클은 과거의 흔적을 지워내고 전혀 다른 미래를 암시하는 데 반복적으로 활용된 바 있다. 예컨대 미국 세인트루이스의 프루이트-이고[Pruitt-Igoe] 아파트의 폭파 철거는 모더니즘 이후의 사회, 즉 포스트모더니즘 시대의 탄생을 의미한다. 대량생산과 합리성에 바탕을 둔 이 거대한 아파트가 먼지바람을 일으키며 사라지는 순간, 효율을 추종해온 근대 기획의 유효기간이 끝났음을 비로소 깨닫게 된다.

하지만 감시초소의 '폭파'를 지켜본 시민 대부분은 평화는커녕 분단체제가 흔들리고 있다는 것조차 감각하지 못했다. 그동안 군사보호구역으로 막혀 있던 서해를 평화수역으로 만들기 위한 남북 조사가 진행되었을 때도 마찬가지다. 상호비방 금지와 군사적 긴장 완화 등의 합의를 담은 「역사적인 판문점선언 이행을 위한 군사 분야 합의서」는 역사상 가장 진일보한 군사합의임에도, 그 의미는 왜곡 폄하되거나 아니면 철저하게 무시된다. 답답한 마음에 정부는 더 많은 예산을 쏟아부어 홍보에 나서기도 한다. 공영방송에서는 스페셜 보도가 이어지고, 주무 부처의 장관은 직접 비무장지대의 변화된 곳을 둘러보기도 했다. 하지만 남북이 군사합의를 통해서 실제적으로 분단체제에 균열을 내고 있음에 관심을 기울이는 이들은 소수에 불과했다. 하물며 탈분단을 상상하거나 평화로운 미래를 꿈꾸는 이들을 찾기란 더욱 쉽지 않았다. 분단과 정전체제에서 살아남기 위해 애써 단련해온 분단 무감각이 그 변화의 의미가 무엇인지 포착하지 못하게 했기 때문이다.

적대 상황 자체를 당연한 것으로 여기며 살아온 우리 모두에게 군사적 적대행위를 그만두는 것이 커다란 울림으로 다가올 리 만무하다. 역설적으로 2020년 6월 김여정 제1부부장의 적대적 말폭탄에 이어 개성에 위치한 남북공동연락사무소가 순식간에 폭파되었을 때도 대부분의 시민들은 담담하게 그 상황을 지켜보기까

2020년 6월 남북공동연락사무소가 폭파되었다. 판문점선언의 합의 사항으로 개소한
남북공동연락사무소는 불과 2년도 채 못 되어 형체도 없이 사라졌다.

지 했다. 북조선은 또 한번의 폭파라는 스펙터클을 활용한 충격 요법을 시도했지만, 정작 남한 시민들은 이를 반복되어온 일상으로 치부하는 모습을 보이기도 했다. 하긴 정전체제라는 사실상의 전쟁 상태를 지속해온 한반도에서 가장 필요한 것은 바로 분단에 대한 무감각이었을 것이다. 그렇지 않고서는 상시적인 불안과 두려움에서 삶을 제대로 영위할 수 없었을 테니까. 거기에 신자유주의 시대에 치열한 경쟁에 내몰린 대부분에게 분단은 마치 비무장지대라는 군사지역에만 존재하는 것으로 의미화되었다. 경제라는 일상적 전쟁터에서 친구와 동료를 가리지 않고 경쟁해야만 하는 신자유주의적 주체들에게 남북 간 군사적 긴장 완화는 비현실적이지만 당장 내달이면 나올 성과급과 재계약 여부는 현실 그 자체이다.

분단에 대해서도 이럴진대, 하물며 도래하지 않은 평화를 감각하기란 더욱 어렵다. 지금껏 평화롭지 않은 한반도에 익숙한 우리에게 평화라는 상태가 어떤 모습일지, 그리고 어떤 과정을 거쳐 우리의 일상을 얼마큼 바꿔낼지 가늠하기란 쉽지 않다. 남북관계 개선의 동력을 주민의 열망에서 찾기 어려워진 이유이기도 하다. 2019년에 들어서 남북관계가 다시금 냉각되자 분단/평화 무감각증을 앓고 있는 우리 모두의 마음은 더욱 굳건히 적대와 불신의 과거로 회귀하고 있다. '그럴 줄 알았어!'라는 짧은 푸념이 상징하는 것은 지금 같은 삶이 계속되어도 상관없다는 체념의 정서일 것이다. 분단이 내재화된 일상은 항상 그렇듯이 계속될 것이니까.

과잉된 분단 감정, 적대감

기획된 적대감

분단에 대한 과잉된 감정 또한 무감각과 같은 심리적 근원을 갖는다. 분단이라는 억압장치에 대한 대응으로서 과잉 주체화의 양상이기 때문이다. 예컨대 분단 감정이라고 언급될 만한 북조선에 대한 적대감, 공포, 혐오와 내부적으로 표출되는 특정 집단이나 이데올로기에 대한 알레르기적 반응 또한 자기방어적 기제에서 생산된 감정이다. 이를 김종곤은 한국인의 감정구조로 정의하면서, 그 근간에는 식민과 탈식민의 과정에서 생산된 퇴행적 에너지가 자리하고 있다고 분석한다. 민족=국가라는 열망이 전쟁과 분단으로 좌절하자 그 부정적 에너지가 히스테리적 감정으로 표출된다는 것이다.[11] 북조선에 대한 적대감이 국민 대다수의 '감정구조'로 작동하면서, 북조선에 대해서 공포와 불안, 좀더 나아가서는 혐오와 증오 같은 문제적 감정으로 표출된다. 문제는 분단을 매개로 한 이러한 부정적 감정이 실체가 있는 것이 아니라 감정정치의 산물로 특정한 정치적·사회적 목적하에 생산된 것이라는 데 있다. 분단적대성은 한국사회의 다양한 담론장치와 기억을 통해서 윤리화되었으며, 국가는 분단 위기를 고조시키는 방식으로 정당하지 않은 권력을 유지하거나 국민의 자유와 권리를 통제해왔다.[12]

북조선에 대한 부정적 감정은 사실 오랜 역사적·문화적 기획의 결과이기도 하다. 전쟁을 경험한 한반도에서 상대방에 대한 공포, 혐오, 증오 등의 감정은 일정 부분 필연적일 수밖에 없겠지만, 그것을 더욱 활성화하여 증폭시키는 과정에는 지배층의 기획이 커다란 역할을 했다. 예컨대 남북 간의 군사적 긴장은 계속되어왔지만 북조선의 도발이 잦아들던 시기에 박정희 대통령은 자신의 권력을 계속 유지하기 위해 북조선의 위협을 유신의 빌미로 삼았던 전력이 있다.

정영철과 정창현에 따르면 1969년 전후로 북조선의 군사적 도발이 눈에 띄게 줄어들었음에도 불구하고 박정희 대통령은 자신의 영구집권을 위해서 북조선의 위협이 더욱 심각해졌다고 주장했다. 북조선의 도발은 예컨대 1967년에는 829건, 1968년에는 761건, 1969년에는 341건, 1970년에는 106건, 1971년 58건에 불과하다. 남북 간의 대화가 본격화된 1972년에는 1건으로 눈에 띄게 줄어들었다.[13] 하지만 박정희 대통령은 유신헌법을 통과시키면서 북조선의 도발과 위협을 과잉 재현함으로써 국민들의 공포심을 강화하였다. 오롯이 자신의 권력을 유지하기 위해서 분단을 활용한 것이다.

뿐만 아니라 자신을 반대하는 세력은 북조선의 위협에 동조하는 세력으로 낙인을 찍어 처벌하기도 한다. 민주주의를 외친 수많은 청년과 시민운동가, 지식인 들이 하루아침에 북조선과 공모한 간첩이 되어 감옥에 갇히거나 심지어는 목숨을 잃는 일이 비일비재하게 일어났다. 민주화의 열망이 거세지면 거세질수록 민주화를 요구하는 활동가와 시민 들을 분단 위협이라는 이름으로 구별해내서 북조선 추종 세력이라고 몰아세운 것이다. 순식간에 '간첩'이 된 사람들은 우리 사회의 안정과 발전을 저해하는 위험인자가 되고, 분단과 북조선은 하나의 성역이 되어버려 그 어떤 이견도 용납되지 않는다. 용공과 반공만이 분단을 말할 수 있는 유일한 방식이 되면서 오직 위기감, 공포, 적대감, 혐오, 증오 등의 감정이 넘쳐나게 된다.

유신시대가 갑작스레 막을 내린 이후에도 한국사회 전반의 감정통치는 계속된다. 광주민주화운동과 같은 참혹한 국가폭력 사태에서 국가는 광주 시민들을 '북조선을 추종하는 폭도' 세력이라고 명명했다. '폭도'들은 남한사회를 전복시키려는 불순한 존재이며, 이들을 '진압'해야 한다는 것이 군부세력의 주장이었다. 민주화를 외치던 시민은 반공, 용공, 멸공이라는 이데올로기 앞에서 그렇게 아스러졌다. 빨갱이는 죽어도 된다는 말이 횡행하던 시기였다. 전두환정권은 정권 내내 광주의 경험을 활용하여 공포정치를 서슴지 않았다.

87년체제가 구축되고 난 이후에 광주에서 군부가, 국가가 어떤 일을 벌였는지 밝혀내는 작업이 (여전히) 진행되고 있지만 지금까지도 극우주의자들 사이에서 광주의 시민은 '폭도'이며, 북조선이 직접적으로 개입했다는 날조된 주장이 계속된다는 사실은 시사하는 바가 크다. 무엇보다 이러한 주장을 사실이라고 믿는 이들이 상당하다는 것은 북조선을 향한 공포와 불안감이 지금까지도 현현하고 있음을 나타낸다.

광주학살로 시작된 1980년대에는 '평화의 댐'과 같은 웃지 못할 사건이 일어나기도 했다. 권력 강화와 정권 연장에 혈안이 되었던 한국정부는 1986년 10월에 북조선의 '금강산댐' 사업을 수력자원을 활용한 북조선의 도발책으로 탈바꿈했다. 수공水攻이라는 것이다. '금강산댐'은 국민들의 두려움과 공포감을 불러일으키기에 충분했다. 미디어를 통해서 서울 시내의 상당 부분이 물에 잠기는 것과 같은 극단적인 이미지와 정부 관료와 전문가의 온갖 위협적인 진단과 평가가 전방위적으로 유포되었다. 특히 흥미로운 것은 '금강산댐'을 보도한 미디어의 담론이 지극히 감정적이었다는 사실이다. 구체적인 사실이나 상황을 보도하기보다는 감성적으로 호소하면서 감성을 자극하는 것이 대부분이었다.[14] 전례에 없는 위기 상황이라는 강조, 재앙이 일어난다면 대부분의 삶을 송두리째 흔들어놓을 것이라는 위협, 북조선이 무슨 일을 할지 모른다는 비확실성의 전방위적 유포 등이 미디어 보도의 근간을 이루었다.

정부는 자신이 이 문제를 적극적으로 해결하고 있다는 것을 강

'평화의 댐' 건설과 성금운동은 정부가 정치적 목적에 따라 위기감과 불안감을 어떻게 기획하여 전사회에 유포하는지를 보여주는 사례이다.

조하기 위해서 '평화의 댐'*을 건설하겠다는 계획을 발표하면서 의도적으로 국민성금 운동을 촉발하기에 이른다. 위기감을 전 사회에 퍼뜨리면서, 동시에 전국민이 함께 정부 정책에 참여하도록 함으로써 사회적 통합을 만들어내려는 시도였다. 이 시대의 시민들 대부분은 '평화의 댐' 성금 운동에 참여한 기억이 있을 것이다. 어린아이부터 노인까지 모두가 공포에 떨면서 성금을 냈다. 그 과정에서 북조선이 언제든지 평온한 일상을 깨고, 나와 가족의 목숨을 위협할 것이라는 위기감을 몸소 느꼈다. 그리고 위기를 극복하고자 하는 마음에서 성금을 내는 긴 줄에 기꺼이 섰다. 국가는 전국민을 대상으로 북조선이라는 적을 만들고, 위기감을 고조시켰으며 이를 통해 자신의 권력을 유지했다. 이 거대한 사기극은 국가가 직접 나선 감정정치의 하나의 전형을 보여준다. 이 사건은 기억 속에서 점차 사라져갔지만 그때를 겪어낸 사람들의 마음속에 공포와 불안이라는 흔적을 남기게 된다. 극심한 감정의 격동을 경험했던 이들이 불안을 촉발한 대상에 대한 감정을 바꾸기란 쉽지 않다.

• '평화의 댐'은 강원도 화천군 화천읍에 위치하고 있는데 실제 완공 이후의 공식 명칭은 화천댐이다. 북조선이 금강산발전소의 일부로 건설한 금강산댐은 북에서 임남댐으로 불린다. 또한 금강산발전소도 처음에는 불렸으나 1996년 이후부터는 공식적으로 안변청년발전소로 불린다. 김지형 「금강산댐 붕괴론 진상: 전문가 전격진단, 금강산댐 붕괴설, 근거없다」, 『민족21』 2002년 6월호 80~83면.

신자유주의의 감정동학, 혐오

민주화의 봄이 찾아오고, 한국사회는 급격하게 변화하기 시작한다. 민주화운동이 활발하던 시기는 민주와 반민주라는 대결 구도에서 분단의 감정정치의 작동이 단순하게 가시화된 시기라고 평가할 수 있다. 독재권력은 민주화를 요구하는 세력을 낙인찍어 유폐함으로써 사회경제적 통합을 유지해왔기 때문이다. 민주화 이후의 한국사회는 신자유주의적 이데올로기가 경제를 넘어서 사회 전반과 일상까지 광범위하게 통제하는 상황을 목도하게 된다. 특히 1997년 경제위기를 경험하고 IMF의 구제금융을 받게 되면서 한국사회는 효율성과 유연성, 무한경쟁의 삶의 양식이 급속도로 퍼져나가게 된다. 유연성이라는 명분 아래 노동시장은 재편되었으며, 기업은 효율성 제고를 위해서라며 구조조정에 나서게 된다. 국가는 제도의 혁신을 외치며, 신자유주의가 더 빠르게 사회에 안착하는 데 전위대 역할을 수행한다. 신자유주의를 체화한 주체들은 스스로 "자기계발"에 매진하며 모든 것이 개인 책임이라는 이데올로기에 적극적으로 조응하게 된다.[15] "생존주의의 마음"이 장악한 한국사회에서 사람들은 "잉여"가 되거나 "속물"이 되는 길밖에는 없었다.[16]

급격한 신자유주의화가 진행되던 시기에 흥미롭게 남북관계의 역사적 순간이 찾아오기도 한다. 2000년 6월 13일 김대중 대통령과 김정일 국방위원장은 평양 순안공항에서 처음으로 손을 맞잡았다. 분단 이후 첫 남북 정상 간의 만남이었다. 6·15 남북공동선언은 지금까지의 남북 간의 합의에 커다란 진일보를 이룬 것으로 경제 및 사회문화 교류의 물꼬를 트는 데 결정적 역할을 했다.* 이후 남북 간의 교류는 잠시나마 무척이나 활발하게 진행되었다. 특히 남북 경제협력 모델인 개성공단이 6·15 남북공동선언을 계기로 진행되어 2003년 6월에 착공되었다.

문제는 남북 간의 교류가 2003년 대북송금특검법이 공표되면서 한국사회에서 부정적으로 인식되었다는 사실이다. 2002년 서해교전이 일어났을 때만 해도 남북관계가 급속도로 경색되는 것을 남북 간의 굳건한 교류로 막을 수 있었지만 북·미 간의 관계가 악화되면서 순식간에 상황이 변하게 된다. 미국 부시 대통령이 북조선을 '악의 축'으로 규정하면서 북·미 간의 대립은 더욱 악화 일로를 겪게 되고 마침내 2003년 1월 북조선은 NPT^{Nuclear Non-Proliferation Treaty, 핵확산금지조약} 탈퇴를 선언하게 된다. 이러한 상황에서 북조선과의 교류는 정치적 공세의 대상이 되면서, 노무현 대통령은 대북송금특검법 제정을 제기하는 야당의 요구를 받아들이

---

* 6·15 남북공동선언은 총 5개 항의 합의를 담고 있다. 1. 남과 북은 나라의 통일 문제를 그 주인인 우리 민족끼리 서로 힘을 합쳐 자주적으로 해결해나가기로 하였다. 2. 남과 북은 나라의 통일을 위한 남측의 연합제 안과 북측의 낮은 단계의 연방제 안이 서로 공통성이 있다고 인정하고 앞으로 이 방향에서 통일을 지향시켜나가기로 하였다. 3. 남과 북은 올해 8·15에 즈음하여 흩어진 가족, 친척 방문단을 교환하며 비전향장기수 문제를 해결하는 등 인도적 문제를 조속히 풀어나가기로 하였다. 4. 남과 북은 경제협력을 통하여 민족경제를 균형적으로 발전시키고 사회, 문화, 체육, 보건, 환경 등 제반 분야의 협력과 교류를 활성화하여 서로의 신뢰를 다져나가기로 하였다. 5. 남과 북은 이상과 같은 합의사항을 조속히 실천에 옮기기 위하여 빠른 시일 안에 당국 사이의 대화를 개최하기로 하였다.

고 만다. 특검은 남북정상회담을 위해서 현대와 김대중정부가 불법적으로 북조선에 4억 5천만 달러를 송금했다고 결론지었다. 그 당시 남북정상회담을 주도한 정부 핵심인사가 구속되었으며, 정몽헌 회장이 자살하는 충격적인 상황이 만들어지기도 했다.

지금까지도 대북송금의 정치적 의미에 대한 이견이 분분하다. 대북송금이 정치화되면서 정쟁의 대상이 되었다는 비판적 시각이 있는 한편, 언제까지 북조선에 경제적 지원을 해줘야 하는지 의구심을 갖는 이들도 상당수다. 남북관계의 특수성을 인정해야 한다는 이와 민주주의라는 체계와 법치의 원칙에 따라 남북관계 또한 재정립되어야 한다는 이들도 많다. 하지만 여기서 우리가 무엇보다 주목해야 할 점은 남북관계 개선을 북조선에 대한 '퍼주기'로 단순화하는 인식이 담론장을 장악하게 되었다는 사실이다. 하다못해 인도적 지원이나 개성공단, 금강산관광사업과 같은 경제협력사업 전반까지도 '퍼주기'라는 담론의 자장에서 해석되고 있다. 앞서 언급했던 신자유주의 주체들이 공유한 감정과 정동의 맥락에서 북조선과의 관계 개선을 위해서 '돈'을 준다는 것은 부정적으로 감각될 수밖에 없었다. 사실 선물을 주는 것을 통해 관계를 맺는 것은 모든 사회의 가장 총체적인 사회적 사실임에도 불구하고, 남북 사이에 오가는 모든 것은 '퍼주는 것'이라는 부정적 인식이 강화되는 결정적 계기가 되었다.

이제 분단은 경제주의 논리에서 재탄생하게 된다. 생존의 가치가 이웃, 가족, 공동체보다 우선시되는 신자유주의적인 한국사회에서 북조선은 이제 엄청난 사회경제적 비용이 드는 부담스러운 존재가 되었다. 북조선과의 사회문화 교류 또한 경제적 가치로만 환산하는 습성이 이를 기점으로 더욱 확장된다. 개성공단이나 금강산관광과 같은 경제협력사업이 지닌 유무형의 사회적 가치와 자산 등은 무시되고, 이 사업이 지닌 경제적 효과만이 더욱 주목 받게 되는 것이다.

이는 남북교류를 주도하던 세력의 논리에서도 발견되는데, '퍼주기' 논란에 대한 대응으로 등장하는 '분단비용' 산출이라든가, 평화가 만들어내는 경제적 효과에 주목하는 것 등이 그러한 예이다.[17] 이러한 논리는 문재인정권이 제시한 평화경제 혹은 신한반도 경제지도와 같은 계획에서도 그대로 등장하게 되는데, 북조선과의 협력이나 평화를 '돈이 되는 사업'이라고 홍보함으로써 국민들의 관심을 도모하고자 했다. 경제성장이 둔화된 이후의 한국 경제의 마지막 선택지로서 북조선의 노동력과 자원, 그리고 더 나아가서는 시장으로서의 잠재적 가능성을 강조하기도 한다. 그러나 이를 모든 것이 경제적 가치로 환원되는 시대정신을 간과한 불가피한 선택이라고 치부하기에는 분단과 평화의 문제가 너무 복잡하다. '경제'를 둘러싼 수치 싸움은 결국 더 많은 혼란과 대립을 양산하며, 탈분단의 가치를 경제로만 환원할 가능성이 높다. 분단 이후의 사회에서 모두가 더 '부자'가 되는 것은 가능하지도 않고, 바람직한 것도 아니라는 것을 기억해야 한다. 신자유주의적인 사회 프레임의 전반적인 재고 없이 단순히 경제적 이익이 되는 평화와 통일이라는 주장은 공허하기까지 하다.

2016년 시민의 손으로 권력자를 교체했던 기억은 분명 의미있는 일이지만, 종종 간과되는 지점은 시민이 분노한 것은 바로 경쟁과 절차가 공정하게 이루어지지 않았기 때문이라는 점이다. 세월호의 고통이 촛불집회를 촉발한 배후감정 중 하나임은 분명하지만 또 한편으로는 세월호 사건이 최서원^{개명 전 이름 최순실}의 존재가 알려지기 전까지는 커다란 사회적 파급력을 만들어내지는 못했다는 것을 기억해야 한다. 유민 아빠가 그토록 오랫동안 단식을 하고, 세월호 유가족들이 광화문 광장에서 여름과 겨울을 나고 있어도 시민들은 더 크게, 더 깊이 공감하지 못했다. 우연인지 몰라도 최서원이 '정당하지 않은' 권력을 휘둘렀다는 것이 알려지고, 그녀의 딸인 정유라가 너무나 많은 특혜를 받았다는 것이 폭로되면서 시민들의 마음은 크게 흔들리기 시작했다. 공정하게 작동하리라 믿었던 신자유주의적 경쟁 시스템이 몇몇 사람들의 사리사욕에 따라 망가져버렸다는 것을 알게 된 시민들은 광장에 모여서 권력자의 퇴진을 외쳤다. 경제주의가 장악한 사회 전반과 제도를 해체하는 것이 아니라 그 '제도'가 인정하는 범위 내에서 개선과 개혁을 선택하게 되었다. 이는 더 촘촘한 제도와 법을 만들고 그것이 더욱 공정하게 작동하게 하는 것으로, 이것이 촛불혁명을 추동한 열망의 핵심인 것이다.

공정과 정의라는 프레임은 신자유주의 사상과 맞닿아 있다. 사회라는 복잡한 유기체에서 공정함이란 기계적 평등주의로 귀결될 가능성이 높기 때문이다. 사회적 약자나 소수자에 대한 지원은 '공정함'이라는 잣대 앞에서 그 길을 잃기 십상이다. 혹실드^{Arlie Russell Hochschild}는 미국사회에 대한 인류학적 연구를 통해서 경제적 하강 상태에 처한 지역사회의 주민들이 자신들보다 약한 이들에게 제공되는 사회 보장 및 지원책을 특혜로 인식하면서 혐오의 감정에 빠지게 되고 결국 극단적인 보수주의와 극우주의로 귀결되고 있음을 밝혔다.[18] 자신들이 낸 세금이 이주자나 사회적 약자를 위한 사회적 비용으로 쓰이는 것이 '공정'하지 않다고 생각하는 것이다. 각자도생이 불문율이 된 신자유주의적 사회에서 '약자'는 '실패자'의 다른 이름이다. 실패자를 위해서 내 것을 나누는 것은 '정의'도 아니고 '공정'도 아니라는 것이 이들의 마음인 것이다. 이를 활용하는 극우 정치인들과 센세이셔널리즘에 빠진 언론들이 이러한 감정을 더욱 부추기게 된다.

미국의 경험은 한국사회에 커다란 함의를 던져준다. 촛불혁명이 일단락되고 난 이후에 난민, 장애인, 여성, 사회경제적 약자를 향한 혐오의 감정이 더욱 확장되고 있기 때문이다. 예컨대 2018년을 들끓게 했던 제주도 예멘 난민에 대한 한국사회의 부정적인 반응은 경제적 불안을 조장하는 감정, 촛불을 통해 확장된 "국민우선주의", 거기에 이슬람문화권에 대한 신인종주의와 래디컬페미니즘이 결합하여 만들어낸 혐오 정동의 작동을 확인하게 한다.[19] 나의 세금이 왜 '국민'이 아닌 이들에게 제공되어야 하는지, 일자리도 없는데 이들이 나의 일자리를 뺏어가는 것은 아닌지, 남성 난민은 잠재적 성범죄자는 아닌지에 대한 의구심과 불안감이 걷잡을 수 없이 확산되다가 결국 혐오의 감정을 양산하기에 이른다.

1990년대부터 계속되어온 신자유주의적 경제주의와 공정과 정의라는 촛불혁명의 가치는 절묘하게 결합되어 우리의 일상을 장악한다. 이런 상황에서 북조선과의 교류나 평화 정착 움직임에 대해 한국 시민이 그다지 감흥을 보이지 않는 것은 당연한 일일 것이다. 게다가 한국사회 감정구조 깊이 존재하는 북조선에 대한 공포 및 불안감과 신자유주의적 경제주의가 결합하면서 북조선(사람)에 대한 혐오 감정은 점차 확산되고 만다. 위협의 존재와 경제적 협력을 한다는 것, 그리고 북조선에 대해 상당 부분 자신의 세금으로 충당된 지원이 요구된다는 것은 시민들에게 결코 용납하기 어려운 사실이 된다. "소비자"가 된 시민은 평화와 같은 무형의 가치보다는 당장의 현실적인 보상을 원하게 되었다.[20]

기독교, 미국, 구원자, 숭배

촛불 정국에 등장한 일명 '태극기부대'를 광장에 모이게 한 정동적 자원은 분단, 근대화, 그리고 신자유주의적 경제주의가 착종된 감정들이다. 한국사회가 겪어온 모든 시대적 상흔이 '태극기부대'라는 집단에 켜켜이 중첩되어 있기 때문이다. 이들의 등장은 한때는 한국사회 발전의 주도세력이었다가 급격한 민주화와 산업구조 재편으로 인해 뒤로 밀려날 수밖에 없었던 집단과 세력들이 지금까지 믿어온 오래된 가치체계를 다시금 전면화하려는 시도이다. 그들에게 박정희(그리고 박근혜) 대통령으로 표상되는 근대화의 신화는 자신들이 살아온 인생이자 삶의 최우선 가치이다. 반공이라는 가치 아래 산업화의 전면에서 근면한 노동자로 살아온 이들에게 민주화와 신자유주의라는 급속한 변화는 삶의 근간을 흔들 정도의 위협이다.

태극기로 명명되는 이들의 상당수는 6·25를 경험한 세대와 근대화 세대를 자처하는 베이비부머들이다.[21] 빠르게 변화하는 경제체제에서 자신들의 가치와 삶은 이미 폐기되어 갈 곳을 잃었으며, 오직 경제적 가치만 추구하는 세계에서 더이상 생산하지 못하는 이들은 존중받기는커녕 오롯한 존재로 인정받지도 못하게 되었다. 바우만Zygmunt Bauman에 따르면 근대 사회는 불안정의 시대인데, 모두가 상시적으로 불안감에 노출되며 살아가고 있다. 특히 생산할 수 없는 이들은 '잉여'wasted lives로 구분되어 버려져도 되는 존재로 정의되었고, 이들은 "직업, 계획, 지향점, 자기 삶을 틀어쥐고 있다는 자신감을 잃어버렸을 뿐만 아니라 노동자로서의 존엄, 자존심, 자기가 쓸모있는 사람이며 자신만의 사회적 위치를 갖고 있다는 느낌을 박탈"당하게 되었다.[22] 자신의 시대가 저물어갔음을 인정하는 것은 쉬운 일이 아니다. 게다가 새롭게 등장한 시대가 자신들이 만들어낸 삶의 양식, 가치 등을 폄하할 때는 더더욱 그러할 것이다. 모든 것이 혼란으로 느껴지며, 사회의 근간이 무너지는 것과 같은 위기감을 느낀다. 그들은 다 같이 모여 자신들이 믿어온 것을 광장에서 함께 공유함으로써 세상에 대한 두려움과 불안감을 극복하려 하는 것이다.[23]

문제는 그들이 동일시하는 표상이 지극히 분단적이라는 사실이다. '태극기'라는 것이 상징하듯 지금까지 자신들이 만들었으며 지켜왔다고 믿는 '국가'를 구하려 하는 것이다. 박근혜로 대표되는 '국가'를 위협하는 세력은 언제나 그렇듯이 종북, 친북 세력이며, 자신들이 의지하고 믿을 곳은 역시 미국밖에는 없다. 성조기와 태극기를 각각 한 손에 들고 '북괴'에 맞서 지켜온 '자유민주주의'를 '수호'한다는 것이다. 박근혜라는 '국가'를 지키는 구국의 결단은 북조선의 사주를 받은 세력을 몰아내는 것이며, '국가'의 안전은 미국을 숭배하고 그에 복종함으로써 온전히 지켜낼 수 있는 것이 된다.

태극기세력이 더욱 공고한 구조를 갖게 된 결정적인 계기는 대형 교회를 중심으로 한 기독교세력이 적극적으로 태극기에 유입되었기 때문이기도 하다. 김진호에 따르면 오랜 보수적 전통이 있는 개신교 대형 교회의 노년층, 개신교의 후원 및 그와의 연계가 있는 북조선 출신자 단체, 대중신비주의와 결합된 광신자 집단, 그리고 젊은 층으로 형성되어 있는 보수적 종교활동가들이 태극기세력의 주축이다.[24] 대형 교회의 주축이 된 제1세대 목사들의 대부분이 해방 정국에 북조선에서 남한으로 온 피란민이라는 측면에서 개신교의 뿌리 깊은 근간 중 하나는 바로 반공주의이다.[25] 게다가 성장세가 주춤한 대형 교회에서는 급격한 사회변화를 향한 신도들의 불안을 보수적인 메시지를 전파하고 반공주의적 감정을 자극하는 방식으로 통합해온 지 오래다.[26] 태극기집회에 대형 교회의 조직적인 참여가 가능했던 이유이기도 하다.

태극기세력과 이들이 표상하는 혐오라는 감정은 분단, 근대화, 그리고 신자유주의가 중첩되어 생산된 것이다. 혐오의 대상으로

태극기세력은 박근혜 전 대통령 탄핵 전후로 급속하게 정치세력화되었다. 이들은 북조선에 대한 적대감과 급격한 사회변동으로 인한 불안감 등을 적극적으로 표출하고 있다.

호명되는 소위 북조선 추종 세력, 난민, 여성, 성적 소수자의 존재
는 이들이 추종하고 숭배하는 것이 무엇인지를 간접적으로 설명
해주는 것이기도 하다. 바로 미국이라는 거대한 냉전 질서, 국가/
국민, 남성 중심 사회가 그것이다. 이들은 미국이 주도하는 냉전
질서 아래서 국가 주도의 산업화의 주축이었던 세대와 집단을 중
심으로 탈냉전과 세계화 그리고 개인의 인권과 권리를 중시하는
새로운 가치체계에 혐오와 적대로 대응하는 것이다. 근대화 시대
의 독재자와 미국을 광신적으로 숭배하는 것은 급격한 변화에서
배제되어 있는 이들의 불안한 심리상태를 신랄하게 보여주는 것
이기도 하다.

극우주의의 사상적 자원으로 폄하된 칼라일^{Thomas Carlyle}은 사
회문화의 근간이 되는 감정으로 영웅숭배를 주목한 바 있다. 영
웅숭배는 신에 가까운 이로 정의된 누군가에게 보내는 절대적인
충성심과 경배, 복종과 열광의 감정을 지칭하는 것으로 기독교
와 같은 종교의 근간이 되는 것이다. 칼라일은 인간 중에서 소수
에게만 높은 수준의 인격이 집중되어 있기 때문에 뛰어난 영웅을
숭배하는 것은 당연한 일이며, 이러한 과정은 문명사회에서는 필
수적인 것이라고 주장하였다.[27] 영웅은 그만큼 뛰어난 도덕적 능
력을 지니고 있기 때문에 그/녀를 따르고 숭배하는 것은 바로 문
명이 발전해가는 과정이라는 주장이다.

인간평등주의에 대한 철학적 반론으로 등장한 영웅숭배라는
개념은 파시즘이나 파시즘의 옹호론자에 의해서 탈취된 바 있다.
정치적 힘을 지닌 권력자가 자신의 능력을 과도하게 재현하여 대

중들의 절대적 복종을 추동해왔기 때문이다. 최근의 태극기세력에게서 나타나는 미국을 향한 숭배의 감정이 극우 분단세력에 의해서 증폭되는 것 또한 비슷한 맥락으로 해석할 수 있다. 신에 근접할 정도의 완벽한 존재로 미국이 재현되고, 미국의 지도자가 구원자로 숭배되며, 그 과정에서 북조선과 그 추종 세력이라는 타자가 생산되어 악마화되고 있기 때문이다.

태극기로 표방되는 세력이 미국을 숭배하는 것은 한국전쟁의 기억과 근대화의 과정에서 미국의 지원이 중요했다는 믿음에 기반을 두고 있다. 근대 사회를 식민과 전쟁으로 시작할 수밖에 없었던 한국인들에게 미국은 절대적 존재이면서 구원자로 감각되었다. 문성훈이 태극기세력을 사회병리학적으로 분석한 논문에서 밝힌 것처럼 그들은 자신들의 불안감을 절대자에 대해 복종하고 숭배하는 것으로 이겨내려 한다. 그는 프롬Erich Fromm의『자유로부터의 도피』Escape from Freedom의 논의를 가져와 분석하면서 근대적 개인이 공유하는 불안감에 대응하기 위한 방식은 두가지인데, 하나는 사랑이나 연대를 통해 심리적 안정감을 추구하는 것이고 다른 하나는 자유를 벗어던지고 의존과 복종의 대상을 찾는 것이다. 독일의 나치즘의 경우는 후자를 활용한 사례다. 사람들이 경험하는 불안감을 자극하여 그들이 권력자에게 복종하고 동시에 자신보다 약한 이들을 증오함으로써 상대적인 우월감을 갖게 했기 때문이다.[28]

태극기로 재현되는 극우세력은 태극기로 상징되는 근대화 시기 권력 방식과 성조기로 집약되는 미국을 숭배함으로써, 그들과 자신들을 일체화한다. 절대적 권력자를 숭배함으로써 그 권위 아래에서 안정감을 찾고자 하는 것이다. 복종함으로써 안정감을 얻는다는 것은 개인이 '자유로운 존재'로 오롯이 존재하지 못하고 있음을 의미한다. 또한 사랑과 연대 같은 공동체적 감각의 부재를 뜻하기도 한다. 태극기세력의 급진적 부상과 확대를 한국사회의 병폐를 징후적으로 의미하는 사회적 현상으로 읽어야 하는 이유가 바로 여기에 있다.

북조선을 향한 무시와 우월감

인정하지 않는 마음, 무시

　동구권 붕괴라는 극변의 시기 이후에 고립된 북조선이 이토록 오랫동안 체제를 유지할 것이라 생각한 이는 거의 없다. 사회주의권과의 교역이 상당했던 북조선의 경제적 타격은 그만큼 엄청난 것이었고, 거기에 홍수와 가뭄이 연이었으며, 또한 북조선의 인민들이 그토록 믿으며 따랐던 김일성 위원장도 사망했다. 한국전쟁 이래로 두려움과 위협으로 과장되게 의미화되었던 북조선의 실상은 전근대적이며 헐벗고 가난하다는 것이다. 물론 핵이라는 가공할 만한 군사적 위협은 상존하고 있지만 북조선의 경제적 수준이나 낯선 사회문화, 거기에 전체주의적 가치와 생활양식 등은 우리가 북조선에 대해 상대적으로 우월감을 갖는 근원이 된다.

　무시無視, disrespect 의 사전적 정의는 사물이나 존재의 의의나 가치를 알아주지 않는 것과 사람을 깔보거나 업신여기는 것이다. 존재하는 것을 '없는 것'으로 여기는 것에서부터 서열이나 문화적 낙인에 따라 존재하는 이의 특성을 부정적인 것으로 의미화하는 것까지 모두 다 무시의 범위에 들어간다. 주지하듯 호네트Axel Honneth는 '인정투쟁'이라는 개념을 통해서 몰인정, 즉 폭력, 무시, 권리와 가치의 부정 등을 사회 부정의의 근간으로 정의한 바 있다.[29] 사회의 구성원이라면 모든 개인은 자기실현의 동등한 권리를 가져야 함에도 불구하고, 현대 자본주의 사회에서는 상호관계에 기반을 둔, 타자를 인정하는 구조와 태도가 부재하다는 것이다. '무시'라는 인정 없는 상태를 극복하기 위해서 주체는 사랑, 권리, 연대라는 인정투쟁에 나서야 한다.[30] 그래야만 무시의 사회를 인정의 사회로 변화시킬 수 있다.

분단체제라는 적대감과 대결에 근간을 둔 사회에서 상대방을 그 자체로 인정하는 것은 쉬운 일이 아닐 것이다. 이런 맥락에서 호네트는 상대방을 인정하지 않는 것은 단순히 개인적 수준의 문제가 아니라 사회 근간의 '부정의'라고 지적한다. 분단체제를 배태한 한국사회가 아무리 민주화의 역량을 증진한다고 하더라도 특정 집단이나 상대에 대한 '무시'를 당연시한다면 그 사회는 결코 공동체성을 구축할 수 없다는 뜻이기도 하다. 분단이라는 것이 한국사회의 근본적인 질적 변화에 걸림돌일 수밖에 없음을 의미하는 것이기도 하다.

사회구조와 제도적 측면에서도 북조선에 대한 '무시'는 공고화되어 있다. 헌법 제3조의 영토 조항이 가장 대표적인 것인데, 영토의 범위를 국가권력이 미치는 공간으로 정의하는 국제법의 원칙에 따라 국제사회에서 국가로 인정하고 있는 '조선민주주의인민공화국'의 존재를 인정하지 않기 때문이다. 게다가 헌법 제3조가 대한민국의 영토는 한반도와 그 부속도서로 하고 있음을 밝히면서도 제4조에서는 대한민국은 통일을 지향하며, 자유민주적 기본질서에 입각한 평화적 통일정책을 수립하고 추진할 것을 명시하고 있다. 북조선을 인정하지 않으면서도 통일을 지향한다고 밝히고 있는 헌법 조항은 상호 모순된다고 지적하는 법학자가 있을 정도이다. 존재를 인정하지 않는 북조선을 통일의 대상으로 호명하고 있기 때문이다. 지금까지도 굳건히 유지되고 있는 국가보안법은 또 어떠한가. "반국가단체"라는 모호한 명명으로 내부의 적을 단죄해왔을 뿐만 아니라 북조선 또한 한국을 위협하는 "반국가"적 존재로 공식화한다. 북조선이라는 국가의 체계를 인정하지 않는 것은 이들과의 그 어떤 공식적인 관계를 구축하는 것도 어렵게 한다.

일상에서도 무시되는 북조선은 곳곳에서 발견된다. 예컨대 '묻지 마' 식으로 보도되는 북조선과 관련된 언론 보도는 목소리를 잃은 북조선을 한국사회가 얼마나 타자화하는지 명확하게 보여준다. 북조선 관련 언론 보도에서 오보의 사례는 너무나도 많아 나열하기 어려울 지경이다. 북조선 관련 보도는 가능하면 자극적인 제목과 사진을 내세워 사람들의 눈길을 끄는 것에만 집중해왔다. 북조선 관련 보도가 어려우면서 동시에 '쉬운 이유'는 그 누구도 법적 혹은 도덕적 책임을 묻지 않기 때문이다. 북조선이라는 존재가 인정되지 않으므로 가능한 일이다.

누군가의 존재를 없는 것으로 치부하는 것과 그 존재를 낮게 보면서 업신여기는 것은 사실 맞닿아 있는 과정이다. 존재 자체를 부정하는 것에서 조금 더 세밀한 정치적 기획이 작동하는 것이 그 존재에 대한 부정적인 인식을 강화하는 과정이다. 그만큼 '무시'라는 감정은 이에 부응하는 문화적 표상을 필요로 한다. 북조선에 대한 무지가 그것의 동력이다. 한국사회에서 북조선은 폄하와 신비화의 대상이었을 뿐이다. 수령제, 3대 독재, 가난과 궁핍, 세뇌된 인민, 폭력적 보위부와 같은 파편화된 정보는 북조선을 제대로 아는 것을 방해한다. 거기에 한국사회가 미국 중심의 서구사회라는 지적 패러다임에 종속되어 있다는 것을 감안했을 때 우리가 아는 것은 결코 사실도 그리고 전체도 아님을 비판적으로 숙고해봐야 한다.

냉전의 세계관

냉전의 작동은 양 진영에서 각각의 담론과 의미 체계를 구축하게 했다. 냉전은 단순히 정치, 군사, 경제 영역에서만 일어난 것이 아니라 의미를 둘러싼 각축을 의미하는 것이다. 냉전에 복무하는 '지식' 담론은 각 지역의 다양한 움직임이나 냉전의 변용을 소거하고 냉전을 두 세계의 충돌로 단순화한 의미체계를 생산했다. 이에 소련과 동구권이 붕괴하는 순간 냉전은 결국 종말을 맞이

한 것으로 해석하게 되었다. 하지만 냉전은 각 지역과 국가의 맥락에 따라 전혀 다르게 작동했으며, 냉전 이후 또한 그러하다. 권헌익은 냉전을 하나의 충돌이 아닌 다층적으로 일어난 복수의 것으로 분석하면서 냉전의 해체 또한 상이하게 진행되고 있다고 주장한다.[31] 미·소 사이의 냉전이 해체된 이후에도 한반도와 베트남 같은 곳에서 냉전은 다른 모습으로 계속되고 있기 때문이다. 좀더 덧붙이면 남북 간에는 냉전이 계속되며 그 양태 또한 변화무쌍한 모습으로 변용되고 있다. 냉전이라는 프레임에서 우리가 서로에 대해서 알고 있는 것(혹은 알지 못한다고 믿는 것), 그리고 우리의 세계라고 인식하며 감각하는 것 모두가 냉전적 지식 담론 내에서 구성되고 있는 것이다.

타이완의 탈식민주의 학자 천광싱陳光興은 서구가 구축한 냉전의 지식체계를 해체하기 위해 아시아를 주목한다. 아시아의 냉전 경험의 다층성과 복수성을 드러내는 작업을 통해서 냉전이라는 담론 구조의 허상을 드러내려는 전략이다. 그는 냉전의 구도 밖에 존재했던 힘과 경험들을 재역사화하려는 작업을 진행하기도 하는데, 그것이 바로 제3세계 비동맹운동과 아프리카라는 지역의 경험을 공유함으로써 강대국 중심의 사유체계 너머를 상상하는 것이다.[32]

역사적으로 냉전 진영 어느 쪽에도 속하지 않으려는 움직임은 계속되어왔다. 다만 우리의 세계 밖에 존재했을 뿐이다. 예컨대 1955년 인도네시아 반둥에서 열린 반둥회의에 모인 국가들은 비동맹의 기치 아래 탈식민, 탈제국, 탈냉전 등의 가치로의 연대를 표방했으며, 현재는 아시아·아프리카·라틴아메리카 지역의 120여개 회원국으로 구성된 비동맹회의라는 이름으로 그 명맥이 유지되고 있다. 비동맹회의는 강대국 중심의 국제연합^{유엔}의 한계를 지적하면서, 과거 식민주의와 제국주의의 잔재가 현재 대부분의 제3세계 사회문제의 근간이 되고 있음을 강조한다. 신자유주의로 그 이름을 바꿔 변신해온 제국주의가 바로 현재 제3세계가 겪는 비참함의 근본적 원인이라는 것이다. 비동맹회의는 탈냉전 이후에 단순히 서구식 민주주의나 자본주의를 완성하는 것으로는 제3세계의 문제가 해결될 수 없음을 간파하고, 반제국주의와 지역화를 통한 새로운 해법 찾기에 골몰하고 있다.

냉전을 경험하면서 '미국' 중심의 세계관에 매몰된 우리에게 제3세계 비동맹을 추구해온 움직임은 낯설 수밖에 없다. 그곳에 또다른 '세계'가 있다는 것조차 감각되지 못했기 때문이다. 존재하지 않는 세계에는 우리가 무시해온 북조선이 깊숙이 연루되어 있다. 흥미롭게도 이들 사이에서 북조선은 '정상국가'로 그 입지를 굳건히 해왔다. 상당수의 아프리카 국가는 제국주의 청산을 가장 급진적으로 이루어낸 사례로 북조선을 평가할 뿐만 아니라, 핵실험과 같은 북조선의 행보 또한 탈식민과 자주권의 맥락에서 상이하게 해석하기도 한다.

아프리카의 상당수의 국가가 북조선과 깊은 관계를 유지해오고 있는데, 가장 대표적인 곳이 바로 짐바브웨이다. 무가비라는 전 독재자의 나라 정도로만 알려져 있는 짐바브웨는 이미 1970년대 말부터 북조선과 긴밀한 관계를 구축해왔다.³³ 북조선의 행정가와 과학자 등이 직접 방문하여 기술을 전수하기도 했고, 군사적 협력과 정상 간의 관계 증진 또한 긴밀하게 이루어졌다. 짐바브웨의 수도 하라레에 위치한 국립영웅묘지National Heroes Acre에는 북조선의 만수대창작단이 직접 와서 만든 대규모의 동상과 조형물 들이 들어차 있기도 하다. 북조선의 공식 매체에서는 지속적으로 아프리카와의 교류를 보도했음에도 불구하고, 이에 대해서 한국사회는 믿지 않거나 그리 크게 생각하지 않았다.

　북조선과 아프리카의 문화 교류 또한 상상을 초월할 정도이다. 최원준의 다큐멘터리 「만수대 마스터클래스」Mansudae Master Class, 2014는 아프리카 전역에 남겨진 북조선 예술의 흔적을 추적한다. 1969년 이래로 북조선의 만수대창작단은 적어도 아프리카의 16개국에 동상과 기념물 등을 수출했다.[34] 흥미롭게도 대부분의 미술품은 무료로 제공되었다. 탈제국주의 연대를 위해서 북조선에서 아프리카 국가들에 '선물'로 준 것이다. 세네갈, 에티오피아, 케냐, 마다가스카르, 앙골라, 짐바브웨 등에서 북조선 예술가들의 작품을 보는 것은 어렵지 않다. 가장 고립된 나라, 중국과 러시아라는 냉전의 한쪽에 기대고 있었기에 냉전 해체에 직접적인 타격을 받았을 것이라고 생각된 북조선은 이미 냉전 구도 밖의 여러 국가와 긴밀한 관계를 맺고 있었던 것이다.

　냉전의 한쪽 편이 생산한 문화 표상과 담론체계에 포박되어 있는 한국사회가 북조선이 어떠한 역사적 경로를 거쳐왔는지 그리고 어떤 세계와 관계를 맺고 있었는지에 대해서 파악하는 것은 쉽지 않다. 상대방에 대한 무지는 그만큼 잘못된 고정관념과 편

1969년 이래로 북조선의 만수대창작단은 아프리카의 여러 나라에 동상과 기념비를 무상으로 건축해왔다. 세네갈의 「아프리카 르네상스 기념비」(위)와 짐바브웨의 국립영웅묘지(아래).

견을 생산할 확률이 높다. 북조선과 '관계' 맺기를 원한다면 우리의 시각이 편협한 것은 아닌지 질문을 던지는 것에서 시작해야 한다. 단순히 북조선을 인정하는 것에 멈출 것이 아니라 지금까지 우리의 세계를 규정했던 시각과 담론체계를 넘어서는 상상을 해야 한다. 지금까지의 사고체계를 뒤흔들며 그 너머로 사유의 폭을 확장해야 한다. 냉전 구도라는 사유체계 밖을 경유할 때 북조선에 대한 새로운 시각과 의미체계를 구축할 수 있을 것이며, 이를 바탕으로 대화와 관계 개선에 나설 수도 있을 것이다.

우리 안의 우월감

무시라는 감정의 반대쪽에 도사리고 있는 것은 바로 우월감이다. 왜곡된 표상체계로 인해 상대방을 폄하하면서 우월하다고 느끼는 것이다. 우월감은 반드시 부정적인 형태로만 표출되는 것은 아니다. 우월감은 무시, 폄하, 잘난 체, 윗사람 행세를 하며 가르치려 드는 행위 등으로 발현되지만, 종종 긍정적인 행위의 자원이 되기도 한다. 상대방의 어려운 상황을 인지하면서 동시에 자신이 더 큰 힘이 있음을 알아차리는 것이기 때문이다. 상대방의 어려운 상황에 개입하거나 도움을 주려는 행동의 자원으로 우월감이라는 감정이 작동하기도 한다. 하지만 우월감에 기반을 둔 관계 맺기는 결코 공정하고 평등한 것이 되기 어렵다. 우월감이라는 것은 결국 자족 수준에 머무르기 쉬운데다, 이에 기반을 둔 지원이나 도움은 분명 상대방에게 모멸감이나 열등감을 안겨줄 확률이 높기 때문이다.

그럼에도 북조선에 대해서 한국사회는 우월감을 아무렇지도 않게 표출해왔다. 선한 의도로 북조선과 관계를 맺고자 하는 이들 사이에서도 그런 감정은 종종 발견된다. 인도적 지원 사업에 종사하는 활동가들이나 전문가들이 아무렇지도 않게 북조선의 실상을 "한국의 60년대 모습"이라고 평가하는 것이나, 민족 화해를 강조하는 지도층이 한국사회가 "맏형으로서" 북조선을 변화시켜야 한다고 주장하는 것까지 그 예는 넘치도록 많다. 역사적인 남북정상회담을 중계하는 방송인들이 김정은·리설주 위원장 내외에 대해서 "아들 내외처럼 보인다"는 인상기를 무의식적으로 뱉어낸 것, 리얼리티 방송 프로그램에 출연한 북조선 여성이 고향 같은 편안함을 느끼도록 일부러 첩첩산중의 농촌 마을에서 촬영했다는 방송국의 설명, 북조선에서 "피자와 햄버거"를 먹을 수 있는 것이 놀랍다는 보도 등은 낙후한 북조선과 발전한 한국이라는 패러다임을 구축하면서 우리 안의 우월감을 부추긴다.

우월감은 자신이 상대방보다 더 큰 권력이 있음을 실감하는 것이다. 그것은 '보는 것', '말하는 것'을 통해서 가시화된다. '보는 것'의 주체가 된다는 것은 그 대상이 되는 상대방을 타자화하기에 나서는 것이다. 말할 수 없는 이에 대해 '말하는 것'은 담론 권력을 장악하는 것이다. 오리엔탈리즘이 가리키듯이 상대방의 시선에 재단된 존재는 스스로를 재현할 수 없다. 그들의 시선에 따라 자신의 정체성을 구축하는 것이다. 더 심각한 것은 시선의 주체가 느끼는 권력의 욕망이다. 일찍이 로라 멀비Laura Mulvey가 할리우드 영화에 내재화된 여성에 대한 관음증적 시선과 욕망의 문제를 분석한 것을 참조해봤을 때, 한국사회가 왜 이토록 북조선을 낱낱이 '보고 싶어'하는지 짐작이 가능하다. 이성을 상실한 종편과 보수 언론의 단골 눈요깃감이 왜 북조선이어야 하는지 말이다.[35] 포착된 북조선은 우리의 욕망에 따라 마음대로 재단된 모습일 뿐이다. 수많은 매체들의 보도와 재현이 담지하고 있는 시선이 무엇을 내포하는지 성찰적으로 반성할 필요가 있다. 또한 이러한 문화적 재현에 눈길을 빼앗겨온 우리 모두가 북조선에 대한 관음증적 욕망에서 결코 자유로울 수 없음을 반성적으로 살펴야 할 것이다.

예를 하나 들어보자. 평화기행이라는 목적 아래 수많은 단체와 정부기관에서 조·중 접경지역 답사를 조직하곤 한다.* 중국 쪽에서 북조선을 바라보는 것이 프로그램의 핵심이다. 관광산업은 이제 단순한 경관 감상이나 레저 체험에서 벗어나, 의미있고 특별한 경험을 제공하는 쪽으로 진화해가고 있다. 이런 의미에서 조·중 접경지역 답사는 북조선과 분단을 상품화한 프로그램이면서 동시에 평화와 통일 같은 색다른 경험이 가능하다는 장점이 있다. 참가자 대부분은 북조선과의 협력이나 평화 등을 고민하는 학생이나 시민일 확률이 높다. 굳이 시간 내서, 적잖은 돈을 들여 참가했으니 말이다. 강 건너의 '북조선'을 바라보며 눈물짓는 이

---

* 유력 일간지인 『중앙일보』에서는 '한반도 평화오디세이'라는 기획으로 사회 저명인사들의 조·중 접경지역 답사기를 신문에 연재하기도 하였다.

도 있고, 갑작스레 차오르는 민족적 감성에 흥분하는 이들도 쉽사리 찾아볼 수 있다. 불쌍하고 가난한 북조선을 바라보면서 빨리 통일되어야겠다는 생각을 했다는 학생들도 많다. 이들이 통일의 중요성을 감각하고, 분단선 위에 있는 북조선에 한층 다가갔다는 측면에서 이러한 프로그램은 분명 장점이 있다.

그럼에도 북조선을 바라보는 모두가 자신의 몸을 관통하는 이상한 감정을 더 찬찬히 성찰하기를 바라는 것은 너무 과도한 요구일까? 자신들이 어떤 시각으로 북조선을 바라보고 있는지, 그리고 무엇이든 뜨거운 감정을 느꼈다면 그것의 근원이 무엇인지 질문해보는 것 말이다. 누군가의 시선에 포착된다는 것, 그들의 시선에 의해서 재단되고 평가된다는 것의 폭력이 무엇인지 가늠해보자는 것이다. 시선의 주체가 된다는 것의 힘을 알고, 그 시선의 윤리성에 대해서 끊임없이 성찰하자는 것이다. 무의식과 감정에 깊게 뿌리내린 북조선을 향한 우리의 욕망과 우월감의 위험성을 인지하는 것 자체로 변화를 만들어낼 수 있다.

마지막으로 이 점은 반드시 짚어두어야 할 것 같다. 하물며 이토록 선한 평범한 시민들도 이러할진대, 북조선을 개발(만)의 대상으로 인식하는 (다국적)기업가들과 그들의 군사력을 무력화하여 자신들의 영향권에 두려는 강대국의 시선은 오죽할까. 북조선과의 평화를 모색하고자 하는 남한정부는 어떠한가? 인도적 지원, 관광 및 경제협력, 평화경제와 같은 '기획'이 좌초되어온 것이 혹여나 우리의 우월감에 대한 북조선의 반발과 깊은 연관이 있는 것은 아닐까? 과연 욕망의 대상으로 존재하는 북조선과의 화해나 공동체 구성은 가능한 것일까? 한국사회는 단 한번이라도 북조선사회와 그곳의 사람들과 동등한 관계를 구축할 마음을 먹은 적이 있었던가? 자문해볼 일이다.

상상된 남북 화해와 협력

문화적 재현으로서의 한국 영화

문화적 재현은 사회의 감정구조를 징후적으로 드러낸다. 여기서 문화적 재현물이라 함은 문화를 담지한 다양한 텍스트 전반을 의미한다. 영화, 드라마, 음악, 문학, 건축, 미술작품 등을 아우른다. 재현이 중요한 이유는 변화하는 현실을 반영하는 것에만 머무는 것이 아니라 사회가 공유하고 있는 감정이나 (무)의식을 내포하기 때문이다. 홀Stuart Hall의 정의로는 모든 문화적 재현물은 지식, 생산관계, 제반 기술 환경 등이 구성하는 의미체계이다.[36] 사회문화적으로 구축된 지식담론과 생산관계라는 물적 토대, 매체의 기술 환경 등이 결합되어 생산된 담론이 바로 문화적 재현이다. 또한 문화적 재현은 그 자체로 현실을 구성하는 힘이 있다.

레이먼드 윌리엄즈는 감정구조라는 개념을 통해서 특정 집단이나 사회가 공유하는 소통이 가능한 의미체계를 주목한 바 있다. 그는 감정구조는 문화 재현물을 통해서 비로소 분석될 수 있다고 주장하는데, 그 이유는 집단이나 사회의 구성원들은 이미 자신들이 공유하는 감정구조의 일부분이기 때문에 그것의 면면을 언어화할 수 없다. 이런 이유에서 윌리엄즈는 문화 재현물에 암호화되어 있는 감정구조를 읽어낼 필요가 있다고 주장하면서, 문학작품을 주요 텍스트로 삼아 연구를 진행했다. 예컨대 시골과 도시를 다룬 문학작품에서 이 두 공간이 담지하고 있는 감정구조의 양상이 어떻게 구별되는지를 세밀하게 분석하기도 한다.[37]

문화적 재현은 한국의 분단적 마음을 담지하고 있는 텍스트이면서 동시에 분단적 마음을 (재)생산하는 담론이기도 하다. 텍스트에 켜켜이 쌓여 있는 분단의 흔적을 찾는 작업은 인지되지 못하지만 공유되는 의미로 작동하는 감정구조를 드러낸다. 필자가 집중하고자 하는 매체는 바로 한국 영화이다. 주지하듯 한국 영화는 양적·질적 성장을 거듭해왔다. 할리우드가 장악하고 있는 세계 영화시장에서 자국 영화의 시장 비율이 안정적으로 유지되고 있는 국가는 인도와 프랑스를 제외하고는 한국이 거의 유일하다. 2000년대부터 본격화된 한국 영화의 산업화를 통해 한국 영화산업은 수직적 통합 시스템이 구축된 상황이다. 투자-제작-상영-기타 수익창구까지 하나의 시스템으로 구축된 까닭에 한국 영화는 사업적 위험요인을 상당 부분 통제할 수 있었고, 이로 인해 안정적 산업구조를 구축하기에 이른다.

물론 이런 식의 산업화가 독과점을 양산하는 부작용을 낳은 것이 사실이고, 창의적 예술이기도 한 영화의 특성상 투자와 상영 부분으로의 인적·물적 자원의 과도한 집중은 장기적으로는 부정적 결과를 초래할 위험 또한 있다. 하지만 1990년대 이후에 한국 영화는 독립영화인의 활발한 활동, 국제 및 지역 영화제 등 다양성 영화 상영 공간의 확대, 영화인들의 재생산 구조 안착 등의 긍정적 요인으로 인해 예술적 기반도 상대적으로 굳건하게 구축하였다. 한국의 시장 규모를 고려했을 때 한국만큼 작가주의의 반열에 오른 영화인들과 상업영화에 집중하는 대다수 영화인, 거기에 독립영화를 제작하는 젊은 세대까지 적절하게 조합된 민족영화 산업을 갖춘 나라를 찾아보기는 힘들다.

한국 영화가 안정적일 수 있었던 이유는 자국 관객의 호응도 주요했다. 한국 관객은 2000년 이래로 꾸준히 증가해 2019년에는 2억 2668만명에 이르렀다. 한국 관객의 연평균 관람횟수는 4.37편으로 세계 1위이다. 2000년대 초반까지만 해도 연평균 2편에 이르지 못했다는 것을 감안했을 때 지난 20년 동안 한국 영화는 엄청난 양적 성장을 이룬 것이다. 특히 한국 영화의 시장점유율이 외화보다 높은 것으로 나타났는데, 이는 한국의 관객이 '한국 영화'의 감정구조에 더 큰 재미와 감동을 느끼기 때문이다.

이제 한국 영화 중 분단을 소재로 하고 있는 영화의 재현 양식을 살펴보자. 특히 북조선, 북조선 사람, 그리고 통일에 대한 영화적 상상력이 어떻게 전개되었는지 추적하면서 한국 관객의 감정구조의 면면을 분석할 것이다. 북조선은 한국 영화의 단골 주제였다. 특히 1950~70년대에 꾸준히 제작된 반공영화는 남북 간의 첨예한 군사적 대치와 독재체제의 극심한 사회통제의 맥락에서 생산되었다. 정부는 한국 영화의 내용이 반공적 메시지를 담아야 한다는 지침을 내리고 검열을 강화하기도 했다. 사회적 분위기가 급변하고, 시민들의 여가 활동이 다양해지던 1980년대와 1990년 대는 한국 영화의 암흑기로 불린다. 다양한 영화를 제작할 역량이 부족했던 한국 영화는 할리우드로 대표되는 해외 영화에 압도되어 근근이 명맥을 유지하는 정도였다. 물론 이 시기에도 코리안 뉴웨이브로 지칭되는 일련의 예술영화가 생산되기도 하였지만, 관객들에게 호응을 받기에는 역부족이었다.

이런 상황에 1997년 외환위기를 겪게 되면서 한국 영화는 산업 기반이 흔들리는 위기에 봉착하게 된다. 때마침 영화산업에 진출한 대기업 자본이 사업을 철수하면서 위기감이 고조되기도 했다. 하지만 1987년 이후 민주화운동에서 문화운동을 주도하던 학생들 중 상당수가 영화산업에 유입되어 있었고, 이들을 중심으로 새로운 제작자 그룹이 형성되었다. 번뜩이는 아이디어와 문화적 감수성으로 무장한 젊은 제작자들은 1990년대 초반에 소위 '기획영화'의 상업적 성공을 이루어낸 바 있다. 이러한 기획력을 바탕으로 만들어진 몇몇 작품이 한국 영화산업의 변화에 커다란 기여를 하게 된다. 그것이 바로 1999년에 개봉한 강제규 감독의 「쉬리」와 그 뒤를 이은 박찬욱 감독의 「공동경비구역 JSA」(2000)이다. 분단을 소재로 한 영화가 한국 영화의 산업화를 알리는 성공을 거두었다는 것은 의미하는 바가 크다. 그만큼 분단은 한국 관객이라면 모두 다 공감할 수 있는 중요한 주제임에 분명하다.

분단 소재의 '한국형 블록버스터'

영화 「쉬리」는 한국형 블록버스터라는 새로운 장르의 시작을 알리는 중요한 작품이다. 당시 기준으로는 엄청난 수준의 제작비와 스펙터클한 이미지를 앞세운 이 영화는 총 582만명의 관객을 동원한 것으로 알려져 있다. 이 수치는 당시 전세계적으로 커다란 흥행 성적을 얻은 「타이타닉」(총 관객 197만 1780명)보다 훨씬 높은 것이다. 그 당시 외환위기 이후 일어난 전국민적인 외화관람 반대 운동의 영향으로 「타이타닉」은 예상보다 적은 관객을 유치하는 데 그치고 말았다. 한편 한국형 블록버스터는 그 어떤 드라마보다 더 드라마틱한 남북 분단이라는 '현실'을 영화화하는 데 적극적이었다. 할리우드 블록버스터의 '착한' 우리와 '나쁜' 악당이라는 구도가 한국적 맥락으로 이식된 것이다. 분단국가에서 일상을 살아가는 대다수의 한국 관객은 화려한 스펙터클과 분단이라는 익숙한 문화적 코드로 무장한 한국형 블록버스터에 쉽게 공감하였고 이를 표방한 영화는 커다란 흥행을 거두게 된다.

분단 소재 영화의 새로운 장을 연 것은 「쉬리」에 이어 개봉한 「공동경비구역 JSA」이다. 과거 한국 영화에서 답습되어온 북조선 사람의 재현 양식에 획기적 변화가 감지되기 때문이다. 박찬욱 감독의 「공동경비구역 JSA」의 북조선군 중사 오경필(송강호 분)은 영화를 이끌어가는 주요 축이다. 남북의 병사가 금기의 공간에서 만나 우정을 만들어간다는 이야기 자체가 이미 파격적이기도 한 데다가, 북조선 병사가 혼란과 갈등 속에서도 유일하게 평정심을 유지하는 캐릭터로 등장하는 것은 이전의 한국 영화에서 찾아보기 힘든 것이었다. 영화 속의 남한 병사는 병약한 캐릭터로 그려지는 반면 오경필은 보편의 가치인 민족애와 인류애를 구현하는 인물로 끝까지 살아남는다. 거기에 영화배우 송강호가 지닌 페르소나는 북조선군을 더없이 친근하며 호감 가는 인물로 만들어내었고, 오경필이라는 캐릭터를 통해 관객들은 처음으로 '성숙한' 북조선 사람을 마주하고 또 상상하게 되었다.

「공동경비구역 JSA」는 지금은 한국을 대표하는 영화감독인 박찬욱의 영화이지만, 영화감독만의 영화적 특성보다는 명필름이라는 영화제작사의 기획력으로 가능했던 작품이다. 알려진 것처럼 이 영화는 제작자인 명필름의 이은, 심재명이 박상연의 소설 『DMZ』를 보고 영화화하기로 결심하고 박찬욱 감독에게 영화를 함께 만들 것을 제안하면서 제작될 수 있었다. 이은의 경우에는 1980년대 독립영화운동을 이끌었던 '장산곶매'의 주요 구성원으로서 「오! 꿈의 나라」(1989)와 「파업전야」(1990) 등을 만드는 데 참여한 바 있다. 민주화운동의 자장 안에서 활동하던 젊은 제작자가 상업영화를 만들면서 분단 문제를 휴머니즘의 맥락에서 재해석해보고자 한 의도가 기획 단계부터 영향을 미쳤다는 해석이 가능하다. 영화가 개봉하던 시기 즈음 김대중 대통령과 김정일 국방위원장의 정상회담이 이루어지면서 북조선에 대한 시민들의 인식이 조금씩 변해가는 과정에서 「공동경비구역 JSA」의 스토리와 휴머니즘은 관객들의 마음을 얻기에 시의적절한 텍스트였다.

하지만 이러한 경향은 그리 오래가지 않는다. 두 영화의 성공으로 비슷한 유형의 한국형 블록버스터가 양산되고, 점차 이념적으로 퇴행적인 영화들이 '블록버스터'의 스펙터클을 앞세우면서 등장하게 된다. 대표적인 작품으로는 「실미도」(2003)와 「태극기 휘날리며」(2004) 등이 있다. 두 영화 모두 다 1천만 관객의 시대를 연 작품으로 흥행에는 성공하였지만, 텍스트에서 재현되는 북조선이나 북조선 사람, 그리고 분단은 과거 반공시대에나 걸맞을 법한 냉전적 사고를 그대로 담아내고 있었다. 예컨대 북파공작원의 삶을 그린 「실미도」는 과도한 민족주의와 반공주의가 텍스트 곳곳에 담겨 있는 작품이고, 한국전쟁 시기 형제의 비극을 다룬 「태극기 휘날리며」는 갑작스런 전쟁의 소용돌이 속에서 서로 총부리를 겨눠야 하는 전형적인 상황을 답습한 영화에 머물고 만다. 물론 두 작품 모두 다 스케일이나 특수효과, 스펙터클 이미지 등에서는 커다란 진일보를 이룬 작품이지만 북조선이나 분단의 재현 방식은 오히려 2000년대 초반의 한국 영화의 진보성을 퇴행시키는 경향이 확인되기도 한다.

남북관계가 경색되면 될수록 한국 영화 속에서 재현되는 북조선은 전형성을 벗어나지 못한다. 「포화 속으로」(2010)와 「인천상륙작전」(2016)에서 등장한 북조선 사람은 냉혹한 공산주의자 혹은 피도 눈물도 없는 살인자로 단순화되어 재현된다. 한국전쟁 시기를 다룬 두 영화에서 남한 출신 주인공들은 순진하지만 인간미를 간직한 긍정적 인물로 그려진다. 각성하지 않은 소년 모습의 주인공들이 냉혹한 북조선 사람들과의 대결을 경험하면서 '성인 남성'으로 성장하는 모습을 보여주기도 한다.

예컨대 「포화 속으로」는 한국전쟁 시기에 인민군의 진군을 지연시킨 것으로 알려진 학도병 71명이 참여한 전투를 다루고 있는데, 학도병이라는 순수한 청년은 전투 상황에서 전우애를 경험하면서 진짜 군인으로 거듭난다. 반면 함께 등장하는 북조선군 대장은 인간적인 면모를 찾아볼 수 없는 냉혈한으로 평면적으로 그려진다. 「인천상륙작전」은 더욱 노골적인데, 인천상륙작전을 가능하게 하기 위한 남한 측 첩보대원들의 영웅적인 삶을 그리고 있기 때문이다. 북조선 측 요원들은 이데올로기에 철저하게 경도된 이들로 이념을 위해서라면 가족에게 총부리를 들이댈 수 있는 인물들로 그려진다. 또한 맥아더 장군(리엄 니슨 분)은 전쟁영웅이자 인간미를 갖춘 구원자로 그려지면서 미국에 대한 한국사회의 인식의 일면을 낱낱이 보여주기도 한다. 두 영화 모두 한국전쟁을 배경으로 실화에 모티브를 둔 작품이다. 한국전쟁이라는 실화를 소재로 삼는다는 것은 영화가 역사 읽기의 텍스트가 된다는 것을 의미한다. 그럼에도 두 영화 모두 북조선과 북조선 사람을 절대적 악인으로 그려냄으로써 한국전쟁 서사의 전형성을 재생산한다. 물론 한국전쟁이라는 역사를 전쟁의 폭력성을 사실적으로 드러내는 방식으로 그린 작품도 비슷한 시기에 개봉하기도 했다. 바로 장훈 감독의 「고지전」(2011)인데, 이 작품에서는 서로 이유도 없이 총부리를 겨누게 된 남북의 '사람들'을 전면적으로 다룬다. 국가라는 이름으로 행해지는 수많은 폭력을 다루고 있다는 측면에서 한국전쟁이라는 역사적 사실을 재현의 영역에서 얼마나 다층적으로 그려낼 수 있는지 가능성을 보여주기도 했다.

전쟁영화는 블록버스터 장르에 가장 단골인 메뉴임에 분명하다. 갈등, 화해, 폭력(스펙터클), 인류애와 사랑 같은 감정을 가장 효과적으로 배치할 수 있는 소재이기 때문이다. 전쟁만큼 영화적 상상력을 발휘할 수 있는 주제도 없을 것이다. 게다가 한국의 관객들에게 한국전쟁 시기의 이야기, 그것도 실화를 영화화한다는 것은 그만큼 익숙한 감정을 느낄 수 있다는 측면에서 매력적이다. 그럼에도 「포화 속으로」와 「인천상륙작전」은 북조선이나 전쟁의 갈등 구조에 대해서 전형적인 반공주의적 시각을 그대로 재현함으로써, 관객들의 외면을 받게 되었다. 두 영화 모두 1백억원이 훌쩍 넘는 엄청난 제작비가 투여된 것에 비해서 흥행 성적은 참혹한 수준이다. 다른 말로 하면 고장난 레코드판처럼 과거의 냉전적 사고를 아무리 그럴싸한 스펙터클로 포장한다고 해도 관객들의 선택을 받기는 어렵다는 잠정적 결론을 내릴 수 있다. 또 한편으로는 관객이 분단을 감각하는 방식이 적어도 과거의 냉전적 상징과 의미로부터는 거리가 먼 것임을 뜻한다.

국가 너머 가족: '패밀리 맨'의 탄생

북조선 사람 캐릭터의 진화도 있다. 남북 모두를 거부한 초국적인 인물로 표상된 것이 바로 그러한 예이다. 영화 「태풍」(2005)의 씬(장동건 분)은 북조선 출신자지만 남한에서도 버림받은 기억을 지닌 채 해적이 된 사내다. 그는 남과 북에 대한 분노로 복수를 꿈꾸지만 동시에 잃어버린 누이를 애타게 그리워하는 순정파이기도 하다. 씬은 국가에 버림받는 비운의 인물이며, 동시에 규범을 넘어서는 야성을 지닌 남성으로 국가의 경계에 얽매이지 않는 자유로움으로 표상된다. 씬에게 의미있는 것은 국가도, 명예도, 그렇다고 부도 아닌, 오직 가족에 대한 그리움이다. 반면에 씬이 탈취한 핵무기를 되찾기 위해 파견된 해군장교 강세종(이정재 분)은 군인 아버지를 둔 애국자로 그려진다. 세종은 작전 중에 씬이 그토록 찾는 누이 최명주(이미연 분)를 찾아 씬과 만날 수 있게 주선하기도 한다. 그는 씬의 상처를 이해하게 되지만 그렇다고 그가 핵무기를 사용하여 한반도를 공격하는 것을 그대로 둘 수는 없다. 세종과 씬은 최후의 대결에 나서고 결국 세종은 작전을 완수하고 씬은 다시금 바다로 떠나는 것으로 결말을 맺는다.

「태풍」에서 흥미로운 점은 씬이 남과 북 그 어느 쪽도 선택하지 않는다는 점이다. 그에게 자신과 누이를 버린 남과 북은 증오와 복수의 대상일 뿐이다. 반면 남한 측 요원으로 등장하는 세종은 아버지에 이어 국가에 충성하는 인물이며, 미국과의 대립을 감수하면서도 모국의 국가이익을 위해서 모든 것을 거는 민족주의자이면서 정의로운 인물이다. 오죽하면 그의 이름이 '세종'이었겠는가! 흥미로운 점은 세종이 국가에 충성하는 것도, 씬이 국가에 복수를 꿈꾸는 것도 모두 다 비극적인 가족사에 바탕을 둔다는 점이다. 분단이라는 국가중심적 사고의 균열이 발견되는 지점이다. 또한 씬이 핵을 탈취하여 남북 모두에 복수한다는 설정이 지닌 징후적 상상력이다. 국가의 존망이 걸린 핵무기가 가족의 복수에 활용된다는 것은 핵문제가 본격적으로 불거져 나온 2000년대 초중반의 한국사회가 핵을 어떻게 무의식적으로 감각했는지를 짐작게 한다.

이런 식의 서사적 구조는 이후 등장하는 상당수의 한국형 블록버스터에서도 계속적으로 등장한다. 영화 「용의자」(2013)의 주인공인 북조선군 최정예 특수요원 출신 탈북자 지동철(공유 분)은 자신의 아내와 딸의 복수만을 생각하는 인물로 그려진다. 즉 잃어버린 가족을 애도하는 것에 모든 것을 건 '아버지'로 재현된 것이다. 「용의자」의 서사 구조에서 남북의 분단은 '아버지'의 사랑을 극화하는 배경으로 축약되고, 한반도를 둘러싼 여러 세력 간의 다툼 또한 그의 부정父情을 방해하는 요소 정도로 그려진다. 지동철과 그를 쫓는 남한의 군인이 결국 서로를 이해한다는 구조와 국정원의 부패한 관리가 폭력의 주범으로 등장하는 것 등은 굳이 남북관계라는 배경이 아니더라도 할리우드 액션 블록버스터에서 자주 활용되어온 전형적 서사 구조이다. 영화는 지동철이 죽은 줄 알았던 아이를 찾는 것으로 끝나는데, 죽음의 고비를 여러번 넘긴 영웅은 결국 '아버지'로 회귀한다. 국가에 대한 배신감보다 아내와 아이에게 해를 끼친 동료를 찾아내는 것이 영화를 이끌어가는 모티브가 된다. 이는 북조선 출신이라는 주인공의 특징이나 영화의 배경이 되는 분단이 블록버스터 액션이 지향하는 스펙터클한 이미지와 서사적 효과를 극대화하기 위한 장치에만 머무르고 있음을 의미한다.

남북의 만남을 본격적으로 그린 영화의 대표적인 작품으로는 장훈 감독의 「의형제」(2010)가 있다. 흥행에도 성공한 이 작품은 이후 분단을 다루는 영화의 서사적 전형이 되는 작품이기도 하다. 제목이 나타내는 것처럼 이 영화는 남한 출신 한규(송강호 분)와 북조선 출신 간첩 지원(강동원 분)의 끈끈한 관계를 서사화한다. 문제만 일으키던 국정원 직원인 한규는 불미스런 사건에 휘말려 직장에서 쫓겨나게 되고, 지원 역시 북에서 버림받은 것도 모른 채 초조하게 북의 연락을 기다리는 인물이다. 지원은 북의 가족으로 인해 더욱 북조선과의 연결을 기다리며 지내고 있는데, 이를 의심한 한규가 접근하고 이 과정에서 둘은 한집에 살게 된다. 이후 한규와 지원은 마치 '형제'와 같은 감정과 연대를 경험하게 된다는 것이 이 영화의 내용이다. 흥미로운 것은 '국가'를 위해서 일하다가 결국 '국가'로부터 버림받는 순간 비로소 '인간'으로 '형제' 관계를 맺게 된다는 설정이다. 남북이라는 국가와 분단의 경계를 넘어서는 순간 '형제' 즉 한민족으로서의 공동체를 구성하게 된다는 것이다.

남한 출신자와 북조선 출신자의 형제애를 강조하는 코드는 사실 남북관계를 다룬 대부분의 영화에서 반복되어온 서사적 코드이다. 특히 남북 남성들의 브로맨스의 시작을 알린 「공동경비구역 JSA」가 상영된 지 10년이 지난 후 나온 「의형제」는 둘 사이의 유사 혈육적 관계를 더욱 강조한다는 측면에서 의미심장하다. 또한 「공동경비구역 JSA」에서 북조선군 중사 오경필을 연기했던 송강호가 이번에는 가족에게 버림받고 근근이 살아가는 남한 출신 중년 남성 한규로 분하고, 비록 북조선에 있지만 가족의 사랑을 받는 엘리트 북조선 출신자는 미소년 외모로 유명한 배우 강동원이 연기하였다는 점이 흥미롭다. 이웃집 아저씨 같은 페르소나를 지닌 송강호와 마치 만화 속에서나 존재할 것 같은 외모의 강동원이 각각 남과 북을 재현한다는 것이 상징하는 것이 무엇인지 분석해봐야 할 지점이다. 이전의 영화에서 매력적이며 선한 주인공의 역할은 주로 한국 사람이었고, 악인의 역할이나 아니면 주인공을 돕는 역할이 북조선 출신자였던 것을 상기해봤을 때, 이제 그 구도가 정반대가 된 것이다. 영웅적 인물로 북조선 사람이 등장하고, 이를 지원하는 역할에 한국 사람이 위치한 것이다.

남북 사람들의 공조와 연대

북조선 사람이 등장하는 최근의 한국 영화는 주로 국가를 넘어서는 남과 북의 '사람'들의 화해와 공감에 집중하는 경향을 띤다. 분단의 문제는 북조선의 특정한 '나쁜' 사람의 문제로 축소되고, 남북의 '좋은' 사람들은 힘을 합쳐 '나쁜' 북조선 사람에 대응한다는 논리이다. 특히 2016년에 개봉해서 7백만이 넘는 관객을 동원한 영화 「공조」는 최근의 북조선 사람의 재현 방식에 대한 단초를 제공한다. 북조선의 정예요원인 림철령이 자신의 아내를 살해하고 남한으로 간 동료 차기성에게 복수하기 위해 남한의 평범한 형사 강진태와 공조수사를 벌인다는 것이 줄거리이다. 여기서 등장하는 북조선군 병사 림철령(현빈 분)과 차기성(김주혁 분)은 한국 영화를 대표하는 아름다운 배우가 연기하는데 그만큼 관객은 북조선 사람들을 매혹적인 사람으로 감각한다. 반면에 남한 형사는 푸근한 이미지의 배우 유해진이 맡고 있는데, 그의 역할은 코믹하면서도 짠내 나는 생계형 중년 남성이다. 그는 능력이 출중하지도 그렇다고 외모가 훌륭하지도 않은 보통사람이면서, 그렇지만 하루하루 가족들과 소소한 즐거움을 나누며 사는 소시민이다. 반면에 북조선 사람은 항상 '영웅'을 상기시킬 정도의 '능력자'이면서, 가족에 대해서는 절대적인 사랑과 헌신을 아끼지 않는 모습으로 그려진다. 그들의 이미지는 한국을 대표하는 배우의 얼굴과 몸을 통해 재현되고, 이들은 어느 순간 북조선이라는 '타자' 혹은 '분단'이라는 의미에서 한걸음 비껴나가 결국 한국사회가 욕망하지만 결코 현실에서는 존재할 수 없는 남성성으로 재현된다. 이 영화에서 그려지는 주인공 림철령은 지금 한국사회가 잃어버린 존경받고 사랑받는 '이상적인 남성'의 모습인 것이다. 영웅적이면서도 순정 어린 마음을 간직하며 동시에 아름다운 용모로 관음증적 욕망의 대상이 되는 존재로 북조선 사람이 재현된다.

이러한 비슷한 양상이 다시 한번 확인되는 영화는 「강철비」 (2017)이다. 「공조」의 남북 캐릭터가 거의 판박이로 등장하되, 핵전쟁 위기라는 현재진행형인 주제와 소재를 전면에 내세운 이 영화는 남북의 문제를 다루고 있다는 측면에서 큰 반향을 일으킨 작품이다. 북조선 출신 병사 엄철우(정우성 분)와 남한의 외교안보수석 곽철우(곽도원 분)가 함께 한반도의 핵전쟁 위기를 막아내는 것을 주요 골자로 하는 이 영화는 너무나도 완벽한 북조선군과 일에서는 성공했지만 가족들에게서는 외면당하는 흔들리는 중년 남한 남자의 동지애를 그린다. 영화는 자신을 희생해서 나라를 구하는 엄철우와 그의 남겨진 가족 앞에서 다시금 다정한 아버지의 역할을 대신하는 곽철우를 대비하며 막을 내린다.

이 영화가 남북 간의 군사적 긴장이나, 민족문제, 혹은 주변국과의 미묘한 신경전 등을 다루기는 하지만, 영화의 주요 서사적 장치들은 다시금 이상화된 남성성과 이에 반해 흔들리고 도전받는 가부장을 대비하는 것에 기대고 있다. 북조선군 역할을 한 정우성은 그의 완벽한 외모를 십분 활용하여 순수한 마음을 지닌 '멋진' 남성을 표상하고, 반면에 곽철우 역할의 곽도원은 약간은 음흉하면서도 둔탁한 중년의 이미지를 전면에 내세워 약삭빠른 정치인의 모습을 그려낸다. 결국 흔들리는 남한 남성 곽철우는 순수한 북조선 군인과의 연대를 통해 자신의 가부장성과 남성성을 회복하게 되고, 국가와 가족을 위해 자신을 희생하는 엄철우는 끝내 산화함으로써 영원한 전설로 남게 되는 것이다.

이런 측면에서 최근의 한국형 블록버스터에 등장하는 북조선 남성은 사실 '분단'이나 민족 문제라는 외피를 쓴 채 한국사회의 젠더와 가부장의 문제를 내재화하고 있다. 특히 한국을 대표하는 미남 배우들이 앞다투어 그려내는 북조선 남성은 한국사회에 대한 위협이라기보다는 지금 이 사회가 욕망하는 '순수하면서도 강한' 남성성을 재현한다. 이런 맥락에서 그들과 남한 사람 캐릭터가 연대감을 느끼는 것은 분단을 넘어서는 화해나 연대가 아닌, 흔들리는 남성성을 회복하고자 하는 현재의 남성들이 과거의 자

남북문제는 대중적 한국 영화의 주요 소재로 인기가 높다. 최근 블록버스터를 표방하는 「태풍」「강철비」「백두산」 등의 한국 영화에서는 북핵을 둘러싼 다양한 상상을 확인할 수 있다.

신들과 맺는 동맹으로 해석해볼 수 있다. 물론 그들만의 동맹에 '여성'의 자리가 있을 턱이 없다. 영화 속에서나마 잠시라도 화해하는 남북 남성이 꿈꾸는 미래가 아무리 평화를 상징한다고 해도 이를 결코 환영할 수만은 없는 이유가 바로 여기에 있다. 그리고 과거적이면서도 동시에 원형적인 남성성이 육화된 존재가 왜 '북조선' 사람이어야 하는지, 혹여나 한국 영화 텍스트가 내포하고 있는 우리의 관음증적 욕망이 그들을 우리가 잃어버려 다시금 되찾고자 하는 그 어떤 것으로 단순화하지는 않았는지 성찰해야 할 것이다.

영화 속 '핵'을 둘러싼 상상

2019년 개봉한 「백두산」은 여러 측면에서 기존의 남북 소재 영화의 서사적 전형에 충실한 작품이다. 재난영화의 특징을 살려 엄청난 수준의 스펙터클을 전면에 배치하고, 백두산 화산 폭발의 상황을 남북의 요원들이 함께 힘을 합쳐 해결한다는 이야기다. 북조선이 마지막으로 핵탄두를 장착한 ICBM Intercontinental Ballistic Missile, 대륙간탄도미사일을 미국에 넘기기로 한 시기에 백두산의 폭발이 일어나게 되고, 이 상황을 해결하기 위해 한국정부는 북조선의 핵탄두를 백두산 아래에 위치한 탄광 갱도에서 폭파시킴으로써 파국적 폭발을 막고자 한다는 줄거리다. 이 작전에 영문도 모른 채 투입된 순진한 남한 군인 조인창(하정우 분)은 북조선군 리준평(이병헌 분)과 합동작전을 펼치게 된다. 이 과정에서 리준평은 가족의 해체를 경험한 불행한 가장으로, 반면에 조인창은 부인과 곧 태어날 아기와 행복한 가정을 꾸린 평범한 가장으로 그려진다. 마지막 순간에 리준평은 자신을 산화하여 임무를 완수하고, 자신의 남겨진 딸을 조인창에게 부탁한다. 눈물을 흘리며 백두산을 빠져나온 조인창은 태어난 아기와 부인, 그리고 리준평의 딸과 함께 행복하게 살아간다.

이 영화는 몇가지 점에서 비판받을 정도의 조악함을 지니고 있다. 우선 서사적 양식이 지나치게 재난영화라는 틀에 박혀 있다는 점이다. 임신한 아내가 극적 순간에 아이를 낳는 장면, 마지막 작전에 들어가기 전 조인창 대위와 아내가 나누는 애틋한 대화, 함께 작전에 참여한 사람 중 한명이 결국 목숨을 잃게 되는 구조까지 영화 상영 내내 어디선가 본 듯한 장면들이 이어진다. 그렇다면 스펙터클한 이미지로 관객의 눈길을 끌어야 할 텐데, 영화의 CG는 감흥을 주기에는 한참 부족해 보인다.

그럼에도 불구하고 이 영화가 흥미로운 지점은 '핵'을 둘러싼 남북 간의 공조를 통해 주변 강대국에 대응하는 모습이다. 예컨대 영화는 백두산의 첫번째 폭발로 북조선의 지도부가 다 사망한 것으로 그리면서 한반도의 명운은 남한 대통령과 청와대를 중심으로 한 권력층의 주도로 해결하려 한다. 남한의 대통령은 과거 노무현 대통령이 떠오르게 하는 여러 장치(낮은 지지율에서 당선된 것을 언급하는 것 등)를 통해서 그려지고, 핵무기를 활용하여 백두산의 폭발을 저지하는 계획은 한국계 미국인 과학자가 주도한다. 그는 강대국에 눈치를 보면서 민족의 문제를 해결하지 못하는 남한을 비판하는 노골적인 대사를 말하기도 한다. 남북과 한국계 미국인, 즉 한민족 디아스포라가 힘을 합쳐서 미국과 중국의 방해를 뚫고 문제를 해결한다는 구도이다.

흥미롭게도 「강철비」에서부터 등장하는 핵무기에 대한 상상은 남한사회의 무의식을 반영한다. 「강철비」에서는 남북이 서로 핵을 공유함으로써 평화를 완성하는 것으로 그려지고, 「백두산」에서도 남북이 핵무기를 자신들의 안전과 미래를 위해서 활용한다는 설정이다. 특히 미국과 중국으로 그려지는 강대국은 남북의 협력을 방해하는 존재이고, 결국 핵으로 상징되는 자주권을 구현해낸다는 것이 두 영화가 상상하는 '핵'인 것이다. 「강철비」가 상영될 때 남북관계는 극단적인 대립 상황이었다. 그렇기 때문에 영화가 '핵'을 위협으로 보는 것이 아니라 남북 협력의 매개체로 본다는 사실이 흥미롭다. 「백두산」의 경우 한반도 평화 무드가 한창일 때 제작된 것을 반영하듯 비핵화가 완성되기 직전의 상황을 보여준다. 핵을 미국으로 넘기기 직전의 순간, 남북이 그 핵을 활용한다는 이야기는 핵을 단순히 한반도에서 사라지게 해야 한다는 의식보다는 민족을 위해서 필요하다면 유지할 수도 있다는 내재된 욕망을 드러낸다.

지난 20여년간 남북관계의 중심에는 핵문제가 있었다. 남한정부는 북조선의 비핵화를 위해서 상당한 노력을 기울였다. 비핵화만이 한반도의 평화를 가져올 것이라는 굳건한 정책적 목표는 여전하다. 하지만 한국 영화에서 표현되는 핵을 둘러싼 상상력은 단순히 '비핵화'에 머물러 있지 않다는 점에서 흥미롭다. 주변 강대국의 눈치를 보지 않는 남과 북이 협력과 공조를 통해 핵을 공유하는 것을 상상하는 것이다. 이는 핵으로 상징되는 엄청난 군사적 힘을 활용하고자 하는 의지의 표현이기도 하다. 그만큼 강대국에 더이상 휘둘리고 싶지 않다는 무의식이 작동하는 것일 수도 있고, '핵'으로 상징되는 힘과 권력을 포기하지 않으면서 남북이 공생하는 방안을 찾고자 하는 열망이기도 하다. '핵'이라는 그 위험천만한 것이 과연 남북의 화합을 만들어낼 수 있을까? 대중의 이토록 무모한 욕망은 어디에 근원이 있는 것일까? 핵 없는 한반도보다 외세의 간섭에서 벗어난 '힘 센' 한반도라니. 결국 민족주의로의 귀환만이 '핵'을 해결할 유일한 상상력이란 말인가! 핵 위기가 고조되었음에도 한국 시민들이 지나치게 고요한 이유 또한 이러한 감각에 근원을 두고 있는 것은 아닐까?

3
장

북
조
선
인
민
의
마
음

북조선 정치체제와 마음

마음의 지질학

북조선 인민의 마음에 접근하는 것은 쉬운 일이 아니다. 그들도 한국 시민처럼 희로애락의 감정을 지닌 이들임은 분명하지만, 북조선사회가 구성하는 마음의 양태를 분석하기 위해서는 상당한 현지조사와 두터운 분석, 거기에 다양한 자료의 축적이 요구되기 때문이다. 또한 북조선 인민의 마음을 포착하기 위해서는 북조선의 상징과 표상 체계를 이해하는 것이 중요하며 그들의 문화적 습성에 대한 통찰력이 필요하다. 하지만 분단체제 반대편에 있는 연구자가 충분한 수준의 자료를 축적하고 분석하는 것은 그리 쉬운 일이 아니다. 가능한 한 많은 자료를 교차 검토하고 북조선 출신자와의 심층면접 등으로 보완하려는 노력을 계속하면서도 연구범위나 분석에 제한을 두는 이유다.

그럼에도 북조선 인민의 마음에 다가가려는 노력을 포기해서는 안 된다. 그들과의 평화와 화해를 이루고자 하면 더더욱 그러하다. 그들의 희로애락은 어떤 상황에서 작동하는지, 각 시대별로 그들이 공유하고 있는 감정구조는 무엇인지, 사회적 상황에 따라 상이하게 작동하는 감정이나 정동의 양태는 어떠한지 알아보는 것이 중요하다. 먼저 해야 할 것은 한국 시민들의 몸과 마음에 배태되어 있는 고정관념과 선입견을 해체하는 것이다. '빨갱이'와 '정권에 세뇌된 자' 같은 고정관념과 희생자와 피해자 같은 단순화된 이미지 등은 한국사회가 북조선 인민의 마음을 이해하는 데 커다란 걸림돌이다. 이런 맥락에서 북조선의 정치체제와 이데올로기가 주조한 북조선 인민의 마음의 면면을 분석하면서, 최근의 사회적 변화에 조응하는 인민들의 감정과 정동에 주목하고자 한다.

북조선은 주체사상과 수령제로 특징지어지는 독특한 정치체제를 구축하였다. 이는 이념과 제도, 일상의 실천을 통해서 북조선 인민의 삶을 구성하고 있다. 일상을 장악하고 있는 주체사상과 권력의 작동은 북조선 인민의 몸과 마음을 규정한다. 즉 인민은 정치체제에 조응하는 마음의 습속을 구성하고 행위를 수행하는 자원으로 활용한다. 여기서의 마음은 이성과 이성 외의 것을 의미하면서도, 동시에 몸과 의식의 이분법 너머 몸의 도식까지도 포함하는 포괄적 개념이다. 북조선 인민들이 공유하고 있는 마음은 그만큼 무정형이면서도, 이들의 무/의식과 몸을 넘나들며 작동하고 있다.* 북조선 인민의 마음은 일종의 아비투스 habitus 로서 외부 체제와의 긴밀한 관계로 구축된 구조이면서, 동시에 객관적 실체로 존재하면서 사회변화를 추동한다.

북조선 인민은 그들만의 '마음의 습속'을 공유한다. 여기서의 '습속' mores은 일찍이 또끄빌Alexis de Tocqueville이 도덕률로 작동하는 가치체계의 힘을 주목한 것에서 착안하였다. 또끄빌과 이후 그의 논의를 확장한 벨라Robert N. Bellah, 파머Parker J. Palmer 등은 정치체제와 마음의 관련성을 주목하면서 특정한 정치체제의 유지 혹은 변혁 이면에는 마음의 작동이 자리하고 있다고 주장한다. 예컨대 또끄빌은 미국의 민주주의를 가능하게 한 힘으로 습속을 주목하며, 벨라 또한 미국인이 공유하는 개인주의와 공동체주의라는 가치체계를 미국인들만의 마음의 습속이며 미국식 민주주의의 근간이라고 정의한 바 있다.[1] 파머는 미국사회의 붕괴와 민주주의의 위기를 시민들의 "부서진 마음"에서 찾기도 한다.[2] 그렇다면 북조선 인민 또한 주체사상이라는 독특한 가치체계와 제도를 경험하면서 그들만의 마음의 습속을 공유한다는 가정이 가능하다.

주체의 자주성과 독립성을 강조하면서도 지도자의 영도 없이는 주체적 인간이 될 수 없다고 강조하는 주체사상과 이를 일상에서 실행하는 제도는 독특한 개인주의와 공동체성을 구성하였다. 예컨대 공동체의 구성원은 지도자와의 수직적인 관계에 순응하는데, 그들 사이에는 상대적으로 평등한 개인주의적 습속이 포

• 이는 부르디외가 행위자의 행위와 무/의식 등을 가능하게 하는 구조화된 구조 (structured structure)와 동시에 미래 행위와, 의식, 가능성을 구조화하는 구조 (structuring structure)로서의 아비투스의 중요성을 강조한 것과 비슷한 문제의식을 기반으로 한다. Pierre Bourdieu, *Outline of a Theory of Practice*, tr. Richard Nice, Cambridge: Cambridge University Press 1977.

착되기도 한다. 이 장에서는 지도자와 인민 사이의 다소 특수한 관계를 실천하는 제도인 신소伸訴제도를 사례연구로 분석함으로써 이들의 마음의 습속이 일상에서 어떻게 작동하는지 살펴보고자 한다.

여기서 '신소'란 '억울한 사정을 호소함'이라는 뜻으로, 한자는 '펼칠 신'伸에 '호소할 소'訴를 쓴다. 북조선에서 쓰이는 '신소'의 개념은 '탄원' '민원' '제보' '건의' 등으로 해석 가능한데, 이는 북조선사회의 계층과 감시체계, 그리고 지도자, 관료 및 인민의 관계까지도 응축하고 있는 사회적 실천의 예다. 이는 북조선 인민들이 공유하는 마음의 습속에서 '개인' '평등' '권리' '공동체' 등의 도덕적·윤리적 기준이 어떤 맥락과 위상을 지니는지 살펴볼 수 있게 할 것이다.

북조선의 정치체제, 달리 말해 주체사상과 조응하여 구성된 마음의 습속은 사회구조의 변화와 접합하여 다른 형태와 내용으로 재구성되기도 한다. 이들의 마음의 습속은 고정된 것이 아니라 항상 변형의 여지를 내포하고 있다. 마음의 역사성과 공간성을 문제시하는 '마음의 지질학'이라는 방법론적 시도는 이러한 습속의 변화 가능성을 탐구하는 데 유용하다.[3] 다시 말해 북조선 인민이 공유하고 있는 마음은 역사의 퇴적물이라는 바탕 위에 구성된 것이며 현재의 경험으로 물질화되고 동시에 미래를 결정짓는 의지까지도 포함한다. 그만큼 그들의 마음의 습속은 향후 북조선사회의 변화를 가늠할 수 있는 방향타이자 사회변혁의 시작점이다.

북조선사회의 '마음의 습속'

또끄빌에 따르면 미국은 "평등한 사회적 상태"가 존재했기에 민주주의라는 제도와 습속을 구축할 수 있었다.[4] 다른 유럽 국가들이 전제군주 앞에서의 평등이라는 수준에 머물러 있던 것에 반해 그 당시 미국은 "사람들 사이의 조건의 일반적 평등"이 확산되어 있었고, 이는 미국의 민주주의라는 제도(법률)와 사람들의 습속에 엄청난 영향을 미쳤다는 것이다.[5] 그는 민주주의의 작동을 위해서는 법률도 중요하지만 무엇보다도 사람들이 공유하고 있는 습속이 큰 기여를 한다고 강조한다.[•] 미국 사람들의 관습과 태도가 민주정치를 가능하게 했으며 그 근원에는 프로테스탄티즘이 작동하고 있다는 주장이다.

여기서 습속은 "생활태도, 다시 말하면 '마음의 습관'뿐 아니라 사람들 사이에 통용되고 있는 여러가지 개념과 견해, 그리고 심성을 구성하는 사상의 총체"로서 특정 국민의 "윤리적·지적 전체 조건을 망라"하는 것이다.[6] 또끄빌의 '습속'이라는 개념은 특정 사회의 구성원이 공유하고 있는 지적·심적·감정적·정서적·신체적 습관에 덧붙여 도덕적·윤리적 지향까지를 포함하는 것을 의

• 『미국의 민주주의 1』 17장에서 또끄빌은 미국의 민주정치의 원인을 세가지로 설명한다. "① 자연의 섭리에 따라 합중국인들이 놓여진 독특하면서도 우연한 상황, ② 법률, ③ 국민들의 생활태도와 관습"이 바로 그것이다(알렉시 드 또끄빌 『미국의 민주주의 1』, 임효선·박지동 옮김, 한길사 2013, 369면). 그러면서 무엇보다도 종교와 적절하게 결합되어 있는 생활태도, 교육, 습관 등이 미국의 민주주의 유지에 결정적인 역할을 했다고 논증한다. 자세한 논의는 『미국의 민주주의 1』 17장을 참고하라.

미한다. 습속을 가리키는 불어 'mœurs'의 라틴어 어원인 'mores'
가 이후 도덕을 뜻하는 'moral'로 발전되었다는 것을 감안할 때
"특정사회의 구체적인 도덕 관습" 정도로 해석 가능하다.[7]

또끄빌의 통찰력은 이후 미국사회를 이해하려는 일련의 연
구자에게 큰 영향을 미친다. 특히 로버트 벨라는 미국인들의 심
성에 존재하는 개인주의와 공동체에 대한 책무를 '마음의 습
속' Habits of the Heart이라는 개념으로 분석하였다. 그는 '마음의 습속'
을 특정 사회의 의식, 문화와 같은 정신적 층위와 함께 일상생활
의 경험과 실천, 관성적 습관까지 포괄하여 개념화한다. 미국인들
이 공유하는 개인주의와 공동체주의라는 마음의 습속은 미국이
라는 사회가 작동하는 원리, 사회의 실상, 장기 생존력, 그리고 변
화 가능성까지 포함하는 것이다.[8]

또끄빌이 긍정적으로 평가한 미국인들의 개인주의는 자신의
욕구와 운명을 책임지는 것을 뜻한다. 그러면서도 사회와 공동체
에 대한 인식 또한 강하게 존재한다.

비록 다른 사람들 위에 군림할 만큼 부나 권력을 지니지 않았지만 자
기 자신의 욕구를 보살피기에 충분한 부와 이해력을 지니게 되는 사
람이 점점 많아진다. 그런 사람들은 누구에게도 신세를 지지 않으며
아무것도 기대하지 않는다. 그들은 스스로를 고립된 존재로 생각하면
서 자신의 운명은 전적으로 자신에게 달려 있다고 상상한다.[9]

그들은 끊임없이 결사체를 만들어낸다. 모든 사람이 참여하는 상업과

공업 회사뿐만 아니라, 수천가지 다른 종류의 결사체가 있다. 종교적인 것이 있는가 하면 도덕적인 것도 있고, 진지한 것이 있는가 하면 하찮은 것도 있고, 포괄적이고 거대한 것이 있는가 하면 제한적이고 협소한 것도 있다. 그 결성의 목적은 다양하다. 즐기기 위해서, 세미나를 갖기 위해서, 여인숙을 짓기 위해서, 교회를 세우기 위해서, 도서를 보급하기 위해서, 지구의 정반대편에 선교사를 파견하기 위해서 등이다. 그들은 결사체의 방식으로 병원, 감옥, 학교 등을 설립한다. 어떤 진리를 설파하기 위해서 또는 훌륭한 본보기를 내세우면서 어떤 감정을 보존하기 위해서라면, 그들은 하나의 사회를 형성하고 있는 것이다.[10]

개인주의와 공동체주의는 상호공존이 가능한 가치로 미국 사람들의 습성으로 작동한다. 그들은 타인으로부터 독립된 개인이라는 가치와 함께 각 영역에서 수많은 결사체를 만들어내 공동체를 조직함으로써 조화로운 사회를 이루어냈다는 분석이다.

하지만 미국 사람들의 이러한 마음의 습속은 자본주의의 급속한 팽창과 신자유주의 가치의 확산 등으로 변화를 맞게 되었다. 벨라는 2백여명이 넘는 미국의 중산층과 인터뷰를 진행하여 과도한 개인주의가 마음의 율법으로 작동하게 되면서 미국 공동체의 위기가 찾아왔다고 진단한다.[11] 비슷하게 파머 또한 미국 민주주의의 부활을 위해서 개인주의와 공동체주의의 균형이 회복되어야 한다고 주장한다. 공동체가 파괴되고 개인주의가 과도하게 확장되면서 미국 민주주의의 이면에서 작동하여 다양성의 사회를 가능하게 한 사람들의 '마음의 습속'이 부서졌다는 것이다.*

홍미롭게도 이 연구들은 특정 국가, 그곳의 정치체제의 작동을 가능하게 하는 힘으로 구성원들이 공유하는 도덕, 가치, 습관을 주목했다는 공통점이 있다. 일찍이 뒤르켐이 도덕과 가치의 중요성을 강조하면서 도덕적 개인주의가 전통적 종교의 역할을 대치하여 근대 사회를 가능하게 할 것이라고 한 분석과 일맥상통한다.[12] 그만큼 사회를 작동하는 힘, 현재의 상태를 가능하게 하는 무정형의 에너지가 바로 사람들의 도덕적 습관, 가치체계, 신념이라는 것이다. 습속은 하나의 사회적 사실로 존재하면서 개인을 압도하며 동시에 개인 안에 내재하고 있는 것이다. 습속은 특정한 삶의 유형을 일반화하는 도덕률로서 작동하기에, "구성원의 의식과 행위를 구속하고 추동하는 힘의 자기장과 같은 역할을 수행"하는 것이다.[13]

'마음의 습속'은 특정한 공동체가 공유하는 무정형의 문화적 힘을 의미한다는 측면에서 모호하면서도 상당한 영역을 포괄하는 개념이다.[14] 종교와 같은 전통적인 사상, 습관, 전망과 더불어 정치체계와 사회제도를 통한 실천의 패턴까지도 포함한다. 게다

* 예컨대 미국의 민주주의의 위기를 다룬 퍼트넘(Robert D. Putnam)의 『나 홀로 볼링』(Bowling Alone: the Collapse and Revival of American Community)이나 혹실드의 『자기 땅의 이방인들』(Strangers in Their Own Land: Anger and Mourning on the American Right)은 공동체의 붕괴로 인해 미국인들이 지금까지 줄타기해온 개인주의와 공동체주의 사이의 균형이라는 마음의 습속이 무너졌음을 경험적으로 증명한 연구라고 할 만하다. 로버트 퍼트넘 『나 홀로 볼링: 볼링 얼론 — 사회적 커뮤니티의 붕괴와 소생』, 정승현 옮김, 페이퍼로드 2016; 앨리 러셀 혹실드 『자기 땅의 이방인들: 미국 우파는 무엇에 분노하고 어째서 혐오하는가』, 유강은 옮김, 이매진 2017.

가 행위와 무/의식을 가능하게 하는 비가시적인 도식으로 존재하여 다음 세대로 전수되기도 하고, 미래를 만들어가는 힘으로 작동하기도 한다. 다시 말해 마음의 습속은 특정 사회를 움직이는 문화 전반을 가리키는 가치, 규범, 실천, 생활양식으로 지속적이며 관행적으로 작동되는 것을 일컫는다. 이런 맥락에서 행동과 의식의 지침으로서의 마음의 습속은 급격한 사회변동을 막아서기도 한다. 왜냐하면 개인의 존재를 규정짓는 힘으로서 일상과 문화를 통해서 면면히 유지되어 사람들이 변화에 저항하게 하는 효과를 창출하기 때문이다.

그렇다면 북조선 인민의 마음의 습속은 어떤 특징을 지닐까? 우선 한반도 분단 이전부터 내려오는 특정한 습속이 여전히 북조선 인민의 마음에 흔적으로 남아 있을 가능성도 있다. 하지만 식민통치와 전쟁을 거치면서 대부분의 물적 토대를 잃어버린 북조선은 과거의 유제를 극복한다는 명분을 내세워 국가를 수립했다는 특징이 있다. 사회주의 혁명을 완수한다는 명분 아래 유교적 전통과 가치를 상당 부분 청산하였고, 사실상 새로운 체제와 문화 추구를 지향하기까지 했다. 또끄빌이 미국의 국가형성기에 주목했던 '평등한 사회적 상태', 즉 '사람들 사이의 일반적 조건의 평등'이 북조선에서는 전쟁과 사회주의 혁명을 거치면서 의도치 않게 형성된 것이다. 예컨대 1946년에 선포된 '북조선 토지개혁에 관한 법령', 연이어 제정된 '조선남녀평등권에 대한 법령' 등은 과거부터 계속되어온 계급적 차이를 타파하고, 신분과 남녀의 차이를 강조하는 유교적 전통을 무력화하는 결정적인 계기가 된다.

하지만 국가형성기의 상대적으로 평등한 사회적 상태는 그리 오래 지속되지 못한 것으로 보인다. 전후 복구 이후 권력투쟁이 본격화되면서 북조선은 수령을 중심으로 한 독특한 '우리식 사회주의'라는 체제를 구축하였기 때문이다. 과거와의 단절을 겪으면서 상대적으로 평등한 사회주의적 습속이 급속하게 이식되었지만, 김일성의 유일지배체제가 공고화되는 1960년대 후반부터는 주체사상이라는 또다른 가치체계, 규범 등과 조응하는 습속이 구성되어 인민들의 삶과 의식을 규정지었다. 하지만 주체사상적 습속에도 여전히 과거의 흔적은 존재한다. '마음의 지질학'의 통찰을 다시금 상기해봤을 때 주체사상이 절대적 가치로 작동할 수 있었던 것은 바로 그 사상이 담지하는 내용이 인민들이 공유하는 습속과 상당 부분 교집합이 있었기 때문이기도 하다. 예컨대 1980년대 사회정치적 생명체론과 수령론 등이 등장하고 수령을 중심으로 한 하나의 가부장적 가족국가가 공고화될 수 있었던 것은 바로 국가가 직접 나서서 청산하려 했지만 마음 깊숙이 교교히 전승되어온 유교적 습속에 수령이라는 절대적 존재를 의미화하는 것에 성공했음을 의미한다.

또끄빌이 청교도주의로부터 미국인의 마음의 기원을 찾은 것처럼 일상과 의식에 대한 강제력이 높은 종교 혹은 유사종교의 작동은 습속에 중대한 영향을 미칠 확률이 높다.[15] 북조선사회에서 절대적 가치체계로 작동해온 주체사상은 사실상 종교적 교리와 의례로 실천되어온 점을 감안할 때 북조선 인민의 마음의 습속에 커다란 영향을 미쳤을 것이라는 가정이 가능하다. 특히 주체사상에서 강조하는 '주체적 인간'은 수령의 인도 없이는 결코 존재할 수 없는 미약한 존재인데, 그만큼 주체사상의 자장 안에서 북조선 인민의 주체성은 지도자와의 관계를 통해서만이 가능한 것이 된다. 인민의 '주체성'을 강조하는 주체사상은 역설적으로 수령 앞의 종속성과 수동성을 정당화하는 것이다. 논리적으로 함께 공존할 수 없을 것 같은 이 두 조건은 가치체계와 도덕의 이름으로 북조선 인민의 습속의 일부가 되어 특정한 삶의 양식을 지배적인 것으로 확산시키기까지 한다. 지도자에게 복종한다면 모두가 평등할 수 있는 인민들은 그들 사이에는 상대적으로 평등한 관계를 구축하기도 한다. 물론 성분제도나 당원 자격 여부에 따라 서열이 공존하기도 하지만 그 상대적 위계는 수령에 의해서 언제든지 전복될 수 있는 불완전한 것이기도 하다. 이렇듯 주체사상이라는 유사종교 혹은 윤리지침은 공동체가 공유하는 상징체계로서 북조선 인민의 무/의식과 행동, 습관 등에 영향을 미친다. 주체사상의 영향 아래 북조선 인민은 특정한 도덕적 기준을 구축하고 이에 따라 판단하고 행동하며 감각하게 되는 것이다.

주체사상의 감정구조

김일성의 유일지배체제가 공고화되는 1967년을 기점으로 '김일성주의화'와 '혁명적 수령관' 등의 뼈대를 갖춘 주체사상이 전면에 등장한다.[16] 1972년 사회주의 헌법이 공포되고, 1974년 김정일이 직접 '온 사회를 김일성주의화'할 것을 강조하며 '당의 유일 사상체계 확립의 10대 원칙'을 선포하면서 북조선은 수령을 중심으로 한 유사종교 집단으로 변모하게 된다.[17]

김정일이 직접 강조한 김일성주의화의 면면은 북조선에서 수령이 갖는 독특한 위치와 주체사상이 지닌 종교적 성격을 가감 없이 드러낸다. "(…) 온 사회를 김일성주의화한다는 것은 모든 사회 성원들을 다 수령님께 끝없이 충직한 참다운 김일성주의자로 만들며 김일성주의의 요구대로 사회를 철저히 개조하여 공산주의 사상적 요새와 물질적 요새를 점령하는 것입니다."[18] 수령의 영도를 따르는 것이야말로 혁명을 완수할 수 있는 것이며, 모두가 수령에게 충실한 것이 가장 중요한 규범으로 안착되는 것이다. 특히 1974년 2월에 제정된 '당의 유일사상체계 확립의 10대 원칙'*은 김일성을 법과 인민 위에 절대적이면서도 영원한 존재로 옹립한 것에 다름 아니다.

• 1. 온 사회를 김일성주의화하기 위하여 몸바쳐 투쟁하여야 한다. 2. 위대한 김일성 동지를 우리 당과 인민의 영원한 수령으로, 주체의 태양으로 높이 받들어 모셔야 한다. 3. 위대한 김일성 동지의 권위, 당의 권위를 절대화하며 결사 옹위하여야 한다. 4. 위대한 김일성 동지의 혁명사상과 그 구현인 당의 로선과 정책으로 철저히 무장하여야 한다. 5. 위대한 김일성 동지의 유훈, 당의 로선과 방침 관철에서 무조건성의 원칙을 철저히 지켜야 한다. 6. 령도자를 중심으로 하는 전당의 사상의지적 통일과 혁명적 단결을 백방으로 강화하여야 한다. 7. 위대한 김일성 동지를 따라 배워 고상한 정신도덕적 풍모와 혁명적 사업방법, 인민적 사업작풍을 지녀야 한다. 8. 당과 수령이 안겨준 정치적 생명을 귀중히 간직하며 당의 신임과 배려에 높은 정치적 자각과 사업실적으로 보답하여야 한다. 9. 당의 유일적 령도 밑에 전당, 전국, 전군이 하나와 같이 움직이는 강한 조직규률을 세워야 한다. 10. 위대한 김일성 동지께서 개척하시고 이끌어오신 주체 혁명위업을 대를 이어 끝까지 계승 완성하여야 한다.

특히 10대 원칙은 사회주의 헌법이나 조선로동당 규약보다 상위에서 작동하는 것으로 북조선 인민에게는 행위와 의식의 원칙이고, 이는 생활총화와 같은 조직생활을 통해서 인민들의 일상을 해석하는 틀로 작동하게 된다. 예컨대 상당수의 북조선 인민은 생활총화에서 10대 원칙에 입각하여 자신의 일상이나 동료의 의식과 행동을 비판하게 되는데, 10대 원칙이 지닌 포괄성으로 인해 대상자를 문제시하는 것은 항상 가능한 일이 된다. 북조선 출신자에 따르면 10대 원칙은 "온 사회를 김일성주의화하기 위하여 몸바쳐 투쟁하여야 한다"고 했는데, 그 기준은 상대적일 수밖에 없어 자신 혹은 주변의 동료가 충분하지 않다고 비판하는 것은 언제나 가능했다는 것이다.[*] 이런 점에서 10대 원칙은 포괄성을 의도적으로 담지하고 있다고 해석 가능하다. 마치 기독교의 십계명과 같이 삶의 기준이 되지만, 해석이 다양할 수 있어 신앙인을 신 앞의 죄인이라는 위치에 놓이게 하는 것과 비슷한 작동원리이다. 즉 수령이라는 절대적 존재를 정당화하고 당과 지도자의 노선과 정책을 규율화하기 위한 10대 원칙은 수행 가능한 규범체계를 제시하는 것이 아니라, 그 누구도 결코 다다를 수 없는 포괄적 기준을 제시하여 모든 인민을 수령과는 구별되는 부족한 존재로 만드는 것이다.

비슷하게 1980년대에 들어서 등장한 사회정치적 생명체론은

---

[*] 신소와 주체사상의 작동을 이해하기 위해 북조선 출신자 5명과 짧은 인터뷰를 진행하였다. 덧붙여 생활총화에 관련해서도 2016~17년에 10여명의 북조선 출신자들과 인터뷰를 진행한 바 있다.

수령을 북조선사회라는 유기체의 뇌수라 정의하고, 조선로동당은 심장, 인민대중은 몸이 되어 하나를 이룬다고 주장한다. 인민의 사회정치적 생명은 바로 수령에게서 받은 것이 되고, 이 때문에 수령, 조선로동당, 인민은 하나의 "가정"으로서 재탄생하게 되는 것이다. "부모가 없이 육체적 생명을 생각할 수 없는 것과 같이 당과 수령의 영도가 없이 사회정치적 생명을 생각할 수 없다는 것"[19]이 바로 이 사상의 핵심적 의미다. 생물학적인 생명이 부모님에게 받은 것이라면, 진정한 삶, 즉 사회정치적 생명은 바로 수령과 당이 있기에 가능했다는 논리가 성립된다. 수령은 가부장제의 절대적 힘을 지닌 '아버지'와 같은 존재가 되며 북조선사회는 혁명을 향해 생을 함께하는 공동체 즉 하나의 가족이 된다. 흥미롭게도 주체사상의 유교적 요소가 포착되는 지점이 바로 여기인데, 이는 과거 국가건설기에 국가가 나서서 교정하려 했지만 여전히 그 명맥을 유지하고 있던 유교적 습속을 다시금 되살려 국가이데올로기의 일부분으로 활용한 사례이다.

한편 주체사상의 중요한 축을 이루는 주체형 인간이란 사람이 모든 것의 주인이며 세계와 자기 운명의 주인이라는 뜻이다. 즉 주체형 인간은 자주성, 창조성, 의식성을 지닌 사회적 존재이다.[*]

• 사회과학출판사 엮음 『주체사상의 철학적 원리』(주체사상총서 1), 백산서당 1989, 155~93면. 수령이 혁명의 주체로 정의된 것은 김정일의 논문 「주체사상에 대하여」에서 그 기원을 찾을 수 있다. 여기서 김정일은 인민대중이 역사의 주체여야 하지만, 각 사회와 시대별로 그 경험은 전혀 다르게 발달해왔음을 강조한다. "인민대중은 역사의 주체이지만 어느 시대, 어느 사회에서나 그 지위와 역할이 같은 것은 아닙니다. 지난날 착취사회에서 근로인민대중은 오랫동안 자기의 사회계급적 처지와 힘을 깨

하지만 주체사상은 인간이 스스로 사회적 존재로 변화할 수 없다고 설명하면서 오직 올바른 영도력에 의해서만이 '개조'된다고 밝히고 있다.

인민대중은 역사의 창조자이지만 옳은 지도에 의해서만 사회역사적 발전에서 주체로서의 지위를 차지하고 역할을 다할 수 있습니다. (…) 인민대중의 개별적 성원들은 자기들의 협소한 일시적인 이익과 요구는 인식할 수 있으나 인민대중 전체의 근본 요구, 공동의 요구를 스스로 깊이 인식할 수 없으며 당면한 이익과 전망적인 이익을 올바로 결합시켜나갈 수도 없다. (…) 인민대중은 자기의 근본 요구와 이익을 자각하기 위해서는 옳은 지도를 받아야 한다.[20]

북조선 인민은 수령이라는 자장 안에서만 진정한 인간, 역사와 혁명의 주체가 된다. 주체형 인간은 자신의 삶을 주도적으로 만들어갈 수 있는 존재이지만, 그 방향이나 내용은 수령의 영도체계 내에서만 인식 가능하다. 이렇듯 수령은 신과 같거나 아니면 목숨을 준 아버지와 같다. 수령이라는 신 앞에 인민은 한없이 부족하며, 그들은 덕과 도의 이름으로 아버지 수령을 항상 섬기고 받들어야 하는 것이다.

주체사상이라는 체계 아래 일사분란하게 조직되어 있는 수령과 인민의 관계는 다양한 의례, 의식, 그리고 실천을 통해서 마치

닫지 못하고 하나의 정치적 역량으로 단결되지 못하였습니다." 김정일 「주체사상에 대하여」, 『친애하는 지도자 김정일 동지의 문헌집』, 평양: 조선로동당출판사 1992.

종교와 같은 체계로 공고화되기도 한다. 우선 영도예술로 일컬어지는 문화매체와 대중운동의 조직 등은 일사분란하게 짜인 의례의 경험을 제공한다. 예컨대 김일성 시기의 천리마운동, 천리마작업반운동, 김정일이 이끈 3대혁명소조운동, 3대혁명붉은기쟁취운동, 그리고 영웅모범따라배우기운동, 최근 김정은 시기의 만리마운동 등의 경험을 통해 인민은 영도체계의 작동 방식을 경험하게 되고, 또한 자신 스스로 특정한 실천과 의식 형태를 구축하기도 한다.

이뿐만이 아니다. 주체사상과 유일사상체계는 종교가 되어 수령과 그것에 관련된 것은 성스러운 것으로 의미화되기도 한다. 김일성은 신적 존재로서 인민을 지도하고 구원하는 만큼, 그의 말과 형상은 '성스러운 것'으로 상징되는 것이다. 지도자의 사진을 담은 『로동신문』에 함부로 낙서를 하거나 이를 찢지 못하는 것이나, 마치 기독교의 예배를 연상시키는 각 난위의 학습과 모임의 면면이 바로 주체사상이 어떻게 종교화되었는지를 보여주는 예이다. 예컨대 생활총화와 학습 모임 등이 이루어지는 김일성주의연구실은 행정기관, 산업기관, 군대를 포함하여 전국적으로 약 10만여개에 이르며, 이곳에서 북조선의 인민들은 상시적인 모임과 학습 등의 의례를 통해서 만나게 된다. 종교적 의례가 성스러운 것과 속된 것을 구분하는 속성을 띤 것처럼, 김일성주의연구실에서는 김일성과 김정일의 노작, '당의 유일사상체계 확립의 10대 원칙' 등이 경전과 비슷한 역할을 수행하는데, 인민들은 이러한 글들을 암송하거나 이를 기준점으로 생활총화, 자기비판 등

의 학습을 수행하기도 한다.[21]

절대적 위치의 수령과 그에 복종하는 인민의 관계는 현지지도라는 체계를 통해서도 다시 한번 확인되기도 한다. 북조선은 현지지도를 통해서 지도자의 권위를 강화하고, 애민정치라는 상징을 적극 활용하는 것으로 알려져 있다.[22] 지도자가 인민이 필요로 하는 곳이라면 언제든지 찾아갈 수 있다는 이미지를 구축하면서, 절대적 존재로서의 지도자와 그의 자애로운 사랑을 받는 인민이라는 관계를 다시금 강조하는 효과를 만들어낸다. 정유석과 곽은경이 지적한 것처럼 지도자는 현지지도를 통해 인민의 삶 속에 가시화되며, "추상적 국가와 구체적 개인"은 현지지도라는 장을 통해서 서로 연결되어 있음을 확인하게 되는 것이다.[23]

주체사상, 특히 수령론이나 사회정치적 생명체론, 그리고 '유일사상 10대 원칙' 등은 북조선 인민들의 삶의 지침이자 규율로 작동하였다. 일상에서의 교육과 조직생활, 영도예술, 대중운동, 그리고 현지지도 등은 수령의 절대적 권위를 현실에서 경험하게 하는 실천적 제도이다. 제도와 의례를 통해 인민은 수령과 직접적인 관계를 맺을 수 있는 존재이면서도 수령의 지침 아래서"만" 이 진정한 역사의 주체가 되는 미약한 이들로 생산된다. 수령의 영도력 아래에서만 창의적, 의식적, 그리고 주체적일 수 있는 북조선의 인민이 실천하는 주체성과 개인주의는 여타의 국가에서 발견되는 것과는 다소 결이 다를 수밖에 없다. 다시 말해 카리스마적 지도자의 통치체계 내 개인의 주체성과 개인주의는 자신들의 이익을 추구하는 공리주의적 습속으로 발현되는 것이 아니라

정치적 명분이나 도덕적 우월감을 통한 '인정'으로서의 성격이
두드러진다.

신소제도의 작동과 인민의 마음

『조선말대사전』에서 정의한 '신소'는 "인민대중의 목소리"이
다. 김정일은 "인민들은 국가기관이나 개별적 일군들에 의하여
자기의 리익이 침해당하였을 때 그에 대하여 법기관에 신소할 수
있"다고 정의한 바 있다.[24] 각 개인이나 집단이 자신들의 권리와
이익을 당 및 국가기관, 기업소, 근로단체 등에 제기할 권리를 가
리켜 '신소'라고 한다. 신소가 제도화된 이래로 도, 시, 군 당위원
회와 조선로동당의 조직지도부 산하에 신소과가 설치되어 있다.
또한 중앙당 전문부서에도 신소 업무를 담당하는 기구가 있는데,
이는 신소실로 명명된다. 각 단위별로 신소 업무를 담당하는 기
구를 설치한 것은 "인민을 위한 광폭정치"를 실행하기 위함이면
서 동시에 당 간부를 견제하기 위해서이기도 하다.[25]
 '신소'라는 표현이 북조선 문헌에서 처음 등장한 것은 한국전
쟁 이전 소련 군정 기간이다. 『김일성저작집』에 실린 1947년 3월
15일 북조선로동당 중앙위원회 제6차회의 보고에서 김일성은 비
판과 자기비판에 게으른 당 일군들을 질타하면서 '신소'를 무겁
게 다룰 것을 강조한 바 있다.[26] 김일성은 신소를 무시하는 당 일
군의 행동을 "통탄할 일이며 반당적이고 반인민적인 범죄행동"

이라고 비판한다. 그는 사회주의적 체제를 도모할 당시 아래로부터의 인민들의 불만을 당 관리들이 충분히 반영하지 못하는 것을 상당히 경계했다. 일본 제국주의와 봉건주의의 잔재를 극복하기 위해서는 인민들에게 지지를 받는 조선로동당과 체제를 구축하는 일이 중요할 수밖에 없었고, 이런 맥락에서 당이 나서서 인민들의 불평과 불만을 적절하게 해소하는 것은 중요한 정치적 과제였다. 김일성은 1947년 북조선로동당 중앙위원회 제5차회의에서도 비슷한 기조의 발언을 이어간다.[27] 그는 당 회의에서 자유롭게 비판하는 것이야말로 당내 민주주의를 보장하는 것이라고 주장하면서, 당원들 각자 자신의 의사를 자유롭게 표현할 수 있어야 한다고 강조한다.

이 시기 김일성이 '신소'를 강조한 것은 권리를 지닌 평등한 존재로 탄생한 인민을 존중하기 위한 제도를 구축하려는 성격이 짙어 보인다. 인민이 주축이 된 당을 건설하여 혁명을 완수하고자 하는 목적하에 인민의 뜻을 소중하게 다루기 위해 신소가 고안되었다는 뜻이다. 하지만 신소제도는 점차 변질되어갔고, 특히 유일지배체제가 본격화되는 1960년대 말부터는 그 성격이나 작동 방식에서 이전과 약간의 차이가 감지되기도 한다. 즉 신소제도가 당 간부를 견제하기 위한 것으로 활용되거나, 수령-인민 간의 직접적 소통이 가능하다는 점이 강조됨으로써 이 둘 사이의 상징적이지만 끈끈한 유대감 구축에 중점이 두어지는 것이다.

1967년 이후 유일지배체제가 완성되기 시작하면서 김일성은 '신소'의 중요성을 언급하게 된다. 김일성은 조선로동당이 권력

기관이나 행정기관이 아닌 당원들을 조직하는 "정치기관이며 교양기관"이라고 규정하고, 당 관리들은 이러한 당의 성격을 정확하게 파악하여 관료주의에 빠져들어서는 안 된다고 경고한다. 김일성은 인민이 이제 복종하며 수동적인 존재가 아니라, "창발적"으로 자신의 의견을 개진하고, 당과 혁명을 위해서 주체적으로 행동하는 이들이라고 설명한다. 김일성이 언급한 '인민'의 성격과 신소의 특징은 아래와 같다.

그런데 지금 동무들이 관료주의를 부리고 당 세도를 쓰는 데 습관되다보니 그저 떠돌아다니면서 우쭐거리기만 하고 무슨 일이나 되는대로 처리해버리고 있습니다. 다 아는 바와 같이 오늘 우리 인민들은 지난날 착취받고 압박받던 인민들과는 근본적으로 다른 인민들입니다. 일제 때 우리 인민들은 천대받고 억눌리고 억울한 일이 있어도 말할데가 없었습니다. 혹시 어데 가서 하고 싶은 말을 한마디 하면 그것을 해결받기는커녕 오히려 잡혀가고 매를 맞고 더 큰 화를 입었던 것입니다.

그러나 오늘 우리 사회에서 인민들은 나라의 참된 주인으로서 모두 다 일정한 조직에 속하여 누구나 다 자기가 생각하는 것을 말할 수 있고 의견을 제기할 수 있는 당당한 권리를 가지고 있습니다. 또한 오늘 우리 인민은 모두 다 사회주의 제도하에서 교육을 받고 사회정치적 교양을 받은 각성된 인민입니다.[28]

김일성은 당 간부들이 권력을 누릴 것이 아니라 인민을 "어머니의 심정"으로 보살피는 존재여야 한다고 강조한다. 인민들의 문제나 고통이 무엇인지를 정확하고 빠르게 파악하여 해결하는 것이 당 간부의 가장 중요한 임무라는 것이다. 이는 유일사상체제를 완성해간 김일성이 조선로동당 간부들을 견제하고 자신은 절대적 우위에 있는 존재로 자리매김하려는 시도의 일부였다. 뿐만 아니라 인민은 당 간부의 '보살핌'을 받지만 언제든지 문제를 제기할 수 있는 위치에 있다고 천명되기도 한다. 이를 위해서 김일성은 조직지도부 산하의 '신소과'에서 신소 문제를 적절하게 처리해주지 않은 사례를 언급하면서, 각 기관의 신소부가 그 역할을 수행하고 있지 못함을 질책한다. 그러면서 김일성은 상당수의 인민들이 자신이 속한 기관의 신소부가 아닌 당 중앙위원회, 더 나아가서는 총비서나 수상한테까지 신소를 올린다고 지적하고, 자신에게 직접 신소가 온 사례를 언급하기도 한다.

　권력을 완전히 장악한 김일성은 당 관리들의 부패와 관료주의를 통제하면서도, 국가가 지향하는 바가 관철되지 못한 일상의 사례를 신소를 통해서 해결하고자 하였다. 김일성은 신소제도를 통해 국가의 힘이 인민의 삶의 영역에 충분히 미치지 못한 것, 즉 인민에 대한 국가의 의무가 방기된 것을 파악하여 교정하고자 했다. 이런 측면에서 신소는 김일성이 주장해온 인민제일주의를 강조하면서도 혁명의 방향성을 관철하기 위한 통치기구로 작동한 듯하다. 또한 신소는 다소 상충되는 이해관계 혹은 인민들 사이의 예민한 문제를 다루고 있기 때문에 이에 대한 처리를 각 단위의 책임자에게로 한정시켜 이를 더욱 활성화하고자 했다. 이런 측면에서 신소제도는 인민들 사이의 문제를 각 단위의 책임자, 더 나아가서는 중앙당위원회와 지도자가 직접 나서서 해결하는 효과를 만들어낸다. 즉 신소는 인민과 국가가 직접적으로 관계를 맺는 독특한 제도이며, 북조선사회에서 포착되는 지도자와 인민 그리고 인민들 사이의 다소 구별적인 관계를 반영한다.

한편 김정일이 본격적으로 정치 일선에 등장한 이래로 김일성과 비슷하게 신소를 직접 언급하기도 했다. 특히 김정일은 신소를 받은 당 간부들이 개인적인 감정을 갖는 것을 경계해야 한다고 언급하면서, "신소를 제기하였다고 하여 사람들에게 압력을 가하거나 복수하는 현상이 나타나지 않"아야 한다고 강조한다.[29] 그만큼 각 단위의 책임자가 신소에 관련된 책임을 지도록 하더라도, 서로 상충되는 이해관계로 인해 분란 또한 끊이지 않았던 것이다. 이에 신소 관련자 사이에 문제가 발생할 경우 대부분의 경우에는 더 상위 기관으로 그 문제가 이관되거나 드물시만 지도자에게까지 전달되는 경우도 있었다. 그만큼 신소를 둘러싼 분쟁의 최종 해결이 인민들의 수준에서가 아니라 상위 기관이나 궁극적으로 지도자를 통해서 이루어졌다는 것은 많은 의미를 함축한다. 북조선에서는 서열이나 조직이 촘촘하게 작동하지만, 만약 신소 제소자가 정당한 이유만 있다면 그것을 지도자에게까지 고함으로써 끝까지 관철할 수 있었던 것이다.

대상이 당 간부이거나 단위 책임자인 경우 조선로동당 중앙위원회, 심지어는 지도자에게까지 직접 올라오는 사례도 있었다. 김일성과 김정일에게 직접 신소를 제기하는 것이 바로 "중앙당 1호 신소"로 중앙당 신소실이 그 업무를 맡는다.[30] 이것이 지도자에게 직접 각자의 억울한 사연을 고할 수 있는 채널인데, 주로 사안이 엄중한 일이 중앙당 신소실을 통해 접수되었다고 한다. 모함을 당할 정도로 억울한 사정의 인민들이 중앙당 1호 신소를 하고 당은 직접 나서서 조사를 하는 것이다. 김일성과 김정일은 1호 신소 편지는 무조건 자신들이 직접 확인하도록 했다고 알려져 있는데, 이를 통해 인민들의 동향을 파악하고 간부의 활동을 감시하기도 했다. 박영자의 연구에 인용된 북조선 출신자의 증언에 따르면 1호 신소에 올라오면 그 누구도 함부로 대할 수 없기에 이런 구조를 아는 인민들은 직접 1호 신소를 접수하곤 한다.[31] 지역의 당 중앙위원회 등의 관리를 거치지 않고, 바로 지도자에게 신소를 넣음으로써 자신들의 억울한 사정이 신중하게 다루어질 수 있다고 믿는 것이다. 지도자는 1호 신소의 사례를 통해 인민의 사정을 항상 우선시하고 있음을 선전할 수 있었고, 다른 한편으로는 당 간부에게 그들의 권력이 인민을 통해 상시적으로 감시되며 그들의 잘못된 행동이나 인식은 언제든지 지도자에게 보고될 수 있음을 각인시킬 수 있었다.

마음은 변할 수 있을까?

북조선체제와 긴밀하게 연관된 습속은 마치 변화가 불가능한 것처럼 보이기도 한다. 송재룡의 표현으로는 습속의 "존재 구속성"이 일종의 보이지 않는 힘으로 작동하여 특정 사회를 규정하며 구성원들의 의식과 행위를 추동하기에 더더욱 그러하다.[32] 습속이라는 개념이 한 사회의 안정된 구조를 설명하는 데는 유용하지만, 그 보수성으로 인해 변화를 설명하기는 어렵다는 비판 또한 가능해 보인다. '마음의 습속' 개념을 제안한 또끄빌이나 벨라 등은 구조와 제도 등과 관계를 맺으며 구축된 습속은 항상 새로운 행위나 의식, 감정 등에 의해서 변화될 수 있음을 인지하고 있었다.* 무엇보다 최근 미국 민주주의의 몰락을 분석한 여러 연구들이 미국인들의 마음의 변화로 촉발된 부정적 사회현상을 주목한다는 점에서 습속의 변화 가능성은 많은 연구자들이 동의하고 있는 듯하다. 그만큼 구조의 급격한 변화와 이에 대응하는 새로운 행동과 의식의 등장 속에서 습속의 독립성이 유지되기란 쉽지 않다. 그렇다면 급속한 사회변화와 이에 따른 일상의 재편을 경험하고 있는 북조선 인민의 마음의 습속은 어디쯤 위치하고 있을까?

주체사상이 주조한 마음의 습속에는 틈새가 발견되고 있다. 그 근본적인 원인으로는 주체사상이 신성시해온 수령이 더이상 현존하지 않기 때문이다. 수령의 절대적 위치는 약화될 수밖에 없었으며, 통치이데올로기로서의 주체사상의 영향력 또한 예전과는 사뭇 다르다. 물론 최근 북조선은 김일성과 김정일을 함께 '수

---

* 또끄빌의 경우 미국의 사례를 분석함으로써, 프랑스의 전근대적 습속을 어떻게 바꿔낼 것인가를 고민했다는 점에서 습속의 긍정적 변화를 연구의 목적으로 삼았다고 해도 과언이 아니다.

령'으로 호명하면서 기존의 주체사상의 근간을 유지하려는 노력을 계속하고 있다. 예컨대 2016년에 열린 제7차 당대회에서는 조선로동당을 '김일성-김정일주의당'으로 규정하였으며, 김정은을 "김일성-김정일주의화를 최고 강령으로 틀어쥐고 혁명의 최후 승리를 이룩하기 위한 진로를 뚜렷이 밝"히는 "당과 인민의 최고령도자"로 호명한 바 있다.[33] 덧붙여 '당의 유일사상체계 확립의 10대 원칙'은 김정은의 집권에 따른 변화된 정세를 반영하기 위해서 2013년 무려 39년 만에 전면 개정되기도 했다. 개정된 10대 원칙에서 김일성주의는 "김일성-김정일주의"로, "김일성-김정일은 당과 인민의 영원한 수령"이자 "주체의 태양"으로 정의되었다.[34] 김정일이 '수령'의 위치에 새롭게 등극하였을 뿐만 아니라 "백두혈통"이라는 표현을 성문화하는 등 개정된 10대 원칙은 김정은의 절대적 권력을 정당화한다. 덧붙여 김정은은 의도적으로 할아버지 김일성의 청년 시기의 모습을 흉내냄으로써, 상징적 권위를 바탕으로 통치권력을 강화하고 있다.

하지만 '고난의 행군'과 3대 세습을 거치면서 북조선사회의 근간은 흔들릴 수밖에 없었다. 오랫동안 추앙받아온 절대적 존재인 김일성의 사망까지 겹치게 되면서 수령론이나 사회정치적 생명체론 등과 같은 이데올로기 체계는 북조선 인민의 일상과 조금씩 분리되었다. 흥미롭게도 남한으로 온 북조선 출신자들 대부분은 김일성에 대한 긍정적인 기억과 김정일에 대한 상대적으로 부정적인 정서를 공유하는 경향이 있는데, 이는 김일성 시기까지만 해도 수령에 대한 절대적인 믿음이 작동했지만 '고난의 행군'과

김정은 체제에 들어서 김정일 국방위원장의 우상화가 한층 가속화되었다. 김일성과 나
란히 서 있는 김정일의 동상은 김정은 체제의 사상적 기반이 어디에 있는지를 암시하
고 있다.

함께 권력을 이양받아 '선군사상'을 더 중시했던 김정일은 그의 아버지만큼의 신적 존재로 등극하지 못했음을 반증한다. 다시 말해 김일성의 사망과 식량난, 그리고 군을 중심으로 한 규율통치 등이 겹치면서 북조선 인민의 마음의 습속에는 더이상 수령이라는 존재가 갖는 신성함을 찾아보기 어렵게 된 것이다.

게다가 1990년대 중반부터 곳곳으로 확장된 시장은 북조선사회 변혁의 다른 이름이었다. 이제 인민들은 당이나 조직생활을 통해서 일상을 실천하는 것이 아니라 시장이라는 전혀 다른 공간과 사회적 관계에 매달려 생존을 유지하게 되었다. 수령의 영도에 절대적으로 순종하고 충성하는 것이 중요하던 인민은 갑작스레 개인의 생존과 이해관계의 관철에 매달리게 된 것이다. 이 과정에서 허울만 남은 '수령'이라는 존재보다는 당장 내 주변에서 물건을 공급해주고, 단속을 무마해주며, 물건을 사주는 다수의 인민들이 더 중요해지게 된다. 과거 수령의 가르침을 기준으로 자신과 동료의 삶을 평가하는 장이었던 생활총화에서 이제는 서로 간의 체면을 지켜주는 '예의'가 더 중요한 행동규칙이 되었다. 다음은 '호상비판'에 대한 북조선 출신자들의 불편했던 경험을 진술한 것이다.

그래도 기분 나쁘지. 원래는 혁명적 원칙에 따라 그러면 안 되는 건데. 나한테 뭐라고 비판하면 속으로는 나중에 나도 복수해야갔다 뭐 그런 생각도 들지. 사람인데. 그래서 난 사실 정말 그쪽이 불편한 거 크게 문제가 될 것은 비판하지 않는다고. 사람 마음 다 똑같으니까.

생활총화에 임하는 자세나 태도가 과거와는 확연히 달라지고
있는 것이다. 수령이나 국가와의 직접적인 관계가 아니라 일상에
서 마주치는 동료와 이웃을 중요시하면서 서로를 배려하려는 다
양한 문화적 규칙이 새롭게 실천되고 있다. 그만큼 주체사상이
강조한 수령-인민의 수직적 관계와 수령의 지침을 따르는 것이
가장 중요한 도덕률이라는 믿음에 조금씩 변화가 포착된다.

또한 주체사상의 실천으로 작동해온 신소제도에 대한 부정
적 결과 등이 북조선의 문학에서 발견되기도 한다. 특히 사람들
사이의 협력적 관계의 중요성을 강조하면서, 신소제도의 오작
동을 언급한 것이 최근 북조선 문학에 등장하기도 했다. 예컨대
2017년 『조선문학』에 실린 단편 중 김명호의 「무역과장」이라는
작품에서는 수령과 당의 지도의 중요성보다는 사람들 사이의 도
리나 예의 문제가 다루어지고 있다. 이 소설에서는 신소를 인간
관계를 파탄내는 것으로 부정적으로 그리고 있다는 점이 특이하
다. 신소를 청한 주인공의 어머니와 외할아버지를 "죄를 지은" 자
로 설명하거나, 신소로 파괴된 인간적 관계를 회복하려는 결단을
한 경순 과장을 "큰 사람"과 "강자"로 언급하기도 한다. 인간에
대한 정이 무엇보다 중요하다고 설명하면서, 신소했던 과거를 잊
어버리고 용서하는 행동에 큰 도덕적 가치를 부여한다. 이 소설
이 신소 그 자체에 대한 명확한 입장을 표명하고 있지는 않지만,
등장인물의 갈등을 만들어내는 것으로 신소를 문제시한다는 점,
그리고 해결방안을 등장인물 간의 '용서'로 했다는 점은 변화한

신소제도의 작동을 은연중에 드러내는 것이기도 하다. 신소의 문제로 인해 인간적인 감정을 갖는 것이나 복수를 하는 것 등은 김일성과 김정일 모두 경계한 것임에도 현실에서의 부작용을 인정하고 있는 것이다. 그러면서 동료와의 협력과 이해, 주변 사람들을 배려하는 태도, 상대방의 잘못을 용서할 수 있는 큰 배포 등을 강조하는 것으로 사람들 사이의 관계 맺기의 중요성을 전면화하고 있다.

이렇듯 변화하는 환경에 따라 북조선사회에서 신소제도는 점차 그 영향력이 약화되고 있는 것으로 보인다. 북조선 출신자 인터뷰에서 확인된 바로는 신소과가 각 조직마다 존재하기는 하지만 최근에는 구성원 간의 이해관계가 첨예하게 작동하면서 북조선 인민들이 점차 신소하는 것을 꺼리는 분위기라고 한다. 과거 동일한 원칙에 따라 상위 기관이나 지도자에게 직접 문제제기를 할 수 있었다면, 이제는 함께 공유할 도덕적 원칙이 존재하지도 않으며 생존하기 위해서는 당 관리, 동료, 주변 이웃과 문제를 만들지 않는 것이 더욱 중요하게 된 것이다.

그렇다고 북조선 인민이 공유해온 마음의 습속이 완전히 대체되었다고 판단하기에는 아직 시기상조인 듯하다. 북조선 출신 지식인인 최진이는 북조선사회의 도덕이 붕괴되면서 신소제도는 더이상 작동하지 않게 되었다고 분석한다. 그녀는 신소를 "양심인과 정의감을 가진 사람들이 지탱할 수 있는 그리 가늘지 않은 기둥"이라고 언급하면서, "정치적 자유의 뙤창문[작은 창]"이라고까지 평가한다. '고난의 행군' 전까지만 해도 활발하게 작동하던 신소제도가 1998년부터는 사실상 작동하지 않게 되었다는 것이다. 역시 '고난의 행군'과 수령의 죽음을 겪으면서 사회가 작동하지 않게 되었고, 그 과정에서 자유의 작은 기회마저 사장되었다는 것이 그녀의 평가이다. 여기서 흥미로운 점은 북조선 출신인 그녀가 지도자에게 직접 고하는 것이 '양심'이요 '정의'라고 생각한다는 것이다. 물론 북조선사회의 소통 부재와 강압적인 규율구조를 비판하기 위해서 신소제도를 과도하게 민주적 장치로 설명한 것일 수 있지만, 또 한편으로는 북조선 출신자들 사이에서는 수령이 해결해줄 것이라는 깊은 믿음이 존재함을 증명해주기도 한다. 인민의 절체절명의 문제를 지도자만이 해결할 수 있다고 믿는 독특한 마음의 습속이 여전히 흔적으로 남아 있는 것이다.

새로운 습속의 형성은 하루아침에 완성되는 것이 아니다. 수령의 자장에서 완전히 벗어난 진정한 주체적 인간의 탄생은 자신의 이익을 추구하면서도 공공의 선을 고려하려는 태도가 확산될 때 가능해질 것이다. 또한 수령 아래에서의 평등이 아닌 인간 개개인의 가치로서의 평등한 관계가 공고화되는 것도 중요한 이행 지표일 것이다. 그만큼 갑작스런 계기로 완성되기 어려운 지난한 과정일 것이다. 비슷한 맥락에서 또끄빌은 구습이 청산되고 새로운 습속이 등장하는 과정에 도사리고 있는 위험성을 경고한 바 있다. 또끄빌은 프랑스의 사례를 들면서 민주적 사회로 이행하는 시기에 사람들은 오히려 더 많은 것의 급격한 변화를 요구하는 경향이 있고, 이로 인해 공공성에 대한 감각을 쉽게 잃어버리게 된다고 우려한다.[35] 역사적으로 볼 때 평등이 확산될 때 오히려 더 심한 사회적 갈등이 표출되어왔고, 이것이 부메랑이 되어 결국 민주적 습속과는 반대 방향으로 퇴행된 사례를 되새길 필요가 있다. 북조선이 지금 경험하고 있는 사회변화는 주체사상적 습속의 수정을 이끌 수밖에 없고, 궁극적으로는 새로운 습속을 추동할 확률이 높다. 하지만 그 과정은 결코 녹록하지 않을 것이며, 상당한 시간이 요구된다는 것도 기억해야 한다.

평양 스펙터클과 북조선 인민의 정동

스펙터클의 사회주의 사회

이미지가 장악한 현대 사회에 주목한 기 드보르 Guy L. Debord 의
『스펙터클의 사회』La société du spectacle 는 자본주의 비판으로 독해되
곤 한다. 포이어바흐 Ludwig Feuerbach 의 『기독교의 본질』 서문의 일
부분을 발문*으로 인용하면서, 생산관계와 생산물이 스펙터클로
대체된 현대 사회에서 세계의 모두는 프롤레타리아가 된다는 경

• "현대는 확실히 (…) 사실보다 이미지를, 원본보다 복사본을, 현실보다 표상을, 본질
보다 가상을 선호한다. (…) 현대에서 신성한 것은 오직 환상뿐이며 진리는 속된 것
이다. 현대인의 눈에는 진리가 감소하고 환상이 증대하는 정도에 따라 신성함이 확
장된다. 결국 현대에서 환상의 극치는 신성함의 극치가 된다."(포이어바흐 『기독교
의 본질』 제2판 서문) 이 책에서 인용하는 기 드보르의 『스펙터클의 사회』는 유재
홍 번역의 2014년판을 활용하고, 필요에 따라 영역본(Guy Debord, *The society of the
spectacle*, tr. K. Knabb, Canberra: Hobgoblin Press 2002)을 교차 검증했다.

고를 담고 있기 때문이다.[36] 극으로 치달은 상품의 물신화는 결국 생산물이나 생산관계로부터 소외된 삶을 생산하고, 사람들은 "매개 없이 직접 경험"하지 못한 채 미디어와 같은 매체의 스펙터클을 관조하는 수동적인 존재로 전락하게 된다.[37] 특히 드보르가 주목한 스펙터클의 힘은 그것이 바로 수단이며, 실체, 그리고 목적이라는 것에 있다(테제 12, 13, 14). 그만큼 스펙터클은 단순히 이미지 혹은 가상에 머무는 것이 아니라 사회적인 제 관계를 만들어 현실이 되며 그 어떤 사유나 철학도 이를 넘어설 수 없게 된다.•

최근 그의 이러한 비판이 주목받는 이유는 스펙터클이라는 것이 압도하고 있는 현 상황에서 기인한다. 경험된 현실과 가상세계 사이의 경계는 점차 희미해지고 있으며, 매체가 쏟아내는 이미지의 범람, 그리고 교환가치의 지배와 소비의 확산 등으로 인한 인간 소외와 삶의 황폐화는 이제 우리 모두의 일상이 되었다. 게다가 그가 비판했던 관료제는 점차 더 교활해져 인간이 스펙터클에 대항하지 못하도록 수많은 장치들을 더욱 촘촘히 구축하였다. 텔레비전과 영화, 인터넷 방송과 SNS 등을 통해 마치 '자유'와 '선택'인 것처럼 유통되는 수많은 스펙터클은 우리 모두의 감각을 마비시키고, 소비와 욕망이라는 자본의 궁극적인 목적만을 절대화한다. 드보르가 주장한 것처럼 인간이 소외되지 않고 자유

• "테제 13: 스펙터클은 근본적으로 동어 반복적이다. 이 특징은 스펙터클의 수단들이 곧바로 그 목적이라는 단순한 사실에서 연유한다. 스펙터클은 현대의 수동성의 제국 위에 머물고 있는 결코 지지 않는 태양이다. 그것은 지구의 모든 표면을 완전히 뒤덮으면서 무한하게 자신의 영광 속에 잠겨 있다." 기 드보르 『스펙터클의 사회』, 유재홍 옮김, 울력 2014, 20면.

롭기 위해서는 생산양식의 해체, 즉 다른 형식의 생산양식의 구축만으로는 부족하다. 자본의 논리에 따라 생산되어 스펙터클로 존재하는 이 모든 기호의 체계에서 벗어나야만 비로소 인간해방이 가능해질 수 있다는 뜻이다.

현대 사회에 대한 그의 탁월한 분석은 마치 자본주의 사회'만'을 해석하는 데 유용한 틀로 인식되어왔다. 하지만 드보르의 문제의식은 자본주의에 기반을 둔 현대 사회 전반에 대한 것이었으며, 그에게는 사회주의 또한 다른 외피를 두른 자본주의의 형태였다. 다른 말로 하면 지금의 자본주의와 사회주의 모두 생산(품)으로부터의 소외와 노동자 연대로부터의 분리, 그리고 관료적인 지배층이 장악하고 있으며, 이 모든 것의 스펙터클이 인간을 지배하고 있다는 측면에서는 사회주의 또한 '현대 사회'의 일부분이 된다. 그의 표현으로는 "다양한 형태의 동일한 소외가 완전한 선택이라는 가면 아래" 작동하며, "스펙터클이 억압된 현실적인 모순 위에 구축"된 것이야말로 현대 사회의 공통된 특징이다. 그것이 사회주의건 혹은 자본주의건 간에 현대 사회는 스펙터클의 이면에 존재하는 "비참함의 단일성"을 기반으로 한다는 점에서 문제적이다.[38]

그렇다고 드보르가 선진화된 자본주의(즉 미국식 자본주의)와 사회주의를 구분하지 않은 것은 아니다. 다만 각 사회를 장악한 스펙터클의 밀도와 작동에 따라 두 체제는 구별되는 작동 양상을 띠고 있음을 지적하였다. "집약된 스펙터클"the concentrated spectacle 과 "분산된 스펙터클"the diffuse spectacle이 바로 그것인데, 특히 소련이나 중국 등 사회주의 체제를 표방한 "관료주의적 자본주의" 사회는 "집약된 스펙터클"이라는 특징을 지닌다고 분석한다. 소련과 중국에서는 스펙터클을 통해서 독재체제가 선^善의 이미지로 존재하고 있으며, 특히 독재자가 모든 의미의 중심으로 구축되는 경향이 있다. 한 개인 혹은 하나의 사상으로 집약되는 양태를 띤다는 의미에서 사회주의권은 "집약된" 스펙터클이 장악하고 있다. 뿐만 아니라 관료주의적 공동체(당 혹은 몇몇 지배 관료)는 상품의 점유와 노동력의 장악을 통해서 인민 대중들의 생존을 좌지우지한다. 그만큼 인민들은 선택의 여지가 없으며, 오직 독재자와 관료체제에 복종할 때만이 각자의 삶을 유지할 수 있다. 이러한 문제의식이 드러나 있는 드보르의 테제 64번을 인용해보자.

(…) 관료주의가 점유하고 있는 상품은 사회적 총노동이다. 그래서 관료정치가 사회에 재판매하는 상품은 사회 전체의 생존이다. 관료주의적 경제독재 체제는 착취당하는 대중들에게 어떠한 선택의 여지도 부여하지 않는다. 이 독재체제는 모든 선택 ── 그것이 음식물이든지, 또는 음악이든지 간에 ── 을 주관한다. 외부로부터의 선택은 이 독재체제를 철저하게 파괴하기 때문이다. 따라서 지속적인 폭력이 이 독재체제에 수반될 수밖에 없다. 이 독재체제의 스펙터클 속의 강제된 선^善의 이미지는 공식적으로 존재하는 모든 것을 담고 있으며, 이 체제의 전체주의적 통일성을 보장하는 단 한 사람에게 집약돼 있다. 각 개인은 마법에 사로잡혀 이 절대자와 동일시하거나, 혹은 자취를 감추어야 한다. 왜냐하면 이 절대자는 소비될 수 없는 지도자이자 공포

에 의해 촉진된 원시적 축적, 즉 절대적 착취를 위해 하나의 그럴듯한 의미를 지닌 영웅적 이미지를 지닌 지도자이기 때문이다. 모든 중국인은 『모택동 어록』을 학습하고 모택동이 되어야 한다. 모택동 외에는 그 누구도 될 수 없다. 집약된 스펙터클이 지배하는 곳은 언제나 치안 체제가 동반된다.[39]

사회주의에 기반을 둔 독재관료 체제는 바로 소외의 현실을 감추기 위해 스펙터클을 활용하며, 상품가치가 소수의 관료지배층에 집중되고, 무엇보다도 독재자로 '집약된 스펙터클'이 현실의 모순을 가려 인간을 수동적 존재이면서 파편화된 개인으로 생산한다. 독재자를 중심으로 한 '집약된 스펙터클'은 그 영역이나 폭이 상대적으로 제한적이기에 스펙터클 밖에 존재하는 것들은 강력한 치안통치를 통해서 규율되거나 제거된다. 반면에 '분산된 스펙터클'은 노동자가 마치 상품을 선택하는 자유가 있는 것과 같은 허구의 이미지를 유통시킨다. 상대적으로 느슨하게 작동하는 스펙터클로 보이지만, 그 이면에는 더 강력한 욕망과 감정을 불러일으키는 구조를 구축하고 있다. '분산된 스펙터클'이 제공하는 행위자의 자유나 능력 등의 프레임은 상품의 스펙터클과 결합되어 권력과 자본의 서열을 더욱 공고하게 한다.

드보르에 따르면 이 두 형태의 스펙터클은 세계를 양분한 채 존재해왔다. 대부분의 연구자가 생산양식이나 정치이념 대결 등으로 냉전에 접근했다면 드보르의 경우에는 다른 형태의 스펙터클로 냉전 구도를 이해했다. 그렇다면 1980년대 말 동구권의 붕괴는 집약된 스펙터클과 분산된 스펙터클이 제3의 형태의 스펙터클로 이행된 것으로 전반적으로는 경쟁하던 두 스펙터클 가운데 분산된 스펙터클이 승리했음을 의미하는 것이기도 하다.[40] 집약된 스펙터클이 감추고자 했던 일상의 비참함을 인민들이 조금씩 간파하면서 사회주의 체제는 위기에 봉착하게 되었지만, 체제 전환의 과정에서 소외되지 않는 자유로운 주체로 인민들이 나아가는 데는 성공하지 못했다. 동구권의 붕괴라는 집약된 스펙터클의 해체로 인한 빈자리가 자본과 상품에 들러붙어 급속하게 확산된 또다른 스펙터클로 대체되었기 때문이다.

드보르가 북조선의 사례까지 살펴봤는지는 확실치 않으나, 그의 문제의식을 적용하기에는 충분하다. 게다가 '집약된 스펙터클'이라는 개념을 경유하면 북조선체제의 작동과 그 속에서 살아가는 인민의 상황 등에 대한 조금은 다른 시각을 제공해줄 수도 있을 터이다. 왜냐하면 수령을 중심으로 한 체제의 특수성은 결국 여타의 '권위주의적 자본주의(사회주의 체제)'와는 밀도와 범위 측면에서 비교될 수 없을 정도로 강력한 '집약된 스펙터클'이 작동하고 있었음을 방증하는 것이기 때문이다. 예컨대 1960년대 중반부터 본격화된 수령형상문학은 문학예술 전반에서 수령의 숭고한 풍모와 위대성을 형상화하는 것을 가장 중요한 과업으로 설정한 바 있다. 이전에는 사회주의리얼리즘을 표방하던 북조선의 문학예술이 이제 주체사상이라는 단일한 이데올로기 체계를 정당화하고, 인민의 영도자로서의 수령 형상을 구축하는 것에 모든 역량을 쏟아붓게 되는 것이다.[41] 수령 형상을 창조하는 것은 사회주의 문학예술의 가장 중요한 소명이며, 이를 위해 예술가는 "노동계급의 위대한 수령의 영광 찬란한 혁명활동력사와 숭고한 공산주의적 풍모를 형상"화해야 하는 것이다.[42] 소설과 시 같은 문학작품에 수령의 위대함과 숭고함을 그려내는 것을 필두로, 북조선 영화에서는 항일혁명 시기의 수령의 활동을 그려낸 「조선의 별」과 같은 작품이 생산되었으며 미술작품에서도 수령형상회화와 수령형상조각 등이 활발하게 제작되고 있다. 수령에 대한 충성이 북조선 인민의 품성으로서 가장 중요한 가치라고 강조되면서, 수령을 정점에 둔 다양한 이미지와 기호의 스펙터클은 현실 너머의 환상을 만들어내고 있다.

체제 전환을 경험한 동구권이 집약된 스펙터클에서 분산된 스펙터클로 포섭되는 과정은 최근 북조선사회에서 확인되는 시장과 상품 스펙터클의 등장 의미를 되새겨보게 한다. 예컨대 미래과학자거리, 려명거리와 같은 도시 재편과 백화점과 대형 상점, 그리고 곳곳에 즐비하게 널려 있는 상품 등의 스펙터클은 북조선사회가 어디로 이행하고 있는지 조심스럽게 예견하기도 한다. 그만큼 북조선의 시장 확대 및 개방은 결국 다른 형태의 스펙터클로 빨려 들어갈 확률이 높다는 점에서 문제적이다. 왜냐하면 설혹 권위주의적 독재가 시장과 자본이라는 또다른 스펙터클로 대체된다고 하더라도, 그것이 북조선사회의 질적인 변화를 의미하지는 않기 때문이다. 자본이라는 느슨하지만 더 강력한 스펙터클이 인민의 삶을 장악하게 될 텐데, 인민들이 이를 벗어나 인간으로서의 존엄한 삶을 살기란 쉽지 않을 것이다. 북조선사회의 변

위대한 수령 김일성동지의 혁명사상으로 더욱 철저히 무장하자!

북조선 미술은 '수령형상미술'이라고 칭해질 정도로 수령에 대한 긍정적인 이미지를 재현하고 있다. 다양한 선전화는 수령에 대한 절대적 충성과 믿음을 강조한다.

화를 오직 시장이라는 프리즘으로 해석하려는 것의 윤리적 한계가 이 지점에서 확인되기도 한다.

드보르에게 일상을 장악한 스펙터클은 인간 본성뿐 아니라 자연의 시공간성조차 파괴하는 주범이기에, 인간 주체성을 회복하기 위해서라도 반드시 저항해야 하는 것이었다. 이는 단순히 체제를 극복하는 것에만 머물지 않는다. 궁극적으로는 소외와 분리를 만들어내는 모든 상품사회, 소비중심적 사고, 노동 착취와 불평등의 기반을 해체하고 저항해야 하는 것이다. 국가, 비민주적이며 관료적인 노조와 학생 집단, 교조적인 이데올로기, 지식이라는 외피를 쓴 프로파간다 등 이 모든 것이 드보르에게는 싸워 극복해야 하는 대상이었다. 그만큼 드보르는 급진적인 의식을 지닌 반란자들이 중심이 된 작은 단위의 협의체를 통해서 스펙터클의 사회를 해체할 수 있다고 믿었다. 그렇다면 상황주의자로서 드보르가 끊임없이 저항하고자 했던 '스펙터클'이 북조선에서는 어떻게 작동하며 무슨 효과를 만들어내고 있는지, 그리고 시장화를 통해 급격한 사회변동을 경험하고 있는 북조선의 현재가 과연 '희망'으로 읽힐 수 있을 것인지를 평양이라는 도시 스펙터클을 통해서 살펴보자.

평양 스펙터클의 작동과 효과

평양은 북조선의 심장부와 같은 곳이다. 한국전쟁 때 공습으로 큰 희생을 치른 북조선이 언제라도 다시 시작될 수 있는 전쟁에 대비해 신흥 중소도시를 적극 육성했다고 하더라도, 수도로서의 평양이라는 상징성은 결코 약화된 적이 없다. 그만큼 사회주의적 가치의 북조선식 해석을 도시 공간에 기입하려 했으며, 전쟁에서 폐허가 된 평양은 역설적으로 도시 건설을 위한 최적의 빈 공간이기도 했다. 그 시작은 1953년 7월 조선로동당 중앙위원회 정치위원회에서 「평양시 복구 총계획에 대하여」를 결정한 것이었으며, 김일성은 「전후 평양시 복구건설 총계획도를 작성할 데 대하여(도시설계 일군들과 한 담화, 1951년 1월 21일)」라는 노작에서 민족적 형식을 살리면서도 인민들 삶과 잘 맞는 도시 건설의 지침을 강조한다.

우리는 민주수도 평양을 전쟁 전보다 더 화려하고 아름답게, 웅장하고 현대적으로 복구 건설하여야 합니다. 왜정 때 평양은 비문화적이고 기형적으로 건설되였기 때문에 불합리한 점이 많았습니다. 문화시설도 적었고 공원이나 광장도 변변한 것이 없었으며 상점을 비롯한 편의봉사시설도 몇곳에 몰켜 있어서 인민들의 생활에 아주 불편하였습니다. 우리는 평양시를 단순히 원상대로 복구할 것이 아니라 일제 식민지통치의 후과로 하여 생긴 락후성과 기형성을 퇴치하고 광범한 근로인민을 위한 문화시설들과 편의봉사시설들을 충분히 갖춘 현대적인 도시로 복구 건설하여야 하겠습니다.[43]

평양 복구 계획은 전쟁 중에 이미 시작되었는데, 김일성은 후방에서 전후 복구를 준비하는 것의 중요성을 강조한다. 이에 소련 및 동구권에서 유학 중이었던 젊은 도시건축가들이 평양 재건 계획 수립에 적극적으로 참여하였다. 모스끄바 건축대학에서 건축을 공부한 김정희는 김일성의 요청으로 평양 재건 계획을 수립하게 되었는데, 소련에서 사회주의 도시와 건축 양식을 공부했던 까닭에 소련 모델을 적절하게 차용하여 평양을 '이상적 사회주의 도시'로 재건하고자 하였다.[44]

1951년도에 김정희가 초안으로 작성한 「평양특별시개건종합계획략도」는 1930년대의 일본제국의 도시계획도와 상당히 유사했지만, 1953년도의 평양종합계획은 사회주의적 가치가 상당 부분 결합된 것이었다. 문화시설, 공원, 광장 등이 적절하게 배치되어 근로인민들이 자유롭고 편하게 일상을 영위하는 것이 사회주의 도시 건설의 가장 중요한 원칙이다. 또한 김일성은 민족적 형식을 강조하면서, 사회주의적 가치로 도시 공간을 구성하면서도 북조선만의 상황이나 민족적 의미를 고려해야 한다고 역설하였다.

그렇다면 사회주의적 가치가 결합된 도시 공간의 특색을 조금 더 면밀하게 살펴보자. 혹자는 사회주의적 도시라는 이념형의 존재를 탐구하는 것보다는 사회주의 도시의 기능이나 도시 수행성을 통해서 그 특색을 살펴보는 것이 더 적절하다는 주장을 펼친다.[45] 하지만 또다른 몇몇은 소련과 동구권 등에서 시도된 도시 공간과 건축 실험을 예시로 사회주의 이념이 투과된 공간 특성은 분명히 존재했다고 단언하기도 한다.[46]

초기 사회주의자들은 자본주의와 산업화의 폐해가 응축되어 있는 기존의 도시에서 벗어난 인간 개조의 공간으로서의 '사회주의 도시'와 건축의 중요성을 강조하였다. 자본주의 도시는 산업화를 거치면서 너무나도 비대해져 수많은 도시 문제(환경, 주거, 전염병 등)에 노출되어 있었다는 점을 비판한다. 이들에게 '도시'란 자본주의의 문제가 응축되어 있는 곳이다. 이런 까닭에 사회주의 도시는 거주민들의 쾌적한 생활이 가능한 중소형 규모로서 도농 간의 격차 해소를 목적으로 한다.[47]

평양은 한국전쟁 이후 대규모의 재건사업을 통해 지금의 모습이 구축되었다. 1954년부터 시작된 천리마운동의 일부로 평양의 주요 도시 기반시설과 행정시설이 복구되기 시작하였고, 김일성광장 및 이를 가운데 두고 마주한 조선중앙력사박물관과 조선미술박물관 등이 1950년대에 완공되었다.[48] 도심의 중심에 광장과 문화시설 및 정부 청사 등의 상징물이 집중 배치됐다면, 대동강을 따라 가로축으로는 저층 아파트와 편의봉사시설이 함께 지어져 자족적인 생활이 가능한 주택소구역 단위가 건설되기 시작하였다.[49] 김일성이 앞서 평양 재건 계획 설립 시 제시한 기준대로 인민들의 생활공간을 도시의 중심축을 중심으로 배치하고, 문화시설 및 편의시설을 곳곳에 건설함으로써, 편리한 공간의 구성을 목표로 하였다. 하지만 동시에 김일성광장이나 박물관 등의 상징물을 평양 시내 곳곳에 배치하여, '혁명의 수도'라는 상징성을 부각하고자 하였다.

기념물과 상징적 건물 배치 등을 통해 조성되던 평양 도시의 외관은 1980년대 초반에 어느정도 완성된 것으로 알려져 있다. 특히 이 시기에 시가지 정비가 완료되고 혁명사상 고취를 위한 상징물과 건물이 속속 완공되었다.* 거기에 1982년에 김일성광장 중심에 들어선 인민대학습당과 대동강 건너편의 주체사상탑이 준공되면서 바야흐로 평양이라는 스펙터클, 사회주의 혁명이라는 이미지를 응축시킨 공간이 그 위용을 드러내게 된다. 곳곳에 위치한 지도자 동상이나 상징물 들은 평양이 만들어내는 스펙터클의 독특성을 드러내는 것이기도 하다.

사회주의적 가치와 주체사상으로 대표되는 북조선체제의 성격이 평양 스펙터클을 구성하는 의미소이다. 임동우는 사회주의 도시의 특징으로 생산, 녹지, 그리고 상징을 제시하면서, 특히 상징의 도시라는 개념은 사회주의 이념에 기반을 둔 것이 아니라 현실적 상황으로 인해 강조된 측면이 있다고 주장한 바 있다.[50] 자본주의 도시의 문제점을 해결하기 위해서 중소 규모의 도시를 지향하고, 생산의 편의성 증대와 재생산을 위한 공간을 적절하게 분배하여 배치하는 것이 사회주의라는 이념이 도시 공간에 투영되는 가장 기본적 원칙이다.

하지만 혁명 이후의 체제 유지와 사상 교육을 위해서는 대규모 군중집회나 선전이 필요했고, 이를 위해서 도시 공간 곳곳을 상징물을 중심으로 구성할 필요가 있었다. 평양 또한 인민 교양

---

* 1970년대에는 활발한 도시정비사업과 대규모 건설사업이 진행되었다. 예컨대 혁신거리, 락원거리, 비파거리 등이 정비되었고, 천리마거리가 건설되었다. 또한 금수산의사당(1977), 인민문화궁전(1974), 조선혁명박물관(1972), 2·8문화회관(1975), 만수대예술극장(1976) 등이 완공되기도 했다. 이에 대한 자세한 설명은 필립 뭬제아 엮음 『이제는 평양건축』, 윤정원 옮김, 담디 2012, 115면을 참조하라.

평양은 혁명의 수도를 나타내는 상징적 건축물과 평양 주민의 주거시설인 집합주택이
적절하게 배치되어 있는 것으로 알려져 있다. 당창건기념탑과 집합주택이 함께 들어서
있는 평양의 모습이다.

과 학습을 위한 공간을 도시 중심부에 설치하고, 주변에는 광장과 기념비 등을 배치하여 인민들에게 평양이라는 도시의 상징성을 경험할 수 있도록 하였다. 예컨대 김일성광장과 만수대대기념비 주변에는 인민들을 위한 문화시설(박물관, 학습당, 미술관 등)이 들어서 있다. 주체사상탑, 당창건기념탑, 조국통일3대헌장기념탑, 조국해방전쟁승리기념탑 등과 평양 곳곳에 세워진 김일성, 김정일 동상 또한 평양이라는 도시의 성격을 간명하게 보여주는 상징물이다.

한편 사회주의의 집합주택 또한 그 자체로 상징물의 효과를 만들어내기도 한다. 주지하듯 사회주의 도시의 특징 중 또 하나는 도심의 중심부 주변에 사무실과 같은 업무시설이 아닌 집합주택이 건설되는 것이다.[51] 자본주의 도시의 경우 산업의 효율성 등이 강조되면서 도심과 부도심에 사무실, 관공서 등의 시설이 들어선다면, 사회주의 도시는 노동자와 인민의 주거시설이 중심부를 에워싸고 구축되는 경향이 있다. 또한 건축 방식의 표준화와 규격화가 지향됨으로써 조립식 집합주택이 선호되는 양상이다. 예컨대 평양의 도심 중심을 두고 가로축으로 창광거리, 천리마거리 등에 집합주택이 세워지고, 이후 1960년대는 모란봉거리, 봉화거리, 붉은거리 등이 완공되었다. 또한 1970년대에는 50년대에 세워진 낡은 살림집이 구역별로 재건축되어 고층의 아파트가 본격적으로 건설되기도 한다.

집합주택이 건설되는 과정과 그것이 도심의 중심부에 위치한다는 사실은 평양이라는 공간을 통해 북조선체제가 인민들에게 전달하고자 하는 메시지가 무엇인지 알려준다. 또한 김일성과 김정일은 인민을 위해서 끊임없이 살림집을 건설하고 있다는 메시지를 전달하고자 했다. 평양이라는 공간의 특성은 이렇듯 지도자의 영도력을 강조하는 상징물들과 이를 실제로 구현한 집합주택을 통해 구체적으로 가시화된다. 김일성은 김정일이 사실상 통치를 하고 있던 시기인 1990년대 초반에 직접 나서서 김정일의 뛰어난 능력을 강조하기도 하였는데, 특히 평양이라는 도시를 건설했다는 점에서 김정일의 영도력을 치하하였다. 김일성은 김정일이 북조선의 "얼굴"인 평양시를 국제적으로도 손색없을 정도의 현대적 건물과 거리로 재탄생시켰으며, "인민들의 살림집 문제"를 평양 시내 5만호의 집합주택 건설을 통해서 해결했다고 높이 평가했다.[52]

흥미로운 점은 평양이 "전경과 윤곽 형성"이라는 관점에서 총체적으로 계획되었다는 것이다. 건물은 도시 전체가 조망되는 전경을 위하여 일정한 거리와 공간을 사이에 두고 배치되어 있다. 특히 시각적 조망은 중요한데, 상징물을 도시 중심부를 축으로 주변부로 배열함으로써 도시의 전체적인 윤곽과 조망을 보장하는 방식이다.[53] '지배적인 생산양식'이 새겨진 공간이 바로 도시라는 르페브르의 그 유명한 주장을 되새겨볼 때 북조선이라는 국가의 이념과 체제, 그리고 생산양식으로 구성된 것이 평양이다.[54] '지배적인 생산양식'이 거대한 상징물을 중심으로 한 전경으로 공간화된다는 것은 역사적으로 북조선이 어떤 경로를 걸어왔는지를 보여주는 것이기도 하다. 평양에 지속적으로 건설된 집합주택 또한 지도자의 영도력으로 가능할 수 있었던 것으로 재현되면서 또 하나의 상징으로서 작동하게 된다.

그것이 정치적 상징물이건 혹은 인민들의 살림집이건 그 모든 의미는 지도자로 수렴되는 것이다. 이런 맥락에서 평양은 인민들이 살아가는 공간이면서, 동시에 역사적으로 다층적으로 경험되는 장소이기보다는 '보여지는 공간'으로서 존재했다. 평양은 그 자체로 '스펙터클'인 것이다. 평양은 그곳에 살고 있는 거주민뿐만 아니라 북조선 인민 모두가 따라 배우고 동경하는 모범으로 계획된 도시이다. 평양이라는 스펙터클은 지도자의 뛰어난 능력을 증명하는 것이면서 지도자 그 자체로 재현된다.

평양 재건 과정에서 정동되는 열망

그렇다면 평양 스펙터클은 어떻게 인민들에게 전달되며, 어떠한 효과를 만들어낼까? 혹은 스펙터클에 노출된 인민들은 이를 어떻게 수용하고 경험하는가? 드보르가 주장한 것처럼 스펙터클은 항상 매개를 통해 전달됨으로써 완성되는 것이다. 수용자는 스펙터클을 현실 혹은 경험으로 인식하게 되고, 스펙터클이 만들어내는 사회적 관계 속의 일부분이 된다. 즉 스펙터클은 매체^{미디어와 같은 매개체}를 통해서 수용자에게 전달되어 신체와 정신의 변화를 만들어내게 되는 것이다. 지금부터는 스펙터클이 하는 일이 무엇인지, 즉 스펙터클로 매개된 인민들이 경험하고, 느끼고, 감각하는 것은 무엇인지를 추적하고자 한다.

스펙터클이라는 이미지, 소리, 목소리, 빛 등이 수용자를 만나 서로 영향을 주고받는 과정, 그 과정에서 사람들의 몸을 타고 전달되는 특정한 힘과 기운 등이야말로 스펙터클이 무엇을 하는지에 접근하게 한다. 이러한 시도는 기존의 연구가 이데올로기의 전달이라는 측면에서 스펙터클의 문제점을 지적한 것에서 한걸음 더 나아가 스펙터클로 인해 (때로는 적극적으로) 촉발되는 사람들의 몸과 몸의 연결과 부딪힘 등을 포착하게 할 것이며, "지배경제의 이미지"로서의 스펙터클의 역할이 무엇인지 확인하게 한다.

이와 같은 문제의식의 근원에는 스피노자Baruch Spinoza의 통찰이 존재한다. 스피노자는 일찍이 신체와 정신의 변용과 변화된 상태 등을 정동이라는 개념으로 설명한 바 있다. 스피노자는 그의 저서 『에티카』Ethica in Ordine Geometrico Demonstrata에서 정동이란 "신체의 활동력을 증대시키거나 감소시키거나 혹은 촉진하거나 억제하는 변양變樣(=변체=변화 상태)이며, 동시에 그런 변양〔자극 상태〕의 관념"이라고 정의한다.[55] 그에게 정동은 욕망, 기쁨〔즐거움〕, 슬픔〔고통〕으로 구성되어 있는데, 욕망은 "어떤 것을 하도록 결정되어 있다고 생각하는 경우의 인간 본질 그 자체"를 의미하는 것이라며, 기쁨은 인간이 작은 완전성에서 좀더 커다란 완전성으로 이행하는 것, 반대로 슬픔은 인간이 좀더 커다란 완전성에서 작은 완전성으로 이행하는 것을 뜻한다.[56] 또한 정동은 스스로가 변양의 원인이라면 능동, 그렇지 않은 모든 경우엔 수동적 상태를 의미한다고 정의한다.

스피노자의 이러한 논의를 들뢰즈^{Gilles Deleuze}는 좀더 적극적으로 해석하면서 변용과 정동을 구분해서 설명한다. 즉 변용은 신체나 정신에서 일어나는 양태적 변화를 가리키는 것이고, 정동은 이러한 변용이 지속됨으로써 완전성의 연속적 변이가 일어나는 것을 지칭한다.[57] 힘과 마주침의 결절을 통해 인간의 몸과 정신은 변양의 과정을 거쳐 끊임없이 정동하고, 정동되는 것이다. 그만큼 정동의 과정은 불확실하며 개방되어 있다.

정동에 관련된 논의는 이후 몇몇 문화연구자에 의해 매체를 통한 이미지와 가상성이 어떤 정동됨을 가능하게 하는지에 대한 연구로 확장된 바 있다.[58] 특히 마수미^{Brian Massumi}는 지금까지 문화연구에서 텍스트와 수용자에 대한 논의가 '포지셔닝'의 문제에만 국한되어왔다고 비판한다.[59] 연구의 대상이 되는 것은 해석 가능한 텍스트에 국한되어 있었고, 수용자 또한 지배이데올로기가 투과된 주체로 가정되어 있다는 것이다. 수용자의 행위 주체성은 자신의 사회경제적 위치성이 표현된 것으로 해석되며, 이들만이 해석의 주체라는 가정을 바탕으로 연구가 진행되어왔다.[*]

하지만 이러한 문화연구의 접근은 매체를 통해서 전달되는 텍스트와 그것이 포함한 영상, 음성, 사운드가 수용자의 신체와 어떻게 마주쳐 변용과 정동됨을 만들어내는 것인지에 대해서는 충

---

* 스튜어트 홀(Stuart Hall)의 인코딩/디코딩 모델과 이안 앙(Ang Ien)의 '능동적 수용자'(Active Audience) 등이 이러한 연구의 주요 궤를 이룬다. 이들은 젠더, 계급, 인종 등의 사회적 위치에 따라 관객이 어떻게 유다른 의미 해석을 하고 있는지를 분석하였다.

분히 분석하지 않았다. 이런 측면에서 매체를 통해서 수용자와 만나는 스펙터클은 단순히 텍스트로만 존재하는 것이 아니라 영상, 이미지, 음성, 사운드가 결합된 것이며, 이것의 역능은 바로 수용자의 의식 수준에만 머물지 않는다는 것에 있다. 다시 말해 스펙터클은 수용자를 정동한다. 여기서 스펙터클을 관조하는 위치에 존재하는 수용자는 언제나 수동적일 수밖에 없다. 정동됨에 따라 수용자는 특정한 몸과 정신의 변용을 경험하게 되고, 그것에 포획된 상태로서 세계 내에 현현하게 되는 것이다.

평양이라는 스펙터클은 그것의 수용자인 북조선 인민의 몸과 정신에 변화를 만들어내게 된다. 한국전쟁으로 폐허가 된 평양이 빠른 속도로 재건되는 과정은 하나의 스펙터클로 북조선 인민들에게 전달된다. 전쟁으로 인한 좌절과 절망의 정동이 평양 재건이라는 스펙터클을 통해서 희망과 열망으로 전환되는 것이다. 평양 재건의 과정은 스피노자 식으로는 몸의 역능이 감소되는 상태에 있던, 즉 슬픔의 정동에 빠져 있던 인민들에게 그 반대의 힘으로의 전환을 예감하게 한다. 그렇다면 1950년대의 평양의 재건과정을 묘사하고 있는『평양신문』기사의 일부분을 살펴보자.

씽씽 바람을 일쿠며 나래치는 천리마 천리마, 천군만마의 천리마가 약동한다. 김일성광장, 모택동광장 — 승리자의 광장은 명절마다 5색기 나붓기고 환희의 거리는 뻗어나간다. 대통로 좌우측에 5~6층 건물이 즐비하게 들어차니 폭 40여 메터의 쓰딸린거리도 이제는 배좁아졌다. 보통벌에 불쑥불쑥 솟아오르는 산악 같은 아빠트들은 새로

포장된 봉화거리도 좁게 한다. 진펄과 잡초가 무성하던 보통벌, 어제 날의 원한의 벌, 눈물의 벌은 오늘 행복의 구역으로 변했다. 어찌 보통벌뿐이랴! 오물 더미에 싸였던 '빼덕 거리', 토성랑 '거랑촌'에 사회주의 새 거리가 생기고 토굴집 거주자들이 다층 아빠트의 주인으로 되였다. 인민군거리, 쓰딸린거리, 모택동거리, 청년거리, 칠성문거리 주변을 궁궐 같은 다층 주택으로 메우고 주택 지구는 도심 밖으로 뻗어나간다. 장산 지구, 미산 지구, 사동 지구, 동평양 지구 (…) 지도에 없는 새 거리가 뻗어나간다. 흥부는 제비가 준 박씨로 환상의 기와집을 얻었지만 오늘 우리는 현관과 로대와 목욕탕을 갖춘 현대적 시설 — 그것도 5~6층이 아니라 승강기가 달린 10층 탑형 문화주택을 제 손으로 척척 조립한다. 새로 건설된 187만여 평방메터의 다층 주택 — 이것은 5개년계획 기간에 당이 평양시 근로자들에게 준 거대한 선물이다.[60]

평양에 새로운 건물과 광장이 들어서는 과정을 상세하게 묘사하고 있는 이 글은 전쟁으로 폐허가 된 평양이라는 공간에 현대적 건물이 들어서고, 새롭게 조성된 광장을 중심으로 넓은 길이 들어차게 되었다고 설명한다. 평양은 새로운 기운이 가득한 곳이며, 엄청난 속도로 진행된 평양 재건과 새 모습은 실로 "기적"적인 것으로 묘사된다. 고층의 건물들이 들어선 모습이나, 도로가 깔리고 그 중심에 조성된 커다란 도심 광장 등은 평양 재건이라는 것의 스펙터클이 된다. "불쑥불쑥 솟아오르는" 등의 표현이 지시하는 것처럼 폐허가 된 곳에 건물이 들어차는 것은 커다란 변화의 기운을 전달하기에 충분한 것이다. 식민과 전쟁을 경험하면서 사실상 폐허가 되어 있던 평양은 슬픔과 눈물의 공간이었지만, 이제 '행복의 구역'으로 재탄생한 것이다. "새로운 평양"과 대비되는 이미지는 전근대적인 공간이자 적들에 의해 파괴된 폐허인데, 이 공간은 원시적인 동시에 고통을 상징하는 곳이기도 하다. 하지만 새로운 공간 구획은 이 역사의 고통과 울분을 뒤로 하고 변화와 새 시대라는 열망을 추동한다.

사회주의 도시 건설의 신화와 그 흔적은 백남운의 기행문에서도 잘 드러난다. 1949년 김일성과 함께 소련을 방문한 백남운의 여행기 『쏘련인상』에서는 모스끄바 재건 현장을 돌아보고 감탄하는 김일성과 백남운을 확인할 수 있다. "드·느·체쑬린 씨의 말에 의하면 44세대가 들어 살 집이라는데 한세대가 침실 객실 식당 도서실 부엌방 가스 수도 등을 사용하게 되는 것이라 한다. 그만한 한세대를 단위로 한 44세대가 들어 살 만한 4층의 대건물을 68인이 12일간이면 준공하는 것이라 한다. (⋯) 건축의 속도가 그렇게 빠를 법도 하다. 왜 그러냐 하면 건축자재가 규격화하였고 노력勞力조직이 철저하게 분업화되었고 건축기술이 고도화한 까닭이다."[61] 소련의 규격화된 건설 방식은 김일성에게 커다란 감동을 준 것으로 보이고, 이후 전후 복구의 과정에서 조립식 주택을 빠른 속도로 건설하는 것의 근간이 된다.

1958년에 진행된 '평양속도전'은 종파투쟁을 기점으로 김일성 중심 체제를 더욱 확고하게 하는 기획이었다. 민족적 형식에 사회주의적 내용을 구현한다는 기치 아래 평양시 재건 사업을 진두

지휘한 김일성은 총 2만 1600세대의 살림집을 건설했다. 『평양신문』에 실린 기록에 따르면 1957년에는 한세대 주택 조립에 2시간이 걸렸는데, 1958년 '평양속도전'으로 인해 벽체 한개를 3분 만에, 그리고 주택 한세대를 14분 만에 조립했다는 것이다.[62] 사실 이것이 실제로 가능한 일인지에 대한 것보다 북조선체제가 평양이라는 도시가 인민의 노동과 희생을 통해서 만들어진 '사회주의 도시'라는 상징성과 일상을 넘어서는 신화적이고 기적적인 과정을 통해서 재건되었음을 적극 선전하고 있다는 사실을 주목해야 한다.

평양이라는 사회주의 수도의 상징을 완성하는 감각으로 '속도'가 강조된다는 점은 의미심장하다. 완성된 이미지로서의 평양이 아니라, 재건과정의 숭고함을 드러내는 장치로서 기적적인 속도를 강조하고 있기 때문이다. 또한 '속도'를 강조하는 이미지나 서술은 수용자에게 능동적인 감정, 새로운 것을 창조해내는 것과 같은 긍정적인 감각, 그리고 몸의 감각이 증대되는 경험을 불러일으키기에 충분하다. 이런 맥락에서 북조선사회가 정치경제적으로 어려움에 처할 때마다 평양 재건의 과정을 담은 기록영화가 꾸준히 만들어지기도 했으며 평양속도전을 배경으로 하는 소설 「평양시간」이 1976년에 발표되어 큰 반향을 일으키기도 했다.[63]

1950년대 평양에서 벌어진 천리마운동을 배경으로 한 최학수의 소설 「평양시간」에서는 "주체조선의 새로운 속도"로서 "평양시간"이 등장하는데, 소설은 수령과 당에 충성하는 북조선 사회주의 건설 현장에 투신하는 노동자들의 전형을 보여준다. 주인공

리상철은 제대군인으로서 급변한 평양으로 귀향하였는데, 이미 엄청난 변화를 맞이한 평양이 어색하면서도, "전등불"이 환하게 밝혀진 공간은 희망을 불러일으킨다.

(…) 전쟁 전보다 몇배나 넓고 시원한 대통로들이 죽 뻗었다. (…) 역사 앞의 단층집들 우로는 커다란 건물들이 산악같이 우뚝우뚝 일어서고 류환선거리 량쪽에는 소층 아빠트들이 빽빽이 들어앉았다. 거리는 불야성 (…) 광장 앞의 야시장에도, 길가에 올망졸망한 가게방과 시계방, 도장방, 자전거수리방, 국수집들의 간판 우에도, 층층 높은 건물의 창들에도 전등, 또 전등불이다.[64]

불야성으로 표현되는 전등불의 바다는 어둠의 과거와는 다른 미래를 의미한다. 커다란 길, 산을 연상시킬 정도로 높다란 빌딩과 다른 한편에 세워진 집단주택이 웅변하듯, 무엇보다도 어둠이라는 색감으로 표현되던 평양은 이제 곳곳에서 밝은 불빛이 가득한 전혀 다른 도시가 된 것이다. 희망으로 정동된 주인공 리상철은 김일성의 10월 전원회의 정신(조립식 방법으로 건설하는 것)을 듣고 크게 감복하여 평양 건설 현장에 자원하게 된다. 한편 상철의 매부인 문화린은 도시계획설계 실장인데, 그는 '속도전'이라는 김일성의 교시에 의문을 품는 인물로 그려진다. 하지만 이후에는 결국 자신의 잘못을 깨닫고, 천리마속도로 평양을 재건하는 일에 앞장서게 된다. 이 소설이 강조하는 것은 바로 '속도', 즉 사회주의 혁명 건설을 위해서는 현실에서 가능하지 않을 것처럼 빠른 속도로 혁명의 소임을 완수해야 한다는 점이다. 그리고 그 속도를 제안하고, 가능하게 한 것은 바로 김일성의 의지와 영도력이라는 것이다.

어떤 사람들은 말하기를 어떻게 남들보다 뒤떨어진 우리가 남들도 하지 못할 방대한 건설을 단꺼번에 빨리 할 수 있겠는가고 한다는데 우리는 그렇게 생각하지 않소. 우리는 남들보다 뒤떨어지구 남보다 못살았기 때문에 남들처럼 천천히 할 수 없소. 그렇게 해서는 언제 가나 남들보다 뒤떨어지오. 우리는 남들이 한걸음 걸을 때 열걸음 걷고 남들이 하루에 집 한채를 지을 때 열채 백채를 지어야 하오. 우리는 남의 기준을 가지고 살 수 없소. 남들이 열시간 하는 일을 우리는 한시간, 반시간에 해야 하오. 다른 나라 시간을 가지고 우리의 시간을 계산해서는 안 되오. 우리는 우리의 시간, 평양시간으로 살고 평양시간에 준해서 계산해야 하오!⁶⁵

소설 속에 등장하는 김일성은 건설 현장의 청년 조립공들 앞에서 이처럼 연설을 한다. 누구보다도 빠른 속도로 평양을 건설하려는 이유는 땅굴집에서 힘겨운 삶을 이어가는 인민들에게 버젓한 살림집을 주기 위함이다. 하루라도 열악한 환경에서 살지 않으려면, 건설 일꾼은 오늘도 더 열심히 조립식 건물을 지어야만 하는 것이다. 김일성의 연설을 들은 조립공들은 "[그들의] 가슴 속에서 끓어오르기 시작한 그 어떤 열정이 한결 밝아지고 한결 커진 듯한 그 눈들마다에서 불꽃으로 되어 튀여나"온다. 이들의 열정을 추동하는 것도, 기적과 같은 건설을 가능하게 하는 것도, 그리고 무엇보다도 땅굴집에 사는 인민을 구원하는 것도 모두 다 김일성이 된다.

사실 평양이 이토록 급격하게 재건될 수 있었던 것은 바로 인민들의 적극적인 참여 때문이다. 평양 건설에는 학생, 노동자, 여성 등이 적극 나섰다고 알려져 있다. 오직 조국 건설의 기치 아래 진행된 천리마운동의 기세를 몰아 인민 모두가 건설 현장에서 피땀을 흘렸다는 것이다. 이는 전후 복구 시기에 평양을 '혁명의 수도'로 재건하면서 사회주의 이상이 구현된 새로운 사회를 건설하려는 열망이 평양이라는 스펙터클을 통해 인민들에게 정동되었다는 뜻이다.

다층적 스펙터클과 체념의 정동

평양 재건의 스펙터클이 추동한 열망의 정동은 '혁명의 수도'로서의 평양을 가능하게 했다. 1980년대에 대부분의 기념비가 완공되었다는 것의 의미는 다른 한편으로는 평양이라는 스펙터클이 만들어내는 정동적 에너지와 힘의 소진을 뜻하기도 했다. 물론 이 시기에도 살림집 건설이나 지방도시 건설 사업이 끊임없이 진행되지만, '평양속도전'이 만들어낸 급격한 변화와 정동적 힘의 확산은 확인되지 않는다. 그만큼 평양이라는 공간의 성격이 어느정도 완성된 이후에는 급격한 건설사업이나 재건을 위한 인민동원 등이 제한적으로 이루어졌음을 의미하는 것이기도 하다. 하지만 최근 평양의 변화가 다시금 포착되곤 하는데, 특히 김정은 체제 이후 평양의 건설 붐이 곳곳에서 일어나고 있기 때문이다. 마치 김일성이 자신의 정치적 지위를 김정일에게 넘겨줄 때 김정일의 영도력을 도시 건설을 통해서 선전했던 것처럼, 김정은 또한 평양 건설을 통해서 자신의 능력을 증명하고자 했다는 해석 또한 가능하다. 그렇다면 다시 시작된 평양 건설이라는 스펙터클은 과거 평양을 재건한 것과 차이가 있을까? 드보르가 규정한 "집약된 스펙터클"이 "분산된 스펙터클"로 전환되고 있는 것일까? 상업시설이나 관광시설, 현대화된 고층 건물을 건설한 김정은의 시도가 정치적 상징물로 채워질 수 없는 인민들의 소비 욕구와 관련되어 있을까? 만약 평양 스펙터클의 변화가 있다면 이는 북조선사회를 장악한 독재와 권위주의 관료제의 틈새를 증언하는 것일까?

김정은 위원장이 권력을 잡은 이후에 가장 공을 들인 것은 평양에 고층 건물을 세우고, 아파트가 들어선 새로운 거리를 만드는 것이다. 그중에서도 가장 괄목할 만한 것은 2015년에 완공된 것으로 알려진 미래과학자거리와 2016년에 완성된 려명거리이다. 미래과학자거리는 대대적인 준공식이 거행됐을 뿐만 아니라 이 거리에는 창광상점이라는 종합백화점이 들어선 것으로 알려져 있다. 김책공대에서 일하는 교수와 과학자에게 고층 건물로 이루어진 살림집이 배정되었기에 과학과 교육을 중시하는 북조선체제의 노선을 보여주는 것이라고 평가되기도 한다. 국가 중점

2016년에 완공된 려명거리 전경이다. 높은 집합주택과 편의시설이 들어찬 이 거리에
는 과학자와 교육자가 주로 거주하고 있다고 알려져 있다.

사업에 종사하는 과학자와 교육자에게 인센티브를 주기 위해 새로운 거리가 조성된 것이라면 고층 건물의 살림집, 거대한 도로, 주변에 들어선 상점이 그만큼 부와 권력의 상징이 되고 있음을 보여주는 것이다. 게다가 원래 창광거리에 위치해 있던 창광상점도 김정은 위원장의 지시에 따라 이곳으로 옮겨진 것으로 알려져 있는데, 이는 일종의 백화점으로 다양한 공산품과 식자재 등을 판매하는 메가스토어이다. 필요한 상품을 언제든지 소비할 수 있는 상점이 들어섰다는 것은 기존 북조선의 배급제와는 상충되는 것이면서 동시에 상품 소비의 욕구가 보장되고 있음을 보여주는 것이기도 하다.

뒤이어 완공된 려명거리는 "만리마시대의 자랑찬 창조물"이라고 정의되는 공간이다. 북조선의 연이은 핵실험과 미사일 발사 등으로 인해 국제 제재가 한창인 상황에서 북조선체제는 미래과학자거리에 버금가는 규모의 려명거리가 완성되었다고 선전한다. 려명거리의 규모는 전대미문의 것으로 강조되는 경향이 있는데, 특히 거리의 면적이 앞서 건축된 미래과학자거리의 두배에 이르고 거리에 들어선 최고층 건물이 무려 70층에 육박하는 것으로 알려져 있다. 려명거리는 90여정보의 부지에 4800세대가 넘는 44동의 초고층, 고층, 다층 살림집과 약 40여개 동의 기타 근린시설이 배치되어 있다. 특히 려명거리가 상징적인 것은 세계 어느 도시에서도 찾아보기 힘들 정도의 초고층 건물이 밀집되어 있고 이곳에 거주하는 과학자, 교육자 들의 높아진 소비 수준에 걸맞은 상점과 교육시설 등이 입주해 있기 때문이다. 이 때문에 이 지역을 두고 외국 주재원들은 "평해튼^{평양과 맨해튼의 합성어}"이라는 표현을 써가며, 평양의 성격이 자본주의 도시와 점차 비슷해지고 있다고 표현하기도 한다.

하지만 이렇게 높은 건물을 건설한 것은 자본주의 도시의 효율성이나 대지비용, 용적률 등의 셈법과는 그다지 관련이 없어 보인다. 려명거리는 에너지 절약을 위한 친환경 공법이 활용된 건축물로서 인간 친화적인 과학기술의 성과이면서 사회주의 혁명의 결과물이라고 강조된다. 자본의 이익을 최우선으로 하는 자본주의 세계의 고층 건물과는 차원이 다른 방식의 접근을 하고 있다고 선전하는 것이다. 또한 새롭게 들어선 두 거리의 건물 높이와 규모는 북조선체제가 대북제재로 더욱 압박을 가하고 있는 국제사회에 보내는 일종의 메시지의 성격이 강하다. 예컨대 려명거리의 의미를 소개하는 『려명거리, 비약하는 조선의 기상』이라는 팸플릿에서는 북조선이 "적들의 제재 책동"을 결연히 이겨내고 완성했다는 것이 려명거리의 가치이며, 려명거리가 "사회주의 문명이 응축된 로동당시대의 자랑스러운 대기념비, 최후 승리의 려명을 부르며 질풍쳐 내달리는 위대한 김정은 조선의 대비약을 상징하는 세상에 둘도 없는 기념비적 창조물"이라고 설명한다.[66] 또한 김정은 위원장은 "려명거리 건설은 단순히 하나의 거리를 일떠세우는 공사가 아니라 우리의 앞길을 한사코 가로막아보려는 적들과의 치렬한 대결전이고 사회주의 조국의 존엄사수전, 사회주의수호전입니다"라고 말했다고 전해지는데, 이는 려명거리가 분명한 정치적 목적하에 건설되었음을 의미하는 것이기도 하다.

려명거리는 수많은 노동자와 군인이 동원되어 완성되었다. 만리마속도를 강조하며 공사기간을 단축함으로써 지도자의 영험한 능력을 주민들에게 전달하려는 기획이다.

여기서 흥미로운 점은 려명거리의 건설 과정이 과거 1950년대의 평양 재건과 상당히 닮아 있다는 사실이다. 특히 제재 국면을 돌파하여 빠른 속도로 려명거리를 완공했다고 주장하는 것이 그러하다. "려명거리를 만리마의 고향으로!"라는 슬로건을 통해, 건설 과정에 대하여 과거 '평양속도'에서 확인된 바 있는 '기적과 같은 속도'를 강조한다. 예컨대 창의적이고 혁신적인 공법을 활용하여 골조 시공 시간을 공사 초기의 36시간으로부터 24시간으로, 또다시 12시간으로 단축하였다는 것이나, 축구경기장을 몇개 합친 것보다 더 넓은 4만 3000제곱미터 면적의 외벽타일 붙이기를 단 13일 만에 끝냈다는 선전이 이를 방증한다. '평양속도'로 상징되는 '천리마'보다 더 빠른 '만리마' 속도는 다음과 같이 묘사된다.

건설장 주변에서 사는 주민들은 아침 출근길에 1층까지 오른 골조를 보았다면 저녁 퇴근길에는 2층 계선을 넘어선 골조를 보며 눈을 비비였다. 어떤 날에는 두개 층이 단번에 솟구쳐 오른 사실에 깜짝 놀라 몇번이고 다시 바라본 사람들도 있었다. 그렇게 한나절이 지나고 하루가 바뀌고 며칠이 흐르며 불과 몇달 사이에 자기 자태를 완연히 드러낸 다층, 고층, 초고층 살림집 골조들이 붉은 줄마냥 키돋움하며 솟구쳐 오르는 려명거리 건설장에서는 굳이 경쟁도표를 찾을 필요가 없었다. 10년을 1년으로 앞당기고 어제와 오늘이 다르게 강산을 변모시킨 기적의 속도가 오늘은 또 아침과 저녁이 아니라 분초가 다르게 전변되는 신화적인 속도로 더욱더 빨라졌으며 려명거리 건설의 전과정은

만리마운동에 적극적인 참여를 독려하는 선전화이다.

그것을 빛나는 현실로 증명한 만리마속도창조실록이였다.[67]

속도전에 참여한 노동자, 학생, 인민 대중은 려명거리 건설을 위해서 밤낮으로 일을 해야 했다. 이토록 거대한 규모의 건설사 업을 1년도 안 되는 시간 동안 완료한다는 것은 가능하지 않은 일일 수도 있지만, '가능하지 않은 일'이기에 더욱더 완공을 해야만 하는 것이 바로 평양 건설 스펙터클의 핵심이 된다. 기적과 같은 속도와 상상을 뛰어넘는 규모만이 인민들의 눈과 귀를 매혹하고 희망과 열망의 정동을 만들어낼 수 있기 때문이다. 그만큼 일상성을 뛰어넘는 범상치 않음이야말로 지도자로 수렴되는 "집약적 스펙터클"의 핵심적 요소가 된다.

예를 들어 미래과학자거리 준공식을 보여준 조선중앙텔레비전의「록화실황 주체건축의 본보기, 로동당시대의 선경으로 훌륭히 일떠선 미래과학자거리 준공식 진행」보도에서는 박봉주 내각 총리의 준공사와 준공식에 참석한 몇몇 노동자와 군인의 인터뷰 등을 소개한다. 보도에서는 미래과학자거리를 처음으로 구상한 것도, 건설 현장을 여러차례 방문하여 현지지도를 한 것도 모두 김정은 위원장의 영도력에 의한 것이라고 강조하면서, "당이 한다면 반드시 해내고야 만다"는 정신이 그대로 투영된 것이 미래과학자거리 건설 과정이었다고 평가하기도 한다. 카메라는 건설에 참여했던 군인과 노동자, 그리고 미래과학자거리에 주거하게 될 과학자와 교육자 들이 거리를 빼곡하게 메우고 있는 것을 보여주며 준공식의 분위기를 생생하게 전달하면서, 보도 내내 미래과학자거리의 장엄한 규모를 느낄 수 있도록 광학렌즈와 드론을 이용한 항공촬영 기법 등을 적극적으로 활용한다.[68]

비슷하게 려명거리 건설 과정을 담은 기록영화 「누리를 밝히는 승리의 려명, 려명거리 건설에 깃든 위대한 령도」에서는 2016년 3월 17일 김정은 위원장의 결심에 의해서 시작된 려명거리의 건설 과정을 시간 순서대로 배열한다.[69] 엄청난 규모의 건설을 9개월이라는 '가능하지 않은 기간'에 이루어냈음을 강조하고, 보통 다른 나라에서는 이 정도 규모의 건설을 수년에 걸쳐서 하고 있지만 오직 북조선에서만은 짧은 기간에 이러한 성과를 만들어낼 수 있다고 자부한다. 속도와 규모를 돋보이도록 하기 위해 다양한 영상적 기법을 사용하고, 건설 과정에 참가한 군인과 건설노동자, 돌격대 들의 노동 현장 또한 여러 장면을 통해서 보여준다. 또한 감정을 자극하는 배경음악과 격동적인 내레이션을 적극 활용하며 려명거리의 화려한 야경을 여러 각도에서 비춰준다.

눈부시게 황홀한 사회주의 별천지, 인민의 꿈과 행복이 꽃피는 만복의 별세상. 역사의 돌풍 속에서도 광휘로운 미래를 앞당겨나가는 사회주의 조선의 숨결이 맥동치고, 인민의 지상락원을 우리의 손으로 우리의 식대로 보란 듯이 건설해나가는 천만 군민의 불굴의 기개가 빗겨 있는 려명거리는 조국의 존엄과 국력이 최상의 경지에서 떨쳐지는 영광스러운 시대, 위대한 김정은 시대의 대기념비입니다.

격정적인 내레이션은 려명거리의 풍광과 어우러져서 장엄한 규모와 현대적 도시 공간의 모습을 더욱 드라마틱하게 보여준다. 이렇듯 려명거리의 건설이 만들어내는 스펙터클은 김정은 위원장을 정점에 두고 작동한다. 결국 려명거리의 규모와 건설의 성과는 김정은 위원장의 영도력으로 수렴되기 때문이다. 그가 "몸소 설계가, 시공주, 건설주가 되시여 려명거리를 인민의 리상거리, 현대건축거리의 본보기, 표준으로 일떠세우시기 위해 크나큰 심혈과 로고를 바"쳤다는 것이다.[70] 지도자의 배려로 이곳에 사람들이 살 수 있게 되었으며, 과학적으로 발전된 기술이 접목된 현대화된 건물은 하나의 표본이 되어 북조선의 중소 도시 곳곳으로 전파될 것이라고 강조된다.

그러나 북조선체제의 과학기술 중시 정책에 따라 교육자, 과학자 등을 위한 주거시설로 만들어진 려명거리의 고층 건물은 대다수 인민들의 미래에 대한 열망이나 희망을 추동하는 데는 한계가 있다. 특정 계층을 위한 현대식 건물은 결국 인민 사이의 서열과 위계를 의미하기도 하고, 소비적 욕망을 강화하는 기제로도 작동된다. 물론 '만리마속도'를 역설하면서 건설 과정의 역동성을 강조하고 있지만, 전후 시기에 추동된 인민의 열망과 정동과는 그 궤를 달리할 수밖에 없다. 수백명의 사람들이 건설 현장에서 노동하는 스펙터클은 그들의 미래를 만들어가는 긍정적인 기운보다는 국가 정책을 실행하기 위해 동원되어 엄청난 강도의 노동을 감내할 수밖에 없는 노동자들의 고통과 절망 그리고 체념의 정동을 확산할 가능성마저 있다. 장엄한 경관이나 선진화된 디자인으로 건설된 건물이 여전히 경제적인 어려움 속에서 살고 있는 대

다수의 북조선 노동자들에게는 이질적이고 고압적인 공간으로
감각될 가능성조차 있다. 미래과학자거리와 려명거리로 대표되
는 평양 건설의 성과들은 그 규모의 거대함과 속도라는 측면에서
분명 엄청난 스펙터클로 작동하고 있지만, 북조선 인민 대부분에
게는 마치 초현실적인 이질 공간에 머무를 수 있다는 뜻이다.

　희망과 열망을 추동하기에는 평양이라는 곳이 북조선 인민들
의 일상과 너무나 유리되어 있기도 하고, 사회주의 건설이라는
이상이 좌절되는 경험을 거듭해온 이들에게는 아무리 높은 건물
이 지어져도 과거와 같은 미래에 대한 희망과 열망의 정동됨은
어려워 보인다. 북조선체제가 의도적으로 확산시키고 있는 땀 흘
려 일하는 노동자들의 모습은 오히려 인민들 사이에 절망과 체
념을 정동했을지도 모를 일이다. 여기서 다시 스피노자의 통찰을
되새기게 된다. 힘을 갖고 있는 자는 반드시 사람들을 슬픈 수동
의 정념에 머물게 해야 한다는 분석 말이다. 다시 말해 권력을 가
진 자(스피노자는 사제와 폭군을 들었다)가 힘을 실행하기 위해
서는 그의 백성들이 수동적 위치에 머물러야만 하며, 동시에 기
쁨보다는 슬픔의 정동, 즉 행동의 감소를 뜻하는 모든 감정, 정념,
감각에 빠져 있어야 한다는 것이다.[71] 사회주의 건설이라는 시대
적 요구의 빛이 바랜 지금, 김정은 위원장이 자신의 체제를 유지
하고 절대적 권력을 향유하기 위해서는 미래에 대한 희망을 갖는
적극적인 인민이 아닌 실망과 무력감, 즉 슬픔과 체념에 빠져 있
는 수동적 존재로서의 인민이 필요할지도 모른다.

스펙터클 너머는 가능할까?

평양 건설의 스펙터클은 북조선 인민들에게 때로는 미래에 대한 희망찬 열망을 추동하기도 하고, 최근에는 반대로 힘의 감소를 뜻하는 절망과 체념을 정동하기도 한다. 북조선체제는 평양 도시 건설의 속도와 과정을 강조하면서 지도자 중심의 스펙터클을 활용하여, 지도자에게 순응하고 충성하는 행동양식과 의식체계를 구성하려 했다. 이러한 스펙터클의 작동은 김정은 위원장 시대에도 계속되면서도, 그 내용은 소비적 욕망이나 중산층 생활양식 등으로 변화하였다. 상점과 백화점, 특정 계층을 위한 현대화된 아파트, 다양한 오락시설 등이 스펙터클로 인민들에게 전달되는 것이다. 그럼에도 이러한 스펙터클은 김정은 위원장의 치적과 영도력의 결과물로 재현되고 있다는 측면에서 과거와 유사하기도 하다. 지도자를 정점으로 하는 평양 스펙터클이 조금씩 다층화되었지만, 그 변화가 스펙터클의 전면적 해체를 의미하지는 않는다. 무엇보다도 그것이 지도자의 권위에 수렴되는 집약적 스펙터클이건 아니면 소비적 욕망을 정동하는 분산적 스펙터클이건 그것의 본질은 행위 주체의 의식과 행동이 제한된다는 것에 있다. 북조선의 다층적 평양 스펙터클이 '하는 일'은 결국 인민들을 수동적 정념에 머무르게 하는 것이다.

이제 궁극적인 질문을 해보자. 북조선 인민은 과연 정동하는 존재가 될 수 있을 것인가, 즉 '정동되는' 것이 아니라 '정동하기'에 나설 수 있을 것인가? 다른 말로 하면 켜켜이 쌓여 있는 스펙터클의 장막 밖으로 북조선 인민이 걸어 나올 수 있을 것인가 하는 근원적인 질문을 던져보는 것이다. 다시 드보르의 정치적 시도로 돌아가보면, 상황주의자였던 드보르는 일상의 모든 것을 파괴할 것을 주문한다. 언어와 이데올로기, 그 스펙터클의 세계에서 벗어나기 위해서는 기존의 것을 차용하되 다른 의미망을 만들어낼 것을 주문하는 것이다. 기성 제도의 모든 것을 해체하면서도, 그것의 의미체계 자체를 바꿔내라는 것이다.

안타깝게도 드보르의 이 실험은 완결되지 못했다. 하지만 그의 문제의식은 북조선사회의 변화의 동력으로 시장이나 자본주의를 무조건적으로 가정하는 것의 위험성을 인식하게 한다. 북조선의 인민들이 독재자라는 스펙터클을 벗어나더라도 그것보다 더 촘촘한 스펙터클이 그들의 의식과 감정, 그리고 행동을 규율할 것이기 때문이다. 그만큼 현실의 모순을 해체하고 생산양식의 전복을 통해 진정한 자유를 획득하는 것은 스펙터클이 장악한 현 세계에서 그리 쉬운 일이 아니다. 독재자를 대치하는 것이 자본이라면 더더욱 그러할 것이다. 이는 독재체제도, 그렇다고 자본도 아닌 북조선 인민이 주도하여 전혀 다른 변화를 만들어내는 것이 얼마나 어려운 일인지를 예견하게 해준다. 그만큼 스펙터클 너머를 지향하는 것, 정동되기가 아닌 정동하기에 나서는 것은 사회의 근본적 개혁을 의미하는 것이며 이미지에 포획된 인간의 해방을 상상하는 것이다.

우리 안의 타자, 북조선 출신자

난민, 장소를 잃어버린 자

북조선 출신자, '인민'에서 '국민'으로

북조선 출신자는 한국사회에서 분단이라는 첨예한 정치적 상황을 육화한 존재이다. 분단선 너머의 '인민'이었다가 머나먼 길을 거쳐 '국민'이 되었기 때문이다. 이들의 법적 지위부터 사회적 위치, 문화적 이해까지 분단과 연관되지 않은 것이 없을 지경이다. 물론 그것만은 아니다. 이들의 불안정한 지위는 이주의 세계화가 초래한 원주민과 이주민의 권력적 서열의 문제, 세계체제라는 자본주의의 노동을 둘러싼 경쟁과 갈등, 그리고 난민과 국민이라는 근대 국가의 이분법적 작동이 깊게 연관되어 있다. 거기에 이들은 분단이 생산한 이데올로기가 투과된 존재이기도 하다. 북조선 출신자는 한국에서 금기의 영역인 북조선을 고향으로 하고 있다는 이유로 '적'이면서 '민족'이라는 이중적 시선에서 자유로울 수 없는 존재이다.

북조선 출신자에 대한 오해 중의 하나는 이들의 규모가 대단하며 더 커지리라는 한국사회의 평가이다. 북조선 출신자는 정착을 전담하는 남북하나재단이라는 정부 산하 기관까지 만들어질 정도로 중요한 존재로 해석되어왔다. 북조선 붕괴론이 한창 회자되던 시기에는 늘어나는 북조선 출신자를 수용하기 위한 제2 하나원이 화천에 건립되기까지 했다. 하지만 이들의 규모는 크게 늘지 않았다. 사실 북조선체제의 불안정성과 식량난 등을 감안해봤을 때 북조선 출신자의 숫자는 역설적으로 적은 수준이다. '고난의 행군' 시기에 먹을 것을 찾아서 국경을 넘은 북조선 사람들의 수가 수십만에서 백만에 이를 것이라고 가정한다면, 한국사회로 온 이들의 수는 상대적으로 너무 적다는 뜻이다.

물론 많은 사람들이 주장하는 것처럼 북조선과 중국 정부의 통제와 처벌이 가장 큰 이유일 것이다. 그러나 이는 다른 한편으로 더 많은 이들이 한국행을 선택하기보다는 중국에서 불법적인 신분으로 살아가거나, 고향으로 돌아갔다는 것을 의미하기도 한다. 또한 분단의 선을 넘는다는 것은 단순히 국경을 넘는 것과는 차원이 다른 어려움과 고통을 수반한다는 뜻이기도 하다. 하지만 조금 시각을 달리해보면 이는 북조선체제가 여전히 어느 수준의 내구성과 충격으로부터 회복력을 지니고 있음을 보여주는 지표이기도 하다. 최근에는 상당수 북조선 인민들이 한국으로 이주하기보다는 이미 한국으로 이주한 가족으로부터 안정적인 송금을 받아 그곳에 남으려 한다는 사실도 조심스런 해석이 요구되는 지점이기도 하다.

　북조선 출신자의 한국에서의 삶은 녹록하지 않다. 문화 차이로 인한 갈등은 쉽사리 해결될 것 같지 않다. 이들과 원주민 사이의 경제적 격차 또한 여전하다. 이들을 이념적으로 '이용'하려는 사람들이 넘쳐난다. 이들은 북조선에 대해서 끊임없이 입장을 밝혀야 하며, 자신들의 정치적 위치를 드러내라는 유무형의 압박에 시달린다. 무엇보다도 한국 출신자와 구별되는 사회문화적 위치로 인한 이들의 패배감, 열등감, 그리고 상대적 박탈감은 상상보다 심각하다. 독일 통일의 과정에서 배제되어 이등시민으로 전락한 동독 출신 주민의 마음속 상처가 현재 독일의 사회 갈등의 근원이 되고 있다는 분석은 한국사회가 북조선 출신자에 대한 태도를 다시금 반성해야 하는 이유다.[1]

'난민'이 '인간'이 되려면

　난민難民의 사전적 의미는 곤경에 빠진 백성이다. 난難은 근심, 재앙, 병란, 난리 등을 가리키는 것이고, 민民은 인민 혹은 백성을 뜻하면서도 동시에 조상 대대로 특정 장소에서 살아온 이가 자신을 가리키는 대명사이기도 하다. 난민이라는 용어는 정치, 사회, 경제, 환경적인 재앙으로 자신의 고향이나 고국을 떠난 이들을 칭하는 것으로 통용되는데, 그 맥락은 사람들이 뿌리내린 장소를 박탈당할 정도의 재앙적 상황을 의미하면서도 동시에 사람들에게는 자신들의 장소를 떠날 수밖에 없는 상황이 '난難', 그 자체라는 뜻도 포함되어 있다. 비슷하게 영어에서 난민을 뜻하는 'refugee'는 불어로 피난처를 뜻하는 'refuge'에 기원을 두는데 위험이나 고통이 없는 '은신처, 대피소'를 의미하다가, 20세기 세계대전을 겪으면서 고향에서 탈출하여 안전한 장소를 찾는 이들을 일컫는 용어로 변형되어 사용되었다. 비슷한 뜻으로 쓰이는 개념이 'displaced' 혹은 'uprooted'인 것에 미루어보아 난민은 고향이라는 장소를 박탈당한 자 혹은 자신이 뿌리내린 곳에서 추방된 자를 일컫는 것이다. 그만큼 난민이라는 개념은 장소와 깊은 연관이 있다.

여기서의 장소는 단순히 물리적 공간 혹은 국적과 같은 정치적 지위를 의미하는 것이 아니다. 장소는 시간이 축적된 사회적 관계가 켜켜이 쌓여 있는 상징적 공간이면서 동시에 개인만의 의미로 구성된 물리적 실체이기도 하다. 자신만의 장소를 박탈당한 이들은 단순히 고향 혹은 '집'을 잃어버린 데 머무는 것이 아니라 자신들만의 개인적 삶, 사회적 관계, 의미체계, 역사, 그리고 미래의 가능성까지 송두리째 잃어버리게 된다. 장소를 박탈당한 난민은 자아의 근간을 잃어버린 자이다. 장소 박탈의 경험은 난민의 정체성에 큰 파열을 만들어내고, 그들이 이전의 자아로 돌아가는 것을 어렵게 한다. 이런 연유에서 설령 난민이 정착할 수 있는 또다른 물리적 공간을 찾는다고 하더라도, 그들을 '주체'이게 하는 장소를 복원하거나, 그들의 파괴된 정체성을 회복하기란 쉽지 않다.

그러나 난민에 관한 대부분의 논의는 난민이 잃어버린 장소의 시간성이나 문화적 맥락을 충분히 고려하지 않은 채 이들을 국적이나 근대 국민국가의 틀로 협소하게 해석하는 경향이 존재한다. 이런 접근에서 난민과 국민은 대척점에 놓이게 되고, 난민의 문제는 궁극적으로 이들이 '국민'이 되면 말끔히 해결되는 것으로 단순화되기까지 한다. 이는 설혹 난민이 법적으로 국민의 지위를 회복하더라도 계속적으로 경험하게 되는 수많은 사회적·문화적 혼란을 지워낼 뿐만 아니라, 난민이 박탈당한 장소가 마치 다시 구성될 수 있을 것이라는 순진한 믿음을 추동하기도 한다.

이런 맥락에서 난민을 정착 사회에서 구성원으로 받아들여야 한다는 식의 논의나 주장은 공허하다. 게다가 그들의 장소를 박탈한 난難을 해결해서 이들이 고향으로 돌아가게 하면 된다는 식의 해결책 또한 가능할 수 없다. 이들을 추방했던 그 상황이 쉽게 해결될 수 없다는 현실적인 문제제기 때문만은 아니다. 설혹 물리적인 공간으로서의 고향으로 귀향한다고 하더라도, 한번 추방되어 난민적 경험을 한 자는 더이상 그곳을 '집'으로 감각하지 못할 가능성이 높기 때문이다.[2] 고통스런 기억과 경험이 몸에 켜켜이 쌓여 있는 존재가 회복되기란 이렇듯 쉬운 일이 아니다.

난민은 예외적인 문제가 아닌 근대 사회의 보편적인 현상이다. 국가 경계 밖에 존재하는 난민은 그 외부에서 국민국가와 국민이라는 틀을 규정하고 유지하는 역할을 수행해왔다. 다시 말해 근대 국민국가가 등장하면서 난민은 계속적으로 생산되어왔다. 난민과 길항관계에 있는 '국민國民'은 시민권을 지니며, 인권과 같은 보편적 권리를 보장받는 반면 난민은 시민권뿐만 아니라 인권 또한 보장받지 못하는 존재이다. 일찍이 아렌트Hannah Arendt가 주장한 것처럼 보편적 권리로서의 인권은 사실 국민국가와 시민권을 벗어나서는 존재할 수 없는 허구이다.[3]「세계인권선언」에서 명시한 인간의 권리는 국민국가의 틀로 구성되어 있기 때문에, 국가 밖으로 추방된 존재들은 '인간'으로 존재할 수 없다.

그렇다면 난민이 다시금 '인간'이 되기 위한 조건은 무엇일까. 더 나아가 과연 인권선언에서 주장한 자유, 존엄, 평등 등의 가치가 난민과 대척점에 있는 국민에게는 충분히 보장되고 있는 것일까. 인권선언에서 명시한 인간으로서의 권리가 과연 인간을 '인간'이 되게 하는 기본적 조건일까. 무엇이 인간을 '인간'으로 만드는지에 대한 철학적 논의는 다층적으로 진행되었지만, 그 근간은 인간은 '개인個人'으로 존재하는 것이 아니라 타자와의 관계를 통해 구성된다는 합의점이다. 다시 말해 인권의 근간인 자유, 존엄, 평등 등의 가치는 국가가 보장해주는 조건이 아니라 타자 앞에서의 주체의 권리이고, 주체가 타자를 향해 반드시 견지해야만 하는 자세이기도 하다.

이런 맥락에서 난민은 국가 경계 밖에 특정 집단으로만 존재하는 것이 아니라, 타자 앞에서 '주체'로 존재하지 못하는 수많은 이들을 포함한다. 더 나아가 어느 집단에 속하건, 그것이 국민이건 혹은 비국민이건, 누구든지 난민으로 전락할 가능성은 존재한다. 세계 곳곳에서 난민 문제가 불거지면서 등장한 '우리는 모두 난민이다'라는 전복적인 슬로건은 국가 경계 안의 국민이 그 밖

에 존재하는 '난민'을 도와야 한다는 시혜적인 선언에 머무는 것
을 넘어서 국민 또한 자신들의 장소를 박탈당하는 난민적 상황에
언제든 놓일 수 있다는 의미로 다시금 읽혀야 할 것이다. 더 나아
가 이 슬로건은 난민의 대척점에 존재하는 시민 혹은 국민과 같
은 집단은 신화로서 그 허울만 남아 있음을 고발하는 메시지로
재해석되어야 한다. 경계 밖의 난민은 우리로 하여금 국가중심적
인 사고를 재고하게 하고, 국민의 경계 밖의 새로운 인간과 정치
공동체를 상상하게 한다. 아감벤^{Giorgio Agamben}의 언어를 빌려오면
난민은 신화적 집단이 아니라 실제로 존재하는 진정한 주체이며,
"오늘날 생각할 수 있는 유일한 인민의 형상"이다.[4] 이제까지 주
체로 명명되었지만, 결코 실체가 없었던 인민, 시민, 인간 등의 개
념에서 벗어나 국가, 법, 권리 등의 밖에 존재하는 것을 전복적으
로 사유함으로써 "오히려 개인의 피난처"를 생산해낼 수 있을 것
이다.[5]

인권보다 국가, 그 위의 분단

어떻게 호명할 것인가

국민국가 내부에서 장소를 잃은 채 부유하는 난민들은 셀 수 없이 많다. 신자유주의의 폭압으로 자본에 의해 '난민'이 되어버린 선한 시민들, 유무형의 제도와 규범으로 존재하는 가부장제가 배제하는 조금은 '다른' 사람들, 국가주의와 민족이라는 이름의 폭력 앞에 자신들의 위치를 잃어버린 이들까지, 자의 혹은 타의에 의해서 자신의 자리를 빼앗긴 이들은 곳곳에 존재한다. 이들 중에서도 북조선 출신자는 가장 '한국적인 난민'이다. 아렌트가 난민을 주목하고, 난민이 보편적인 현상이라고 주장한 이유는 바로 그들이 근대국가 체제의 '정치적인 것'의 한계와 가능성을 내포하고 있기 때문이다. 북조선 출신자라는 존재는 '지금 여기'에서 남과 북이라는 근대국가와 분단체제의 정치적인 것의 작동을 확인시켜준다는 측면에서 유의미한 사례임에 분명하다.[6] 북조선 출신자를 문제시하는 것은 한반도의 맥락에서 '국가' 그리고 '국민'의 문제를 사유하게 할 뿐만 아니라, 국가 경계 내에서 '인간'으로서의 권리가 얼마나 제한적으로 작동하는지, 그리고 인권보다 우선시되는 것이 무엇인지를 확인하게 해줄 것이다.

헌법 3조에 따르면 대한민국의 영토는 한반도와 그 부속도서이다. 이는 대한민국이 한반도의 유일한 합법정부임을 선언하는 것이며, 동시에 국가의 영토가 한반도의 북쪽 지역까지 포함하고 있음을 명확히 하는 것이다. 이 헌법 규정에 따라 북조선 인민은 북조선 정권에 의해 불법적으로 억류되었던 대한민국의 국민이다. 북조선 출신자가 한국사회에 도착하자마자 제공받는 법적 지위의 근간은 이들이 대한민국의 국민이라는 대전제이다. 하지만 이들은 한국사회의 구성원들과 구별되는 또다른 이름으로 불린다. 탈북자脫北者. 이것이 한국사회에서 이들의 정체성과 존재를 규정짓는 이름이다. 이들이 한국 국적을 얻을 수 있었던 것은 북조선을 '탈출'하였기 때문이고, 남한행을 선택함으로써 주적인 북조선에 '해害'를 입혔기 때문이다.

이들을 호명하는 이름은 한국사회가 각 시대에 따라 분단을 어떤 방식으로 문제시하고 있는지를 드러낸다. 역사를 관통하며 사용되는 이름이 '탈북자'라면, 과거 권위주의 시기에는 '귀순용사', 대규모 탈북이 본격화된 1990년대 초반에는 '탈북동포', 민주화와 신자유주의 경제 개편이 일어난 2000년대 이후에는 '새터민' '북한이탈주민' '탈북 이주민' 등과 같은 이름이 활용되기도 했다. 군사적 대립이 첨예하던 시기에는 적군으로서 항복했다는 뜻을 지닌 '귀순'이 사용됐다면, 북조선의 경제난이 심각했던 시기에는 '민족'이라는 담론이 강하게 작동했다. 하지만 2000년대 들어서는 경제이주자라는 의미가 점차 강하게 작동하면서 '탈북이주민'이라는 신조어가 등장하기도 한다. 그럼에도 여전히 이들은 '탈북'이라는 공통된 성격을 띠는 것으로 의미화된다. 어떤 이유에서건 북조선을 '탈출'한 자. '탈출'하였기에 '국민'으로 받아들여진 자. 이것이 북조선 출신자의 존재적 역설이다.

이 책에서는 의도적으로 이들을 '북조선 출신자'라는 또다른 이름으로 쓰고 있다. 이는 '탈북'이라는 정치화의 논리에서 의도적으로 거리를 두면서 이들의 고향인 북조선을 존중하기 위해서 고안한 것이다. 또한 '조선민주주의인민공화국'을 '북한'이 아닌 '북조선'으로 지칭하려고 노력한다. 그 이유는 북조선 사람들이 자신들의 국가를 부르는 이름을 쓰는 것이야말로 상호 간의 관계를 맺기 위한 첫걸음이라는 믿음 때문이다. 언어가 지닌 수행성을 감안할 때 더더욱 북조선 출신자라는 이름은 이들의 고향을 부정적으로 상상하지 않으면서, 이들의 이주의 경험과 궤적을 중립적으로 해석하기 위해서 반드시 필요하다고 믿는다.

간첩은 만들어지는 것이다?

북조선 출신자는 법적으로는 대한민국의 국민이지만 인간의 기본적인 권리인 인권의 규정을 받기보다 국가, 그리고 분단이라는 논리로 규정된다. 법적으로 시민권과 국가의 경계 내에 존재하지만 국가는 '분단'이라는 이유를 들이대며 아무렇지도 않게 이들의 인권을 침해하기 때문이다. 대법원에서 최종 판결이 난 북조선 출신 화교 유우성씨 사건에서 명백히 드러났듯이 '간첩'이라는 의심만으로 인권은 깡그리 무시될 수 있다. 주지하듯 국가는 정치적 목적 아래 유우성씨를 간첩으로 만드는 기획에 나섰으며, 증거를 조작하는 과정에서 그의 동생 유가려씨를 무려 170일 동안 강제 구금하였다. 조사 과정에서 끊임없는 압박과 회유가 있었으며, 남매가 만나는 것 또한 불허됐다. 불안에 떨던 유가려씨가 오빠인 유우성씨가 간첩이라고 진술한 것은 결국 협박에 의한 것이므로 법원에서 인정받지 못했으며, 유우성씨 또한 간첩 혐의에서 최종 무죄 판결을 받았다.

과거에는 재일조선인과 같은 불안정한 존재가 '간첩'으로 조작되는 사례가 빈번했다면, 북조선 출신자의 입국이 본격화된 이후에는 이들의 간첩 혐의가 계속적으로 불거져왔다. 2016년 2월 19일 서울고등법원은 북조선 출신자 홍강철씨의 간첩 혐의에 대한 항소심에서 1심 무죄 선고에 대한 검찰의 항소를 기각하면서, 홍강철씨가 국정원 합동신문센터에서 한 자백은 강압과 회유에 의한 것이었다고 판결하였다. 홍강철씨에게 간첩 혐의를 두고 있던 국정원은 자백하면 나가게 해준다고 그를 회유하였는데, 독방에 강제 구금된 상태에서 그는 결국 자신이 간첩이라고 진술하였던 것이다.

한국에 도착한 북조선 출신자라면 누구라도 거쳐 갈 수밖에 없는 중앙합동신문센터^{현 북한이탈주민보호센터}는 분단이 인권보다 우선되는 현주소를 낱낱이 보여준다. 국정원이 주도적으로 운영해온 합동신문센터는 그 이름이 가리키듯 북조선 출신자들을 '신문'하여, 그들의 탈북 동기의 순수성 여부를 파악하는 것에 목적이 있다. 합동신문의 법적 근거는 북한이탈주민법에 있는데, "보호신청자에 대하여 보호결정 등을 위하여 필요한 조사 및 일시적인 신변안전조치 등 임시보호조치"를 해야 한다는 것이다.[7] 유우성 씨 사건이 크게 조명받게 되면서 국정원은 2014년 7월 중앙합동신문센터의 이름을 북한이탈주민보호센터로 바꾸고 여성 인권보호관을 설치하는 개혁안을 발표하여 시행하기 시작한다. 이러한 개혁 조치는 2019년 7월 16일의 시행령 개정 등으로 제도화된다. 여러차례 개정된 시행령의 내용 중 주목할 만한 것은 북한이탈주민의 조사 및 임시보호조치 기간이 기존 최장 180일에서 90일로 줄어든 것과 보호신청자의 인권 보호를 위해서 인권보호관 1명의 위촉을 보장하는 것이다.[8]

법령 개정을 통해서 북한이탈주민의 보호 신청 여부를 결정하는 과정이 개선되었다고 하더라도 이들의 보호 신청 여부를 결정하고자 '국정원'이 나서서 조사한다는 것이 무엇을 의미하는 것인지 짐작 가능하다. 이들을 잠재적 간첩으로 상정하는 것이다. 간첩일 수도 있는 이들에게 강제구금은 불가결한 것이라는 믿음 또한 내재되어 있다. 국가 안보를 위해서, 조금이라도 의심스러운 부분이 있다면 그 의혹이 완전히 해소될 때까지 구금할 수 있다는 것이다. 또한 이 과정을 통해서 소위 '고급' 정보를 알고 있는 고위급 북조선 출신자들은 국정원이 따로 관리하기도 한다. 이들의 경우 정착지원 기관인 하나원으로 이관되지 않고, 국정원이 관리하면서 전혀 다른 정착의 길로 들어서게 된다. 주적인 북조선에 얼마나 해를 끼쳤는지 혹은 끼칠 수 있는지에 따라 이들의 삶에 국가는 차별적으로 개입하게 된다.

운이 좋아서 별 문제 없이 30일 정도의 조사기간을 마치고 하나원으로 이송되면 또다시 3개월의 교육을 받아야 한다. 이 기간 동안에 한국사회에 대한 기초 교육부터 지역사회 정착을 위한 행정 처리 등이 이루어지게 된다. 임대주택을 배정받아 한국사회에 정착하게 되는 북조선 출신자에게는 각 지역 관할 경찰서의 담당 형사가 배정되는데, 이들의 직책은 '담당보호관'이다. 경찰이 '보호'라는 명분을 앞세워 지역사회에 정착하는 북조선 출신자를 관리한다는 것은 사회 불안을 관리한다는 명분에서 쉽사리 정당화된다. 북조선 출신자가 불법적 세력에게 강제로 구금되었던 '국민'이라면 이들에게 동등한 권리와 자유를 주는 것은 당연한 일일 것이다. 하지만 분단이라는 역사적 조건은 국민국가라는 조건과 민주주의라는 기본 가치보다 상위에서 작동하게 되는 것이다. 북조선 출신자에게 법적 신분은 분단과 국가의 안위라는 이름으로 쉽게 무력화되는 것이며 모든 국민에게 보장된다는 인권은 신화에 머문다.

새로운 사람으로 다시 태어나야 한다

분단체제 내에서 자신들의 장소를 등지고 남한으로 이주해온 북조선 출신자들은 자신들의 고향을 부정해야만 한국사회에서 받아들여질 수 있다. 이들은 '탈출'한 곳, 그 장소에 관한 모든 것은 지워내라는 유무형의 강요에 노출된다. 한국사회는 북조선체제와 사회 혹은 사람을 구분하는 것이 서툴다. 체제에 대한 적개심은 북조선사회와 그곳 출신자들에게 향하기도 한다. 그곳의 경제 상황이 극으로 치닫고 사회 전반에 전체주의의 작동이 계속되면서, 북조선과 관련된 모든 것은 부정적이고 변화되어야만 하는 것으로 단순화된다. 하지만 자신들의 정체성의 장소로서의 북조선은 부정과 긍정이라는 이분법으로 다다르지 않는 문화적 가치와 습성의 퇴적물일 확률이 높다. 이들이 북조선적 습성 혹은 행동양식을 완전히 비워내는 것, 그리고 그 빈자리를 남한사회에 맞게 새롭게 재구성하는 것은 분단이 생산한 폭력일뿐더러 그 자체가 가능하지도 않다. 감정과 몸이 이성으로 가닿을 수 없는 그 무엇을 담지하고 있고, 힘과 흔적으로 존재하는 고향에 대한 기억, 의미, 경험, 감정 등을 지워내는 것은 불가능하다는 것을 먼저 인정해야 할 것이다.

한가지 예를 들어보자. 한국사회에서 '성공적'으로 정착한 젊은 A씨가 있다. 그녀는 이미 몸과 마음에 고향의 흔적을 완전히 지워낸 것으로 보였다. 마음을 열게 된 몇몇에게는 자신이 북조선 출신이라는 것을 알리기도 했지만, 대부분에게는 특별히 자신이 어디서 왔는지를 설명하지는 않는다. 그럴 수도 있는 것이 그녀는 자신이 완벽히 '남한식'의 어투와 억양으로 말한다고 굳게 믿고 있었다. 대부분의 지인은 그녀의 말투에서 약간의 차이를 느끼기는 했지만, 그것이 '조선어'의 흔적이라고 연결짓지는 않았다. 부르디외Pierre Bourdieu가 몸과 연루된 영역, 즉 억양, 말투, 몸짓, 걸음걸이 등을 아비투스가 투사된 장이라고 예로 들었던 것을 기억할 필요가 있을 것이다. 이주자인 그녀의 몸과 마음에는 고향의 흔적이 깊게 배어 있다. 그녀의 억양은 고향이 어떻게 몸에 육화되어 있는지를, 그리고 그녀가 그것을 완전히 지워내는 것은 가능하지 않음을 드러낸다. 수많은 이주민들이 원주민의 언어를 '습득'하는 것에 엄청난 노력을 기울이지만, 자신들의 고향의 언어를 깡그리 지워내는 것에 이토록 노력을 기울이는 경우는 드물다는 것도 언급해야 할 것 같다. 그렇다면 질문은 그녀가 왜 그다지도 자신의 어투를 바꾸려고 노력하고 있는가이다.

소수자이면서 국민국가 내 난민인 북조선 출신자는 한국사회가 자신들에게 내어준 제한된 자리에 충실하고자 한다. 정체성의 근간인 고향, 그 장소의 흔적을 지워내기 위해서 북조선 출신자는 오늘도 자발적으로 모국을 비판하고 부정한다. 한국사회에 동화되기 위해서 북조선식 억양과 몸짓을 고쳐내려 노력하고, 자신들이 생각하는 한국사회의 주류의 모습에 자신들을 끼워 맞추는 것에 집중한다. 혹여나 자신들에 몸에 새겨진 북조선의 흔적으로 피해를 입지는 않을까 전전긍긍한다. 방법은 두가지밖에 없다. 열심히 '북조선'을 지워내 아무도 자신의 고향을 눈치채지 못하게 하는 것, 그것이 어렵다면 한국사회에서 요구하는 '북조선 출신자'의 역할을 열심히, 그리고 성실하게 수행하는 것이다.

그렇다면 한국사회가 이들에게 요구하는 역할과 행위, 감정은 무엇일까? 라깡Jacques Lacan이 주체화 과정을 '조급한 동일화'precipitous identification 혹은 '예기적 앞지르기'anticipatory overtaking라는 개념으로 설명한 것처럼 북조선 출신자는 더 과잉되게, 그리고 더욱 앞질러 이곳이 기대하는 역할을 수행해낸다.[9] 자신들에게 요구되는 역할이 고향을 부정하는 것임을 동물적 감각으로 파악하여 더 충실하고 과잉되게 실천한다. 한때 어버이연합의 시위에 돈을 받고 참가한 것으로 알려진 북조선 출신자들은 단순히 돈벌이 때문에 시위에 참여한 것이 아니다. 이들은 자신들을 증명하기 위해서 시위대에 섰다. 자신들이 '반북'이라는 것을 만천하에 '과잉되게' 표명할 때만이 이곳에서 인정받을 수 있다고 믿는다. 극우단체의 집회에 북조선 출신자들이 적극적으로 참여하는 이유는 자신들의 존재에 각인되어 있는 북조선을 더욱 과격하게 부정하고 혐오해야지만 한국사회에서 안정된 사회적 위치를 얻어낼 수 있다고 감각하기 때문이다.

불안한 사회적 입지에 대한 대응으로 시작된 반북 활동은 과거 보수 정부의 정치적 이해관계와 연동되면서 점차 조직화되기도 한다. 불과 몇년 전만 해도 북한인권운동이라는 명목 아래 정보기관이 직접 나서서 대북전단 활동, 북한인권운동 등을 지원하기까지 했다. 정치적 활동을 하는 몇몇 북조선 출신 활동가들은 요동치는 한국 정치의 지형을 발 빠르게 읽어내면서 자신들의 활용

가치를 높게 산 극우 분단세력과 협력하기도 한다. 최근 불거진 대북전단 문제에서도 알 수 있듯이 정치적 파장을 만들어내는 것이 중요해진 북조선 출신 활동가들은 북조선을 대상으로 하는 활동이 아니라 남한의 정치게임의 참여자로 새롭게 등장하기도 하였다. 하지만 여기서 간과하지 말아야 할 것은 정치적인 이해관계에 따라 북조선 출신자들을 이용하고 다시 폐기하는 것을 반복하는 세력들의 불순한 의도이다. 자신들의 정치적 자리가 특정한 이유에서 '허용'되었다는 것을 동물적으로 감각하는 북조선 출신자들은 더더욱 분단적 행동과 실천을 통해서 자신들의 존재를 인정받으려 몸부림치게 된다.

북조선 출신자의 불안정한 감정의 근원에는 이들을 그 자체로 인정하지 않는 한국사회의 태도가 자리하고 있다. 이들 중에 누구라도 북조선에 대한 우호적인 시각을 견지하거나 고향을 그리워하면 한국사회의 공격의 대상이 될 가능성이 높다. 2015년 광복 70주년을 기념하여 통일 관련 텔레비전 다큐멘터리에 출연한 북조선 출신 대학생이 한국이 주도하는 통일을 비판적으로 해석하고, 북조선 사람들에 대한 애정을 드러냈다는 이유로 사이버상에서 공격의 대상이 된 사례는 많은 것을 함축한다. 댓글 공격은 주로 "그렇게 좋으면 북으로 가라"는 식이었는데, 이는 일상에서 북조선 출신자들이 '반북反北'이 아닌 위치에 서는 것이 얼마나 어려운지를 짐작게 한다. 때때마다 등장하는 재입북 사례는 한국사회에 대한 통렬한 성찰의 계기가 되는 것이 아니라 도덕적 비난의 대상이 되기 일쑤다. 이주자는 다른 곳으로 재이주하거나 고향으로 돌아가는 사례가 일반적이라는 것을 감안해봤을 때, 왜 북조선 출신자만이 이러한 비난을 받아야 하는지도 의문이다.

그것만이 아니다. 남북관계가 냉온탕을 오갈 때마다 북조선 출신자가 일상에서 따가운 질타의 대상이 되는 것은 일반적이다. 북조선이 군사 도발이라도 하는 날이면, "도대체 너희 나라 왜 그러냐?"는 식의 핀잔을 받기도 하고, "빨갱이들이 문제야!"라는 식의 서슴없는 인신공격도 당하게 된다. 북조선 출신자라는 이유에서 "북한이 좋아? 한국이 좋아?"라는 식의 이분법적 질문을 받으며, 빨리 남한의 사고와 습성을 익혀야만 한다는 강요 아닌 강요에 매순간 노출된다.

북조선 출신자를 향한 한국사회의 시선은 이중적이다. 이들에게 '고향'을 지워버릴 것을 암묵적으로 종용하면서, 동시에 이들을 '북조선' 이외의 그 어떤 특징도 없는 집단으로 동질화시켜버린다. 단순히 '북조선' 출신일 뿐인 이들은 한국사회가 '북한'에 대한 어떤 입장을 견지하느냐에 따라 구별되는 사회적 위치를 부여받는다. 북조선 출신자의 이주 동기와 경로, 그리고 정착의 과정은 점차 변화하고 있다. 이들 중에 어떤 이들은 한국에서보다 더 나은 삶을 찾아 또다시 이주를 감행하기도 한다. 이들 중 70퍼센트에 달하는 여성 가운데 한국인 배우자를 만나 가정을 꾸리고 사는 이들도 있고, 또 상당수는 문화를 공유하는 북조선 출신이나 중국인과 가족으로 살아가기도 한다. 누구는 이혼을 하기도 하고, 누구는 아이를 낳기도 한다. 또다른 누구는 결혼을 선택하지 않고 비혼의 삶을 살아가기도 한다. 몇몇은 경제적 정착을 최우선으로 하며 노동시장에 뛰어들기도 하고, 또다른 몇몇은 사회적인 인정에 가치를 두고 살아가기도 한다. 다 각자의 의지와 상황에 따라 다른 삶을 살아간다. 하지만 북조선 출신자의 이주 동기가 어떻게 바뀌었건, 이들의 성비에 큰 변화가 있건, 정착의 과정이 다층적으로 진화해가고 있건, 한국사회에서 이들은 그저 '탈'북자일 뿐이다.

젠더화된 탈북 과정과 한국사회의 관음증

존재하지만 존재하지 않는 자

북조선 출신자가 한국에 이르는 그 여정은 힘겹다. 전세계에서 가장 많은 무기가 밀집되어 있는 군사분계선을 평범한 북조선 주민이 건너기란 사실상 불가능에 가깝다. 대부분은 북조선과 중국의 국경을 넘어 동남아시아를 거쳐 한국에 도착하게 된다. 중국은 북조선 출신자를 난민으로 인정하고 있지 않아 이동 과정은 비밀스럽고 위험하다. 이들을 중국정부는 불법월경자로 간주하여 본국으로 송환하는 것을 원칙으로 하고, 북조선체제는 '반역자'로 처벌한다. 때문에 이동의 여정에서 이들은 근대 국가 혹은 법적 체계에서 철저히 '존재하지 않는 자'여야만 한다. 법 앞에 설 경우 이들의 이동은 무위로 돌아간다. 아렌트가 무국적자들은 범죄를 저지르면서 비로소 법 앞에서 인간으로 다시금 존재할 수

라오스와 미얀마, 그리고 태국이 마주하고 있는 접경지역은 북조선 이주자들이 주로 활용하는 이주 경로이다. 태국 쪽 접경지역인 치앙센에는 중국에서부터 메콩강을 건너 도착한 북조선 불법이주자를 임시 보호하는 보호소가 운영되고 있다.

있는 기회가 생긴다고 주장한 것처럼,[10] 존재하지 않던 이들이 중국을 벗어나 동남아시아에 도착하게 되면 스스로 '불법월경자' 임을 드러냄으로써 법 앞에서 가시화된다. 모국인 북조선을 떠나 동남아시아에서 '불법월경자'로 처벌받기 전까지 이들은 인간이 아닌 자, 즉 존재하지 않는 자이다.

흥미로운 것은 이렇듯 힘겨운 여정을 견뎌 한국에 도착하는 북조선 출신자의 대부분이 여성이라는 사실이다. 대부분 짧게는 수개월, 길게는 십년 가까운 세월을 중국에서 '존재하지 않은 채' 살아왔다. 애초에 북조선 여성이 국경을 넘을 수 있던 것도 이들이 사회의 공식영역에서 배제되어왔기 때문이다. 1960년대부터 북조선은 '중공업우선발전노선'을 시행하였는데, 자립적인 사회주의 경제를 구축하기 위해서 중공업이 중요하다는 경제발전의 기본 원칙이다. 중공업을 중심으로 한 기간산업에 남성 노동력이 집중 배치되고, 여성 노동력은 경공업이나 남성 노동력의 재생산을 위한 영역(식가공산업, 탁아와 요양 등 돌봄산업 등)에 종사하게 되었다. 90년대 중반부터 시작된 '고난의 행군' 시기의 북조선 체제는 '자력갱생'을 외치며, 주민에게 국가의 배급이나 어떤 안전망 없이 스스로 살아남을 것을 종용하게 된다. 하지만 국가 주력 산업이나 공식영역에 복무하는 남성의 경우 여전히 통제망이 작동하면서 직장을 떠나는 것이 어려웠지만, 여성들은 직장이나 소속을 떠나 생활전선에 뛰어드는 것이 용인되었다. 국가적 재난 상황에서 여성들이 가족 생존의 책임을 지게 된 것이다.

처음에는 집안에 있는 모든 물품을 소규모의 농민시장에서 파는 것부터 시작하다가 이후에는 도시를 옮겨다니며 본격적인 장사를 하는 여성들이 등장하였다. 그중 몇몇은 국경을 넘어 중국으로 가 친척의 도움을 얻거나 잠시 그곳에 머물면서 돈을 벌기도 했다. 전통적으로 사회주의 국가는 '이동의 자유'가 제한되는 성격이 있는데, 북조선에서는 경제난, 특히 '고난의 행군'이라는 유례없는 기근 사태로 인해 주민들의 이동이 본격화되는 예상하지 못한 결과가 벌어지게 된 것이다. 특히 이동의 주체가 여성이라는 사실, 그리고 그 이동이 가능했던 이유가 바로 이들이 북조선사회에서 국가가 통제하는 공적 영역에서 한발짝 소외되어 있었기 때문이라는 사실은 많은 것을 함축한다. 물론 이같은 상황은 단순히 북조선 여성에게만 나타나는 현상은 아닌데, 급격한 도시화를 경험한 세계 곳곳에서 여성들은 항상 이동의 주체로 재탄생해왔다. 역설적이게도 이동하는 여성의 이주 동기는 가족이나 가부장제에 복무하기 위함이었지만 이동의 과정을 거치면서 이들은 독립적인 주체로 재구성되기도 한다.[11]

중국행을 선택한 상당수가 그마나 호모사케르Homo Sacer로서의 삶을 유지할 수 있었던 이유는 이들이 '여성'이기 때문이다. 중국 둥베이東北 3성 조선족 사회의 조선족 여성 상당수는 이미 중국 내 대도시 혹은 한국으로 노동이주를 떠난 상태였고, 북조선 여성들은 조선족 여성이 남겨둔 그 빈자리에서 잠시 자신의 신분을 숨길 수 있었다. 개혁·개방의 바람을 타고 무서운 속도로 발전하기 시작한 중국의 중소도시에서 여성 노동력의 수요가 급증하게 된 것도 이들이 잠시나마 몸을 숨기고 버틸 수 있게 하였다.

이 과정에서 '결혼'이라는 이름 아래 폭력적 상황이 비일비재하게 발생했고, '(유사)성산업'에서 몸을 숨긴 북조선 여성들은 자본과 성의 착취 구조 내에서 고통스런 삶을 연명하였다. 이 과정에서 '존재하지 않는 자'라는 이들의 극한의 상황을 악용하는 수많은 남성들과 가부장적 구조가 이들에게 아물 수 없는 상처를 내기도 했다. 하지만 여기서 간과하지 말아야 할 사실은 이들이 북조선으로 북송되지 않고 중국에서 계속 수년간을 버틸 수 있었던 것은 바로 이들이 여성이었기 때문이고, 이는 중국 내에 '존재하지 않는 자'가 숨어 있을 수 있는 그 틈새는 바로 젠더와 섹슈얼리티의 공간이라는 사실이다. 이들을 위한 법이 존재하지 않는 곳에도 공고하게 작동하는 것은 바로 가부장의 권력과 폭력이라는 것은 많은 것을 함축한다. 법에 노출되는 순간 처벌받을 수밖에 없는 존재에게 결혼, 성산업, 돌봄노동 등은 비가시적인 공간을 제공하였고, 잠시 몸을 숨겼던 이들은 법 앞에 설 수 있는 공간을 찾아 또 한번의 이동을 감행한다. 여성에 대한 성적 착취와 억압이 만들어낸 의도하지 않은 결과이면서 동시에 이것이 사회와 일상 곳곳에 도사리고 있음을 다시금 확인하게 한다.

북조선 여성을 향한 성애화된 시선

북조선 출신 여성이 대한민국의 국민이 되고 난 이후에도 이들의 자리는 오히려 더 젠더화되는 상황이다. 이들이 탈북 과정의 힘겨움을 설명할 때마다 자주 등장하는 인신매매의 경험이나 성폭력에 노출된 기억 등은 '인권'의 이름으로 서사화되지만, 이는 무국적자의 젠더화된 상황에 대한 여성주의적 시각의 총체적인 문제제기가 아니라 이들을 향한 관음증적 시선만 증폭시키는 수준에 머무른다. 북조선 출신 여성을 스튜디오에 초대하여 그들의 탈북 경로와 그 폭력적 경험을 선정적으로 보도하는 한국 미디어의 행태를 '인권' 문제를 제기하기 위한 의미있는 보도라고 하기는 어려울 것이다. 더욱 아름답고 젊은 북조선 출신 여성을 섭외하여 그들의 고통을 더욱 자극적으로 보여줌으로써 시청자들의 관심을 끄는 수준에 머물러 있기 때문이다. 조금이라도 더 자극적인 소재거리를 찾는 종편에 탈북, 북한, 여성, (성)폭력 등의 서사는 더할 나위 없이 좋은 먹잇감임이 분명하다. 여러 매체는 경쟁적으로 북조선 여성을 카메라에 담고, 이 과정에서 이들의 젠더와 섹슈얼리티는 도구적으로 대상화된다.

북조선 여성의 인권 상황을 전세계에 알린 TED ^{Technology,} _{Entertainment, Design}의 박연미씨 강연 또한 이러한 위험성을 담지하고 있다. 그녀가 TED 강의에서 던진 메시지는 탈북 과정에서 발생하는 북조선 인권의 문제, 중국정부의 방관, 지역의 가부장적 폭력 상황, 국제사회의 무관심 등과 같은 근본적인 비판보다는 북조선체제의 비인간성과 악마성에 초점이 맞춰져 있다. 물론 북조선체제가 얼마나 문제적인지는 굳이 보충설명이 필요하지 않을 것이다. 다만 여기서 지적하고 싶은 지점은 그녀가 세계적인 온라인 플랫폼에서 소비되는 방식에 관한 것이다. 박연미씨는 고운 분홍색 한복을 입고 강의를 시작하며, 유창한 영어로 눈물을 흘리면서 북조선체제를 고발한다. 젊고 아름다운 피해자의 호소는 그만큼 엄청난 힘으로 시청자들과 관객들에게 전달되어 커다란 반향을 만들어낸다. 하지만 그녀의 감정적이고 격정적인 메시지는 곧 휘발되고 그녀의 고통은 실제적인 해결책이나 제도적 보완으로 연결되지 못한다. 악마화된 북조선이라는 이미지는 끊임없이 재생산되고, 북조선의 여성으로 대표되는 그녀는 '보호'의 대상으로 단순화되고 만다. 게다가 더 많은 관심을 끌기 위해 어쩌면 의도적으로 기획된 그녀의 몸짓과 표현은 성애화된 시선 속에 포착되어 음험한 상상을 재현하기에 이르고 만다.

산업이라는 것이 이토록 잔인한 것이다. 돈이 되는 것이라면 재현의 윤리성 따위는 쓰레기통에 쉽사리 내팽개쳐진다. 북조선 출신자의 고통에 관한 자서전 산업이 미국사회에서 확장되면서, 상업적 가치의 맥락에서 필자와 강연자가 선정된다. 여성일수록, 젊을수록, 아름다울수록 그들의 고통의 기록은 더 많이 팔려나갈 것이다. 북조선 출신 남성이 이 산업구조에서 살아남으려면 자신의 고통을 더욱 극화하거나, 아니면 시장이 선호하는 한 개인의 성공 스토리를 함께 제공해야 한다. 듣고 싶은 것이 명확한 시장은 북조선 출신자의 삶에는 그다지 관심이 없다. 북조선 출신자의 이야기가 다 소비되면, 또다른 피해자를 찾으면 되니까 말이다.

한반도 밖의 북조선 여성에 대한 이러한 경향은 한국사회에서는 더욱 노골적으로 진화한다. 2016년 중국의 북조선 식당에서 일하던 여성 종업원 12명과 남성 지배인 1명이 집단 탈북한 사건은 한국사회에 커다란 반향을 일으켰다. 서로가 서로를 감시하는 사회통제 시스템이 (여전히) 작동하는 해외 노동 현장에서 '탈북'이라는 가장 반체제적인 행위가 '집단적'으로 이루어졌다는 사실에 온 사회가 들썩거렸다. 이것이 제4차 핵실험 이후에 한국정부가 공들여온 대북제재의 효과라는 분석에서부터 북조선체제 붕괴 가능성 예상까지, 항상 그래왔던 것처럼 북조선 출신자의 탈북으로 시작된 논의는 체제의 향방을 점치는 것으로 확대 재생산되었다.

처음에는 정부가 공들여온 대북제재 효과의 증거로 다루어지던 집단 탈북은 더 자극적인 뉴스거리를 찾는 미디어를 거치면서 굴절을 거듭하고, 곧 이들에 관한 언론 보도는 이들이 입고 온 옷과 외모까지 관음증적 시선으로 파헤치기에 이른다. 예컨대 대부분의 종편 방송에서는 정부가 공개한 사진을 분석하면서, 이들 외모의 면면과 옷차림 등을 평가한다. "긴 머리의 아름다운 젊은 여성들, 세련된 느낌의 스키니진, 빨간색 바지, 화려한 색감의 옷, 캐릭터가 그려진 가방" 등의 표현을 쏟아내며 북조선 여성에 대한 성애화된 시선을 숨기지 않았다. 이후 북조선정부가 이들이 납치되었다고 주장하면서 그녀들의 사진을 공개하자, 한국 텔레비전에서는 앞다투어 북조선이 제시한 사진을 퍼 나르기도 하였다. 이들이 대한민국의 국민이며 앞으로 한국사회에서 정착하여 살아가야 한다는 점은 전혀 고려되지 않은 채, 이들의 신상에 대한 보도가 이어졌다.

더욱 처참한 것은 북조선 여성 접대원의 집단 탈북이 국정원이 기획한 사건으로 그녀들 대부분은 자신들이 탈북해서 한국으로 간다는 사실조차 인지하지 못했다는 사실이다. 국제민주법률가협회IADL와 아시아·태평양법률가연맹COLAP이 구성한 국제진상조사단이 이 사건이 한국정부에 의한 '납치 및 인권침해' 사건이라고 규정하였음에도 불구하고 그녀들의 집단 탈북 사건은 인권이나 국가폭력의 맥락에서 공론화되지 못하고 있다. 물론 그녀들 중 대부분이 한국에 남는 것을 선택했기 때문이라는 해석도 있다. 분단 상황에서 '사고'가 터진 것이고 그것을 해결하는 방식 또한 '분단적 맥락'에서 조율되어야 한다는 논리도 강하다. 그럼에도 불구하고 그녀들의 탈북이 자의에 의한 것이 아니었다는 사실, 그 사실이 밝혀지고 난 이후에도 여전히 이 문제에 대한 공론화조차 가능하지 않은 상황, 무엇보다도 이들을 둘러싸고 남북이 여전히 체제경쟁을 벌이고 있다는 것 등은 반드시 되짚어볼 문제다. 무엇보다 국가에 의해 '납치'된 그녀들에게 쏟아진 한국 언론의 관심이 이들의 삶과 인권의 문제로 확장되지 못한 이유가 무엇인지도 자문해야만 하는 질문이다.

북조선 출신 여성에 대한 성애화된 시선은 무릇 이 사건에서만 불거진 것이 아니다. 한때 세상을 떠들썩하게 했던 KAL기 폭발 사건은 김현희라는 가해자의 성적 대상화 담론만을 과잉 재생산하였다. 박강성주는 대한항공 858기 폭파 사건을 둘러싼 기존의 국제정치학적 분석을 소설쓰기와 여성주의적인 국제관계학적 접근이라는 맥락에서 해체하면서, 폭파범으로 지목된 김현희를 둘러싼 담론의 지형은 한마디로 "젠더화된 폭파 사건"으로 구축되

어 있었다고 분석한다. 김현희가 "처녀 테러리스트"로 재현되면
서 한국 시민들은 북조선은 젊고 아름다운 여성을 세뇌시켜 악랄
하게 활용하는 것으로 인식하였다. 그 과정에서 가장 적극적으로
개입된 것은 그녀의 미모와 처녀성이었다는 주장이다.[12] 사건의
진실은 결국 "아름다운 처녀 테러리스트"라는 관음증적 욕망의
시선 아래 묻혀버리게 되었다.

그것만이 아니다. 체육행사에 참가한 북조선 응원단을 '미녀
응원단'이라 칭하며 대상화한 시선들, 실체도 불분명한 북조선
의 기쁨조라는 조직에 대한 선정적인 보도 등 비슷한 예는 수없
이 많다. 분단체제 아래서 한국사회는 우월한 위치에서 북조선을
대상화하곤 했는데, 그것이 가장 극명하게 나타나는 지점이 바로
북조선 여성에 대한 성애화된 담론인 것이다. 북조선의 여성은
주체가 아니라 한국사회라는 남성적 시선 내에서 존재하는 대상
에 머무른다. 한국사회는 때로는 동정과 연민으로, 때로는 남성적
우월감을 내재화한 타자적 시선으로 그들을 마주한다. 분단이 만
들어낸 권력관계와 남성중심적 구조가 이중적으로 결합된 현 상
황에서 그녀들이 '북조선'출신이라는 것에서 자유로우면서도 동
시에 남성 시선 속의 성적 대상이 아닌 자유, 평등, 존엄 등의 권
리를 가진 인간으로 존재하기란 힘겨워 보인다. 그만큼 한국사회
의 북조선 출신 여성은 이중의 억압 구조에 위치하면서, 상시적
인 고통을 경험하게 된다.

타자 중심의 윤리

북조선 출신자라는 타자

한국사회를 떠나 스스로 난민의 삶을 선택한 북조선 출신자가 급증하고 있다. 몇몇 전문가들은 그 수가 약 5천여명에 이른다는 주장을 내놓기도 한다.[13] 남한에 정착한 북조선 출신자의 수가 3만 4천여명에 불과하다는 것을 생각해봤을 때 실로 엄청난 규모이다. '존재하지 않는 자'로 중국을 떠돌 때 그토록 원했던 국민이라는 신분을 스스로 버리고 그 많은 수가 한국사회가 아닌 다른 곳에서의 '난민의 삶'을 선택한 것이다. 그 이유는 다양할 수 있지만, 크게는 이들이 한국사회에서 마주한 삶이 국적 없이 떠도는 '난민'의 삶과 비견했을 때 결코 낫지 않아서다. 북조선 출신자에게 주어진 국민의 권리, 즉 인권은 국가의 안위와 분단이라는 이름으로 언제든 유보될 수 있다. 이들에게 모국의 흔적을 지워낼 것을 은연중에 압박하는 한국사회는 폭력적이다. 북조선 출신 여성의 이동을 가능하게 한 일상의 남성중심적 권력체계는 이들이 다시금 국민의 자리를 얻게 되었을 때는 더욱 폭압스러운 권력의 시선으로 이들을 대상화한다.

실로 '지금 여기'의 북조선 출신자는 난민적이다. 자신들의 장소를 박탈당하는 것은 결국 자신을 부정당하는 것에 다름 아니다. 독립적으로 존재하지 않는 주체는 그만큼 대상화될 수밖에 없다. 북조선 출신자는 대한민국 경계 내에서 '인간'으로 존재하지 못한다. 그렇다면 이들이 '인간'으로 다시금 주체화할 수 있는 방법은 없는 것일까. 북조선 출신자라는 타자와 한국사회는 어떤 관계성을 만들어가야만 할까. 난민을 사회 구성원을 받아들여야 한다는 윤리적 명제는 여기서는 잠시 접어두기로 하자. 궁극적으로는 개인의 윤리성이 회복되어야 하겠지만, 당장의 문제 해결을 위해서는 좀더 현실적이며 실천적인 대안이 필요하다. 예컨대 당장 국가보안법을 폐지하는 일에 나서고, 북조선 출신자의 이중적 위치를 고착시키는 법령을 개정하는 일에 나서야 한다. 또한 이들에 대한 고정관념을 해체하기 위해 언론을 모니터링하고 건강한 사회 담론을 형성해야 할 것이다. 무엇보다도 북조선 출신자들이 한국사회의 시선에 놀아나지 않도록 정치적 힘을 기르고, 역량을 증진할 수 있도록 플랫폼을 제공해야 한다.

물론 현실에 대한 냉철한 판단도 필요하다. 선의와 윤리라는 이름으로 행해지는 수많은 행위가 사실은 권력을 가진 자들의 알리바이로 활용되어왔다는 것을 인지해야 한다. 분단이라는 것이 계속되는 한, 아니 설령 정치적으로 분단이 극복되더라도 문화와 일상에 남은 분단이 상당 기간 동안 북조선 출신자를 국민 안의 난민으로 구별해낼 가능성이 농후하다. 그렇다고 이 책이 비관적인 현 상황을 탓하며, 일상에서 마주치는 북조선 출신자에 대해서 그 어떤 것도 할 필요가 없다고 주장하는 것은 아니다. 현실적 수준의 노력이나 시도와 함께 좀더 거시적이면서도 근본적인 사고의 전환도 요구된다는 뜻이다. 앞서 언급했던 것처럼 북조선 출신자의 존재는 한국사회를 다시금 되짚어보게 한다. 이들은 '지금 여기'의 작동 메커니즘을 해체하여, 그 너머를 상상하게 하는 자원이라는 측면에서 소중하다. 한국사회에서 북조선 출신자를 사유한다는 것은 결국 무엇이 이 사회에서 중요시되고 있는지, 분단체제를 배태한 이곳에서 국민과 국가가 어떤 방식으로 작동하고 있는지, 그리고 일상의 가부장제가 (타지역 출신, 특히 분단으로 대치 상태에 있는 북조선) 여성을 얼마나 타자화하고 있는지 그 현주소를 확인하게 한다는 점에서 의미있다.

아렌트는 사유하는 것의 중요성을 강조하면서, 현대 사회의 많은 사람들이 남의 입장에서 생각하지 못하는 '사유의 불능성'에 빠져 있다고 경고한 바 있다. 악은 평범한 모습으로 존재하며 일상에서 쉽게 찾아볼 수 있다. 말하지 못하고, 생각하지 못하고, 그리고 타인의 입장에서 사유하지 못하는 것은 결국 인간을 '인간'이 아닌 악으로 만들어낸다.[14] 북조선 출신자라는 '타자'를 마주하는 것, 그리고 그들의 입장에서 생각하는 것은 이곳에 살고 있는 '평범한' 우리가 다시금 타자 중심의 윤리를 회복하고, 사유하는 인간으로 존재할 수 있는 기회이다. 타인에 대한 책임과 윤리의식을 회복하는 것은 국민국가라는 신화적 틀을 넘어서는 새로운 공동체, 다시 말해 소외된 모든 개인의 피난처로서의 정치공동체를 꿈꾸는 시작점임에 분명하다. 국가, 국민과 같이 너무나도 명확하고 공고해 보이는 것, 그 너머를 상상하는 것은 고통스러운 일이다. 특히 모두가 한곳을 바라보고 있는 무리 안에서 '다른' 무엇을 생각한다는 것은 외로운 일임이 분명하다. 그러기에 타자를 통해 사유한다는 것은 실존적 도전이면서 동시에 그 자체로 변혁이다.

북조선 출신자 증언의 윤리

우리는 언제부터인가 북조선 출신자의 증언을 통해 북조선에 대한 '사실'적 정보를 얻을 것이라고 가정해왔다. 외부세계와 차단되어 있어 접근이 쉽지 않은 북조선에 대한 관심이 커지면 커질수록, 이들의 증언은 미스터리한 그곳을 들여다볼 수 있는 유일한 창으로 여겨져온 것이다. 북조선에 대한 추측이 난무하는 현 상황에서 '내가 살아봐서 아는데'라고 시작하는 이들의 증언이 큰 힘을 갖는 것은 충분히 예상 가능한 일이다. 게다가 남한사회의 관음증적 시선의 대상이 된 북조선이 미디어의 소재거리가 되면서, 북조선 출신자의 처참한 경험담은 북조선의 '실체'라는 이름으로 곳곳에서 확대 재생산되어왔다. 북조선의 끔찍한 현실을 '증언'하는 북조선 출신자는 종편 방송의 단골손님이 되었고, 그중에 몇몇은 해외에서 북조선 인권 전도사가 되기에 이르렀다.

문제는 최근 북조선 출신자의 증언의 사실 여부에 대한 논란이 끊임없이 제기되면서 발생한다. 북조선 정부는 북조선 출신자 증언의 오류 문제를 본격적으로 제기하여 이들 증언의 사실관계에 흠집을 냄으로써 자신들을 향한 국제사회의 비난에서 조금이라도 비켜나려는 시도를 하고 있다. 그 논란의 중심에 바로 신동혁이 있다. 2007년에 발간된 『세상 밖으로 나오다』와 미국인 저널리스트 블레인 하든Blaine Harden이 신동혁의 진술을 바탕으로 재집필한 『14호 수용소 탈출』이 바로 북조선으로부터 집중 포화를 맞은 그의 증언록이다. 신동혁은 북한인권운동가로서 국내외에서 광범위한 활동을 펼쳐왔을 뿐만 아니라 그의 진술은 UN 북한인권조사위원회의 보고서에도 상당 부분 포함된 것으로 알려져 있다. 어떤 이유에서건 신동혁이 자신의 증언에 오류가 있다는 것을 인정하고 난 이후 한편에서는 북조선 출신자 증언의 사실 여부에 대한 의문을 제기하는 움직임부터, 또다른 한편에서는 증언의 오류가 북조선의 인권 상황의 사실을 부정하는 것은 아니라는 주장까지 이 사안에 대해서는 다양한 의견이 존재한다. 그러나 여기에서는 신동혁 혹은 다른 북조선 출신자의 증언의 사실 여부 혹은 북조선 인권에 관련된 논의는 잠시 접어두고, 이들의 증언을 향한 윤리적 시각의 중요성을 다루어보고자 한다. 과연 피해자인 북조선 출신자의 증언을 '사실'로 단순화하는 것이 가능한 것인지, 분단 상황을 배태한 이들의 경험이 발화되었을 때 그것에 대한 가장 윤리적인 접근은 무엇이어야만 하는지에 대해 논의하는 것을 목적으로 한다.

한국사회에서 북조선 출신자는 분단으로 대치되어 있는 북조선체제의 폭력성을 극명하게 드러내는 존재이다. 이들은 국가폭력의 희생자이면서, 동시에 냉전과 분단체제라는 역사적 상황이 생산해낸 피해자이다. 특히 정치범 수용소를 경험한 북조선 출신자의 증언은 정권의 잔혹함을 보여준다는 측면에서 남한사회뿐만 아니라 국제사회에서까지 큰 관심의 대상이 되어왔다. 게다가 최근 이들의 증언이 인권이라는 주제로 국제사회가 북조선체제를 압박하는 데 결정적인 역할을 하면서 그 청취자는 기하급수적으로 늘어나고 있다. 이 과정에서 자신들의 참혹한 삶의 기억을 소환하는 북조선 출신자와 그 기억을 통해 북조선사회 내에 어떤 변화를 만들어내고자 하는 수용자 사이에서 상호작용이 일어나게 된다. 더욱이 분단을 깊게 내재한 남한의 청취자가 용인하는 북조선 출신자 증언은 제한적이다. 과연 신동혁 증언의 오류가 단순한 착오에서 빚어진 것일까. 혹여나 신동혁 스스로 증언의 청취자가 원하는 방식으로 자신의 기억을 선택적으로 소환한 것은 아닐까. 궁극적으로는 그의 증언의 '사실 여부'를 따져 묻는 것이 과연 소수자를 대면하는 한국사회의 윤리적인 자세일까?

신동혁이 처음으로 자신의 삶을 증언한 것은 2007년에 출판된 그의 책을 통해서다. 2007년 북한인권정보센터에서 인턴 생활을 시작하면서 발간한 그의 자서전에서 자신이 14호 수용소에서 태어나서 탈북할 때까지 그곳에서 끔찍한 생활을 했음을 밝혔다. 하지만 그의 증언집은 한국사회에서 큰 이목을 끌지는 못하였다. 인쇄한 3천부 중에서 5백부 정도만 팔렸고, 이 때문에 신동혁은 상당히 실망한 것으로 보인다.[15]

하지만 그의 증언을 들어주는 청중이 소수의 한국인에서 국제사회로 확대되면서 상황은 급변한다. 미국으로 이주한 초기의 신동혁은 후원단체의 기대에 여러모로 미치지 못했다. 후원단체는 "(신)동혁이 생동감 있게 구성된, 강력하게 감정이 전달되는 강연을 가능하면 영어로 전달하기를 바랐다. 그래서 유일무이한 그의 이야기가 미국 청중의 마음을 흔들고, 자원봉사자를 이끌어내고, 나아가 북한인권운동을 위한 기금을 모금하게 되기를 기대했"지만,[16] 그는 자신의 끔찍한 경험을 제대로 청중에게 전달하지 못했다. 책의 저자인 블레인 하든 또한 신동혁의 모호한 대중연설을 듣고 난 이후에 "청중을 화나게 만들 수 있는 부분은 왜 빼고 이야기하는지" 그를 "다그쳤다"고 회고한다.[17]

그렇지만 신동혁은 서서히 진화하고 있었다. 블레인 하든은 그의 책에서 6개월 후 시애틀에서 다시 만난 신동혁의 변화를 감탄스럽게 묘사한다. "신동혁의 강연은 놀라웠다. 6개월 전 캘리포니

아에서 본, 소심하고 말의 앞뒤가 잘 안 맞는 모습과 비교하면 알아보기 힘들 정도였다. 나중에 알게 된 바로는, 그의 고백은 각고의 노력으로 의도한 결과였다."[18] 신동혁은 미국이라는 낯선 곳에서 여러 사람들을 만나면서 자신의 증언을 미국의 NGO와 저널리스트들의 기대에 부합하는 방식으로 조금씩 재구성해나간 것이다. 아니 오히려 미국의 청중들이 신동혁의 증언을 자신들이 원하는 방식으로 해석하고 재구성했을 가능성이 더 높다. 그들은 자신들이 듣고 싶은 증언을 들을 때까지 신동혁에게 질문을 해대고, 다그치기까지 하였다. 신동혁은 조금씩 더 드라마틱하게 자신의 경험에 살을 붙이고, 톤을 조절하고, 적당히 감정을 섞어가면서 증언을 하였고, 이런 각고의 노력 끝에 탄생한 그의 증언은 그를 세계적인 인권 셀러브리티로 만들어주었다.

신동혁이 자신의 증언에 오류가 있었다고 인정한 이후 미국의 주요 언론은 사실관계가 명확하지 못했던 것은 사실이지만 그렇다고 해서 북조선 정권에 인권 문제가 없는 것은 아니라고 주장한다. 그러면서 출판사 관계자들은 신동혁의 증언에 대해서 "사실관계"를 확인하는 중에 있다고 해명했다. 뿐만 아니라 북조선이 너무나도 폐쇄된 사회이기 때문에 신동혁 증언의 사실 여부를 확인하기 어려웠음을 저자인 블레인 하든의 말을 인용해서 설명하고 있다.[19] 여기서 주목해야 할 지점은 미국의 미디어와 책의 저자 또한 신동혁의 증언을 철저하게 "사실관계"에 입각한 것으로 가정한다는 사실이다. 신문 기사에서는 신동혁의 증언에 대해서 진실인지 확인한다는 뜻을 지닌 "verify"라는 단어를 쓰고 있는

데, 이는 증언이라는 구술자료가 '사실'을 지시하고 있다는 가정을 기반으로 한다. 즉, 증언이 주관적으로 구축된 개인의 기억일 수 있음은 간과하는 것이다. 세계적으로 잘 알려진 구술사학자인 폴 톰슨Paul Thompson이 지적한 것처럼 구술자료의 가치는 그 자료가 객관적이고 사실적이라는 데 있는 것이 아니라 문헌자료에서 제외된 기억을 소환하여 역사를 풍부하게 한다는 데 있으며, '사실'이라고 믿어지는 문헌자료 또한 주관적이고 구성되었다는 점에서 그 의미를 찾을 수 있다는 것을 기억할 필요가 있다.[20] 그만큼 증언과 같은 구술자료는 문헌자료와의 보완이 필요한 것이고, 구술자료가 갖고 있는 주관성과 기억의 불완전성에 대한 충분한 고려가 절대적으로 요구된다. 하지만 언제부터인지 북조선에 관련된 출신자의 증언은 마치 그 자체로 완전한 '사실'인 것처럼 취급되어왔다.

증언의 가치

우리의 시선 속에 북조선 출신자는 두개의 다른 집단이다. 1990년대 후반 대규모 탈북이 발생하면서 생활고와 같은 경제적 이유 때문에 탈북한 사람과 북조선 정권의 정치적 탄압을 이기지 못하고 탈북한 자들로 구분되어 있다. 경제이주자로서의 북조선 사람은 북조선사회가 얼마나 경제적으로 어려운지를 증언하고 있지만 그들의 증언을 귀담아듣는 청취자의 수는 현저하게 적다.

오히려 이들의 경제적 어려움에 대한 증언이야말로 남북한 사이의 현실적인 문제와 북조선사회의 실태를 짐작할 수 있다는 측면에서 더 의미가 있음에도 불구하고 사회운동이나 정치적 목적과 결합되지 못해왔고, 인도적 지원과 같은 논의는 남북관계의 유례 없는 냉각기를 거치면서 그 동력을 상실한 것으로 보인다. 역으로 정치범 수용소에서 탄압을 받았거나 탈북의 과정에서 북조선 정권에 의해 고초를 겪은 이들의 경험과 기억은 남한사회뿐만 아니라 국제사회에서 북조선사회가 얼마나 탄압적이고 폭력적인지를 증명하는 '더 중요한 사실'로 받아들여져왔다. 다시 말해 한국사회가 원하는 북조선사회의 '사실'과 '진실'은 편협한 프레임을 통해서 구축되어 있고, 북조선 출신자의 특정 증언만이 북조선사회의 '사실'인 양 받아들여져온 것이다.

프레임 속에서 구성된 '사실'과 '진실'은 인간의 삶의 다층성이라는 측면과 증언의 불완전성에 대한 조심스러움을 배제한 채 유통된다. 이런 상황에서 북조선 출신자들은 '말할 수 없는 존재'의 자리를 벗어나지 못한다. 그 결과 특정 사회 혹은 청중이 듣고 싶은 말만 해야 하는 이들은 자신의 언어를 잃어버린 자가 되어버렸다. 게다가 증언이라는 방법이 각 개인이 현재의 시점에서 과거를 선택적으로 소환하는 실천이라는 것을 감안했을 때, 이를 '사실 여부'라는 잣대로 평가하고 분석하는 것은 올바른 접근이 될 수 없을 뿐만 아니라, 가능한 일도 아니다. 오히려 지금은 북조선 출신자들이 더 많은 기억을 발화하면서 스스로 자신들의 내러티브의 공통점을 만들어가려는 움직임이 절실히 요구된다. 설혹 이들이 발화하는 그 기억이 파편화되어 있고, 서로 배치되는 장면들로 이어져 있더라도 말이다. 국가 혹은 사회의 기록과 다층적인 개인의 기억이 서로 보완될 때 더 총체적인 역사의 이해가 가능하다는 것을 기억해야 한다.

무엇보다도 중요한 것이 북조선 출신자가 자신의 경험을 발화하는 것은 증언의 사실 여부와는 별개로 그 자체로서 가치를 지닌다는 사실이다. 각 개인의 다채로운 경험 세계는 그 특정 시공간의 특성을 드러낸다는 측면에서 사회적 의미를 지닐 뿐만 아니라, 모국을 버리고 머나먼 길을 떠나온 그들의 삶 자체가 결코 '개인적' 수준의 결정의 결과가 아니라 지금의 한반도의 구조적 문제를 배태하고 있기 때문이다. 그들의 삶에 대한 이야기는 그들의 언어로 더 많이 발화되어야 한다. 뿐만 아니라 그들의 이야기는 누군가에 의해 '사실 여부'로 평가되는 것에 머무는 것이 아니라, 그 자체로서 그들의 정체성을 구성하는 중요한 매개체로 다시금 위치지어져야 할 것이다. 지금 이 시점에서 북조선 출신자의 증언에 대한 윤리적 접근은 사회 주류의 잣대로 그들의 이야기를 확인하고 평가하는 것이 아닌, 더 많은 이야기들을 듣고 그 경험과 기억의 다층성을 인정하는 것에서 다시 시작해야 할 것이다.

한반도 밖 분단

조·중 접경지역, 북조선 인민과 조선족의 장소

조·중 접경지역이라는 혼종적 공간

조·중 접경지역은 총 1416킬로미터에 이르는 지역이다. 북조선의 북쪽 국경 대부분은 중국과 마주하고 있으며, 16.93킬로미터에 불과한 지역만 러시아와 맞닿아 있다.[*] 그만큼 중국과 북조선은 상당히 넓은 지역에서 '접경'을 이루고 있으며, 근대 국가의 성립 과정과 한국전쟁 등의 역사적 상황을 경험하면서 이 지역은 독특한 공간적 특성을 배태하게 되었다. 조선인의 이주로 구성된 접

---

[*] 국경의 정확한 거리는 연구자마다 약간씩 차이가 있다. 지리학자인 이옥희의 경우에는 조·중 간의 국경을 1376킬로미터로 산출하기도 하고, 해외 언론의 경우에는 약 1400킬로미터로 설명하기도 한다. 이 책에서는 국경을 둘러싼 분쟁을 분석한 피닐라의 연구를 참조한다. 이옥희 『북·중 접경지역: 전환기 북·중 접경지역의 도시네트워크』, 푸른길 2011; Daniel Gomà Pinilla, "Border Disputes between China and North Korea," *China Perspectives* Vol. 52, March-April, 2004, 1~8면.

경지역이 조선 독립과 중화인민공화국의 성립 등의 과정을 거치면서 근대적 '국경'으로 재편되었기 때문이다.

조선인에 뿌리를 둔 북조선 인민과 중국 조선족의 관계는 1860년 대부터 시작된다. 한반도의 기근을 피해 두만강과 압록강 일대의 조선인이 중국 둥베이東北 지역으로 이주하면서 이 지역에 조선인이 거주하게 되었다. 이때까지만 해도 그 수가 많지 않았다. 하지만 일본이 조선을 침략하고 중국에까지 그 영향력을 뻗치게 되면서 조선인들 또한 중국 둥베이 지역으로 대거 이주하게 된다. 일본제국이 식민지 정책의 일부로, 중국으로 진출하기 위해 제국의 신민을 앞세우게 된 것이다.* 이처럼 일본의 중국 진출에서 둥베이 지역은 중요한 교두보였으며, 그만큼 빈번한 인적 교류와 이동이 이루어졌다. 1909년에 청과 일본 간의 간도협약과 1910년 한일합방 조약이 체결되면서 조선인은 일본의 식민지배를 피해 혹은 일본의 중국 진출의 일환으로 연변 지역으로 본격적 이주를 감행한다.[1] 1910년부터 1920년 사이에는 주로 일본의 핍박을 피

---

* 곽승지는 둥베이 지역의 조선족에 대한 연구를 크게 두가지로 구분한다. 우선 연변대학교를 중심으로 한 몇몇 학자들은 토착민족설을 제기하면서, 허베이성과 랴오닝성에 사는 고려인의 후예인 박씨촌 사람들이 조선족의 선조라고 정의한다. 즉, 조선족이 둥베이 지역에 거주하기 시작하고, '조선족'으로 인정받은 것이 바로 명나라 말기와 청나라 초를 전후해서라는 것이다. 다른 한편으로 연변사회과학원을 중심으로 한 학자들은 조선인이 대규모로 이주한 19세기 중엽이 지금의 조선족의 기원이라고 주장한다. 하지만 무엇보다도 대규모의 조선인들이 이주하기 시작한 것은 일본이 식민화 정책을 본격화하고, 연변을 중국으로 진출하기 위한 교두보로 삼은 19세기 말경이다. 곽승지 『조선족, 그들은 누구인가: 중국 정착 과정에서의 슬픈 역사』, 인간사랑 2013, 28~30면.

해 중국 동북부로 이주한 가난한 조선인들이 대부분이었다면, 1920년대는 제국 일본의 이주 제한과 더불어 둥베이 지역의 조선인에 대한 일본의 개입이 본격화되면서 중국이 나서서 조선인의 이주를 제한하였던 시기다.[2] 일본의 중국 침략이 본격화되는 1930년대 이후에는 제국의 연결망을 활용하여 조선인이 중국의 둥베이 지역으로 이동하였으며, 그 수는 점차 늘어났다. 1930년대의 연변 지역 전체 주민의 76퍼센트가 조선인이었는데, 이는 전체 조선인의 9퍼센트에 육박하는 216만여명에 이르는 규모였다.[3]

국경이라는 구분선이 명확하게 작동하지 않던 이 지역은 1945년 일본의 항복을 기점으로 점차 복잡한 관계가 생성된다. 조선 해방 이후 상당수가 고향을 찾아 한반도의 남측 혹은 북측으로 돌아가면서 이 지역 조선인의 수는 급속도로 줄어서, 중화인민공화국이 수립된 1949년 무렵에는 111만여명의 조선인이 남게 되었다. 조선으로 돌아간 이들 중 과반이 넘는 이들은 남한 출신자였는데, 이들은 이주 역사가 짧았다는 것과 함께 지리적으로 이동거리가 상당하기 때문에 빨리 귀향을 결정했다는 분석이 지배적이다. 반면 북조선 지역 출신자의 경우에는 고향을 오가는 것에 제한이 없었고, 가까운 접근성 때문에 언제든 돌아갈 수 있다고 생각했다. 또한 그 시기만 해도 이 지역에서는 북조선과 중국이라는 근대 국가의 경계가 모호하게 작동한 것도 중요한 요인 중의 하나였다. 당시 전후 복구 및 지역 장악이 중요했던 중국공산당의 우대정책으로 인해 상당수의 조선인이 둥베이 지역에 남는 것을 선택한 것으로 보인다.

한국전쟁을 겪고, 남북한 분단이 공고화되는 과정에서도 중국과 북조선은 함께 사회주의 체제를 구축하고, 혈맹우방으로 긴밀한 관계를 발전시켜나간다. 이 지역의 조선족과 북조선 주민은 같은 언어와 문화, 그리고 역사적 뿌리를 공유하는 집단으로서 긴밀한 교류를 계속 이어갔다. 이는 대약진운동과 문화혁명 시기에 조선족이 국경을 넘나들면서 북조선 주민과 경제적 협력을 한 것과 북조선의 식량난 시기에 대규모의 북조선 주민이 중국으로 넘어가 조선족 친척의 도움을 받은 것 등 다양한 탈경계적 네트워크를 가능하게 했다.

이동하는 글로벌 조선족

조선족과 북조선 주민 사이의 네트워크는 한중수교가 공식화되고, 남한의 경제가 북조선을 뛰어넘게 되면서 좀더 복잡해지는 양상이다. 상당수의 조선족이 경제적으로 발전한 남한이나 중국 내 대도시로 경제이주를 떠나게 된다. 2010년 중국의 인구센서스 자료에 따르면 조선족은 전세계 약 80여개 국가에 60만명이 이주한 것으로 알려져 있어, 중국의 소수민족 중에서도 가장 글로벌한 것으로 평가된다.[4] 이들의 해외 이주 중 대부분은 한국으로의 이주이고, 중국 내 이동도 한국 기업의 네트워크와 긴밀하게 연관되어 있다. 법무부 자료에 따르면 2018년 국내 거주 조선족 동포의 수는 87만 8665명으로, 여기에 한국 국적을 회복했거나 취득한 이들까지 포함할 경우 그 수는 90만명을 넘어서는 것으로 파악된다.[5] 중국 내 조선족의 수를 183만명으로 집계한 2010년 중국의 인구센서스를 감안하면 조선족 2.07명중 1명은 한국에 와 있는 셈이다. 중국의 조선족자치주는 사실상 붕괴되었으며, 특히 연변 지역의 경우 경제이주를 떠난 청장년층이 남겨둔 노인들과 아이들만이 남아 있는 모양새이다.

연변조선족자치주의 변화를 세계체제론의 시각에서 분석한 몇몇 연구에서는 이 지역이 일제 시기에는 일제에 수탈되는 전형적인 주변적 자원의 역할을 수행하다가, 이후 사회주의 체제화를 거치면서 세계체제에서 이탈했고 다시금 개혁·개방 시기를 거치면서 글로벌 경제체제에서 주변부에 위치하고 있음을 밝혔다.[6] 이런 논의는 중국의 개혁·개방이 진행되면서 중국 내 상당 지역이 세계체제의 반주변부로 이동하였음에도, 연변 지역은 여전히 소외되고 착취의 대상이 되는 주변부에 남겨져 있음을 비판한다. 이러한 연변 지역의 상황이 적나라하게 드러난 것이 바로 인구 유출에 대한 분석이다. 조선족자치주의 안정적 유지를 위해서는 연변 지역의 산업화와 공업화를 가속화하여 양질의 일자리를 제공할 것을 강조한다.

이러한 시각이 이 지역의 상황을 일정 부분 설명해주지만 조선족 이동의 원인을 연변 지역의 경제적 낙후성으로 단순화하여 해석한다는 문제도 있다. 조선족의 남한으로의 경제이주는 역설적으로 세계체제가 얼마나 촘촘하게 작동하고 있는지를 드러내는 예이며, 냉전과 긴밀하게 연관되어 있는 글로벌 경제구조와 에스닉 네트워크ethnic networks의 결합을 의미하는 것이기도 하다. 조선족이 한국으로 이주할 수 있었던 것은 산업화의 과정에서 디아스포라 노동력을 활용하려는 한국정부의 디아스포라 관련 정책과 글로벌 자본주의라는 세계체제의 작동이 중첩됐기 때문이다.

또한 역사적으로 지속된 조선족과 북조선 주민 간의 긴밀한 경제 및 문화 교류가 글로벌 경제시스템의 일부로 편입되면서 조·중 접경지역의 성격에 확연한 변화가 확인되기도 한다. 과거 사회주의 '혈맹'이나 에스닉 네트워크에 기반을 둔 관계가 글로벌 경제와 연결되면서 그 연결망은 한반도와 중국 전역으로 확장된다. 조·중 접경지역이라는 공간에 기반을 둔 관계망이 상품, 정보, 금융 등의 네트워크와 결합되어 북조선과 한국, 그리고 대도시의 코리안 커뮤니티까지 넘나들게 되었다. 예컨대 강주원은 조·중 접경지역 중 하나인 단둥丹東의 현지조사를 통해 북조선 주민-조선족-한국 주민이라는 확장된 관계망이 이 지역의 초국적 성의 변화를 드러낸다고 설명한다.[7] 상품의 생산과 유통, 소비의 회로에는 분단이나 국적으로 인한 제약이 점차 줄어들게 되고, 점점 더 조밀해지는 에스닉 네트워크가 국경, 더 나아가서 분단선을 넘나들고 있다는 분석이다.

북조선 주민 이동의 유인 요소

조선족은 북조선 주민과 한국 주민, 냉전과 탈냉전, 에스닉 네

조·중 접경지역의 중국 쪽에서 바라본 북조선은 조금만 손을 뻗으면 닿을 것처럼 가까운 곳이다. 북조선 인민은 강을 넘나들며 생활하기도 하고, 돈을 벌기 위해 중국 쪽으로 불법 도강을 하기도 한다.

트워크와 글로벌 경제체제의 결절점 역할을 수행한다고 하겠다. 그중에서도 특히 주목해야 할 것은 북조선 주민의 이동과 연관된 조선족과 조·중 접경지역의 지정학적 역할이다. 1990년대 중반 북조선의 경제난이 발생하자 북조선 주민은 국경을 넘어 중국 쪽 조선족의 도움을 받은 것으로 알려져 있다. 국경지역인 함경북도 의 주민들 상당수는 중국 쪽에 조선족 친인척이 있었으므로, 갑작스레 위기에 봉착한 식량 상황을 타개할 가장 쉬운 방법은 중국의 친척들에게 도움을 청하는 것이었다. 이들의 대부분은 단기 간 중국에 머물다가 돈이나 식량을 가지고 다시 북조선으로 되돌아오기를 반복했으며, 이들 중의 일부는 국경무역을 통한 장마당 경제의 주역으로 진화하기도 했다.

조·중 접경지역의 북조선 주민과 조선족의 연결망이 가능할 수 있었던 것은 이들이 친인척 관계였을 뿐만 아니라 같은 언어와 문화를 공유했기 때문이다. 중국의 소수민족 정책으로 조선족 은 자신들만의 언어와 문화를 상당 부분 유지할 수 있었으며, 북조선의 함경북도 또한 평양으로부터 가장 멀리 떨어져 있는 지역으로 상대적으로 중앙행정력의 빈틈이 만들어졌던 곳이기도 하다. 북조선에 성분제도가 구축됨에 따라 적대성분으로 구분된 이들이 함경북도 지역으로 강제 이주된 역사도 존재한다. 이러한 지역적 상황은 '고난의 행군' 시기에 식량 공급이 가장 먼저 중단된 지역이 함경북도였다는 것으로 증명된다. 그만큼 중심 권력의 외부에 위치한 조선족자치주와 함경북도 지역은 일상에서의 교류와 협력을 계속해나갔으며, 이는 '고난의 행군'과 같은 시기에 더 많은 인적 교통을 가능하게 했다.

흥미로운 점은 1990년대 중반 이후에 이 지역에 새로 등장한 한국 사람들이다. 1992년 한·중 국교정상화를 기점으로 한국인의 중국 진출은 폭발적으로 증가하였고, 조·중 접경지역에도 많은 한국 기업인들이 조선족을 매개로 진출하게 된다. 이 시기 북조선의 기근을 알고 이를 돕기 위해 진출한 선교사와 NGO 활동가들도 접경지역으로 몰려들었다. 또한 북조선을 대상으로 인도적 지원, 선교, 교육 사업을 펼치기 위해 이 공간으로 이주하는 한국 주민도 눈에 띄게 늘게 되었다. 조·중 접경지역의 초국적성이 더욱 강화되는 계기가 되면서도 동시에 조선족을 매개로 한 분단 경쟁이 중국 영토에서 본격적으로 시작되었음을 뜻하는 것이기도 하다.

예를 들어 북조선 주민과 조선족이 비공식적인 친인척 관계를 바탕으로 한 관계를 지속해나갔다면, 한국인과 조선족은 새롭게 구축된 제도를 바탕으로 공식적 영역에서 합법적인 방법으로 교류를 확장해나갔다. 구별되어 보이는 이 두개의 네트워크는 사실 여러 측면에서 서로 교차하고 보완하면서 작동한다. 예컨대 조선족의 집중 거주 지역 중 하나인 산둥성의 칭다오에는 연변 지역의 조선족이 집중적으로 몰려들었는데 그 이유는 칭다오에 입주한 한국인 기업에서 일자리를 얻을 수 있었기 때문이다.[8] 또한 조선족의 이동을 따라 북조선 주민이 조·중 접경지역에만 머무는 것이 아니라 중국 내 대도시로 이동하는 양상도 포착된다. 교류와 협력의 에스닉 공동체, 즉 사회문화적 접경지역이 공간적 접경지역에만 머물지 않고 중국 대도시 곳곳에 새롭게 만들어졌다.

다른 한편으로는 연길 지역의 조선족이 중국 내 대도시로 일자리를 찾아 떠난 빈자리에 북조선 출신자들이 하나둘 모여들었다. 조선족이 떠난 농촌 마을을 중심으로 북조선 여성들이 결혼 이주의 형태로 모여들게 된 것이지만, 연길, 용정 등과 같은 지역 중심지의 돌봄노동 영역에도 북조선 출신자들이 은밀하게 진입하였다. 결국 한국 기업의 중국 진출과 도시화가 만들어낸 조선족의 이주가 북조선 주민들의 접경지역 정주와 연쇄적으로 작동하였다.

이렇게 이동하는 조선족이나 북조선 주민 중의 상당수는 여성이다. 사회학자 사센^{Saskia Sassen}의 용어로는 "지구화의 반지리학"^{countergeographies of globalization}인 "생존의 여성화"^{feminization of survival} 현상인데, 세계화의 영향으로 가난과 실업 상태에 빠져 있는 개발도상국 혹은 후진국의 여성에게 가족의 생계 책임이 지워지는 것을 의미한다. 세계화의 현상으로 부의 집중, 높은 실업률, 가난의 보편화, 사회적 자본의 편중 등이 발생하게 되고, 이런 상황에서 생존의 대안적 회로가 등장하게 된다고 설명한다. 세계화와 글로벌 자본주의의 환경에서 가족의 생존을 책임진 여성이 인신매매(성산업과 돌봄노동)와 송금의 회로에 적극 편입되는 것이다.[9] 상대적으로 경제발전이 더딘 둥베이 3성의 조선족 여성들이 가족의 생계를 위해서 한국과 중국 내 대도시로 이주를 떠나고, 국가의 식량 배급이 중단된 북조선에서도 여성이 가족의 생계를 책임지게 되면서 중국으로의 이동을 감행한다. 이 과정에서 이들의 이주는 그것이 직업소개이건 아니면 인신매매이건 시장 이익에 기반을 둔 산업에 의해서 가능하게 되며, 이주 네트워크를 활용한 이들의 송금은 모국에 남겨진 가족의 생존을 결정하게 된다.

조·중 접경지역에서 사람들 간의 이동과 교류는 국가의 경계를 뛰어넘어 활성화된다. 그렇다고 공식적인 교류나 협력이 전혀 영향을 미치지 않는 것은 아니다. 국경을 둘러싸고 마주하고 있는 국가 간의 대립 혹은 협력은 이 지역의 동학에 결정적인 변화를 만들어내기도 한다. 국경에 대한 북조선과 중국 간의 협약은 1962년 조중변계조약과 1964년 국경의정서로 체결된 바 있다.[10] 또한 1961년에는 북조선과 중국 사이의 긴밀한 협력과 교류를 합의한 조중우호협력상호원조조약이 체결되기도 한다. 혈맹이 앞세워진 긴밀한 관계는 2000년대 들어서 중국이 둥베이 3성의 계발계획을 실행에 옮기면서 일대 전환기를 맞이하게 된다. 2004년 중국정부의 둥베이진흥계획에 따라 '창지투개발개방선도구'가 본격적으로 운영되기 시작하였고, 2009년에는 지방정부를 중심으로 진행된 창지투 개발이 국가급 개발프로젝트로 확장되었다.[11]

하지만 중국의 창춘長春–지린吉林–투먼圖們장을 잇는 창지투개발계획의 파급력은 아직 제한적이다. 이 계획이 실효성을 거두기 위해서는 북조선의 협력이 절대적으로 필요한데, 북핵 문제가 불거지고 더욱 강화된 국제 제재라는 환경에서 북조선과의 공식적 경제협력은 사실상 불가능에 가깝기 때문이다. 그럼에도 한국의 기업들은 이 지역의 가능성에 대비해 몇몇 투자사업을 시작하였다. 예컨대 2014년에 창지투 개발 사업의 주요 거점인 훈춘에 남한 기업 중 포스코가 진출하여 거대한 물류단지 중 일부를 완성해둔 상태이다. 북조선 또한 1990년대 초반부터 나진-선봉경제특구를 지정하여 외국인의 투자를 적극 유치하고 있다.

중국이 주도하는 둥베이 3성의 경제개발계획은 한국 기업의 적극적인 참여와 북조선의 협조가 반드시 필요한 사업이다. 하지만 불안정한 남북관계가 계속되면서 이 지역의 질적 변화는 여전히 요원한 상태이다. 그럼에도 이미 경제협력을 위한 기초적 자원이 구축되어 있는 조·중 접경지역은 남북관계의 변화에 따라 급격한 발전과 엄청난 교류의 가능성이 있는 곳이기도 하다. 조·중 접경지역의 이러한 가능성은 오랜 역사 동안 켜켜이 쌓여 있는 사람들 간의 교류 경험에 기반을 둔다. 국경을 마주하고 있는 국가들은 때로는 긴밀하게 협력하기도 하고, 또다른 경우에는 국경을 닫아 대립하기도 한다. 하지만 기억해야 할 것은 국가의 사업이 중단되는 상황에서도 사람들의 교류는 계속된다는 점이다. 그것이 불법적인 이동의 형태를 띠더라도, 접경지역이라는 공간적 특성상 사람들의 교류와 교통은 이어질 수밖에 없다.

북조선 여성의 초국적 삶
이주, 결혼, 그리고 가족

이동하는 북조선 여성의 원거리 모성

조·중 접경지역에는 다양한 초국적 행위자가 있다. 이들의 일상은 중국의 여느 지역과는 상당히 구분될 정도이다. 조선족의 상당수는 한국과 직간접적으로 연관되어 있으며, 그보다는 규모가 작지만 또다른 몇몇은 북조선과 긴밀하게 연결되어 있다. 북조선 출신자는 때로는 국민국가의 규제를 받는 이주 노동자로 이 지역에 유입되기도 하고, 어떤 이들은 비공식적인 채널을 활용하여 체류하기도 한다. 각기 다른 이유와 경로를 거쳐 이 지역에 살고 있지만, 공통점은 우리가 예상한 것보다 훨씬 더 초국적인 삶을 살아가고 있다는 것이다.

특히 주목하고자 하는 이들은 북조선 어머니들이다. 그녀들의 규모가 어느 정도인지 정확한 숫자를 파악하기는 힘들지만, 조금

연길에는 북조선 여성 종업원을 고용한 다양한 형태의 식당이 존재한다. 이 식당은 음식 판매보다는 주류 판매와 음악 공연을 주로 하는 곳이다. 한국인 관광객과 중국인을 대상으로 영업을 해오다가, 대북제재의 여파로 최근 폐업하였다.

만 관심을 가지고 수소문을 해보면 북조선 어머니들의 존재를 마주칠 수 있으니 그 숫자가 그리 적지만은 않을 것이다. 대부분은 나이가 꽤나 많은 이들이지만, 필자가 만난 이들 중에는 30대의 젊은 여성들도 있다. 그녀들은 대부분 함경북도와 양강도 주요 도시 출신으로 혜산, 청진, 무산 등에서 살다가 중국으로 이주한다. 그 시작은 역시나 '고난의 행군'이다. 먹을 것이 없는 상황에서 이들은 살기 위해서 중국에 첫 발걸음을 떼놓게 된 것이다.

1990년대 중후반에 국경을 넘은 북조선 여성들의 경우는 두가지 유형으로 구분할 수 있다. 첫번째는 조선족 친척에게 도움을 청하러 국경을 넘은 이들로 상대적으로 이주민이나 여성을 대상으로 하는 폭력에 덜 노출되어 있다는 특징이 있다. 이들 중 대부분은 친척집에 머물다가 북조선으로 돌아가거나, 이것이 여의치 않을 경우에는 식당 등과 같은 곳에서 몇달씩 일을 해서 돈을 벌어 돌아가기를 반복했다. 두번째 유형은 살기 위해서 무작정 국경을 넘은 여성들로 인신매매와 같은 극단적인 폭력에 노출된 경우가 많았다. 자의에 의해서건 타의에 의해서건 이들은 결혼이라는 명목 아래 '조선족'이나 '한족'에게 '매매'된다. 조선족 여성들이 도시와 한국으로 떠나고 난 이후 시골 마을에 남겨진 남성들이 주요 고객이었다. 극단적인 사례로는 중국의 마피아와 같은 폭력조직이 운영하는 성산업에 북조선 여성이 인신매매되는 경우도 있었다.

2000년대 중반 이후 북조선의 경제가 조금씩 나아지면서 국경을 넘는 북조선 여성은 경제이주의 성격이 점차 짙어지게 된다. 이들 중 상당수는 연령이 60세 이상이다. 북조선 정부가 연령이 높은 여성의 경우에는 사사여행증이라는 중국방문 비자를 쉽게 내어준 것도 하나의 이유가 된다. 게다가 북조선 정부는 사사여행증의 대상으로 중국 내 친척이 있는 자를 우선시하기 때문에 상대적으로 노년의 여성들이 국경을 합법적 방법으로 넘을 수 있었다. 사사여행증은 짧게는 3개월 길게는 6개월 정도의 중국 체류 자격을 보장하는데, 대부분은 이 기간 내에 북조선으로 돌아오지 않는다. 사사여행증을 받는 데도 뇌물이 많이 들고, 어렵사리 받은 여행증이기에 더더욱 기간을 넘겨서라도 중국에서 돈을 벌고자 한다.

북조선의 경제가 나빠지면서 노인들의 삶 또한 극도로 힘겨워졌다. 특히 북조선 여성들의 어머니 노릇은 자녀가 장성해서 가정을 꾸리고 난 이후에도 계속되는 경향이 강하다. 경제적으로 살아남기 위해서 가족은 여러 방식으로 재구성되는데, 가족 중 경제적 공헌을 가장 많이 할 수 있는 이가 이주 노동에 나서고 모국에 남겨진 가족들은 송금에 의지해서 살아가는 형태는 북조선에서만 발견되는 것은 아니다. 이주의 신경제학이 임금의 차이와 경제적 효용성에 바탕을 둔 이주의 패턴을 설명했는데, 특히 효용성의 단위는 개인이 아닌 가족이라고 설명한다. 개인의 경제적 이유로만 이주가 발생하는 것이 아니라, 가족 단위에서 경제적 위험을 최소화하면서 수입을 안정적으로 유지하기 위해 이주가 감행된다는 뜻이다.[12] 그럼에도 북조선 가족의 사례는 극단적인 형태를 띠는 것이 사실이다. 북조선의 고령의 어머니들이 조선족과의 연결망을 활용하여 이주에 나서게 되는 것도 그러하거니와 이들이 보내는 송금으로 고향에 남겨진 수십명의 가족의 생계가 결정되기 때문이다.

물론 고령의 어머니들만 중국으로 이주하는 것은 아니다. 30대부터 50대까지의 북조선 어머니들이 중국으로 이주할 때는 사사여행증을 받는 경우보다는 불법적 방법을 통하는 경우가 더 많다. 브로커나 중국 쪽 무역 상대자*의 도움으로 강을 넘으며, 용감한 몇몇은 혼자 힘으로 강을 건넌 경우도 있다. 이들의 목적은 하나다. 북조선에 남겨둔 가족, 특히 자녀의 생계를 책임지는 것이다. 배급제가 사실상 작동하지 않는 북조선에서 이주와 송금은 가족이 경제적으로 버텨낼 수 있는 중요한 자원이 된다.

북조선 어머니들의 일자리는 접경지역에서도 비가시적인 영역에 집중되어 있다. 대부분이 사사여행증의 여행기간 이후까지 지내게 되면서, 불법적 신분이 되기 때문이다. 주로 종사하는 영역은 돌봄노동인데, 자녀들이 도시나 한국으로 경제이주를 떠나면서 남겨진 병든 노인들을 보살피는 일이다. 같은 집에서 함께 지내면서 숙식을 해결할 수 있고, 병든 노인들의 이동 범위가 제한되어 있기 때문에 주변 사람들에게 노출될 확률도 적다. 북조선 어머니들은 간병인으로 안성맞춤인데, 임금이 싼 것도 그렇고 쉽사리 일을 그만두지 않는다는 점도 장점이다. 게다가 북조선 어

• 국경무역을 하던 여성들이 대방이라고 불리는 중국 측 사업 파트너의 도움으로 중국으로 넘어온 사례도 종종 확인된다. 국경무역을 하다가 정부에 발각된 경우에는 무작정 국경을 넘어 중국에 있는 지인들의 도움을 얻기도 한다.

머니들은 조선족이나 한족 사이에서는 깔끔하고 교육도 많이 받은 것으로 잘 알려져 있기도 하다. 그녀들은 임금이 한달에 2천~3천 위안 정도이고, 생활비라는 명목으로 반찬값을 조금 더 받는 것이 일반적인 사례다.

돌봄노동 영역에서 일하는 북조선 어머니들은 그나마 안정적인 편이다. 인신매매에 희생되어 원치 않는 결혼을 하거나, 마사지숍이나 노래방, 술집 등과 같은 성산업으로 흘러들어가는 경우도 많다. 북조선 어머니들이 일하는 곳의 공통점이 있다면 공식 영역에서 쉽사리 발견되지 않는 사적 영역의 성격이 강하다는 사실이다. 또한 이러한 사적 영역이 하나같이 젠더화된 공간이라는 것은 의미심장하다. 북조선 여성 대부분이 불법적 신분이기에 감시망을 피할 수 있는 사적 영역은 생존의 중요한 기준이 되고, 조·중 접경지역에서 여성 노동력이 절대적으로 부족한 상황은 역설적으로 그녀들이 일자리를 얻을 수 있는 기회를 제공한다. 공식적 수준에서 비가시적인 영역이 많으면 많을수록 불법 이주자에게는 노동의 기회가 더 많아질 수밖에 없다. 특히 조선족 여성의 이주가 만들어낸 여성 노동력의 부재는 북조선 어머니의 노동력 유입을 유인하는 중요한 요인임에 분명하다.

문제는 고립된 공간에서 제한된 사람들과의 관계만을 구축하며 지내는 북조선의 어머니는 중국에 살면서도 결국 북조선에 사는 것과 다르지 않다는 점이다. 이주민의 동화 과정에 중요한 기준점은 원주민과의 사회적 관계가 얼마나 확장되었는지의 여부인데, 불법적 신분으로 지내면서 간병만 하는 이들에게 원주민과의 교류나 관계 구축은 쉽지 않다. 대부분은 북조선의 상황을 주시하면서 돈이나 필요한 물품을 모으는 데 시간을 보낸다. 북에서 자연재해라도 났다는 소식이 들리면 이들은 어떻게든 더 많은 물품을 보내려고 노력한다. "지난여름에 물난리가 나서 거기가 다 먹을 것도 싹 없어져서, 내가 김치를 2백 킬로를 보냈지"라고 말하는 북조선 어머니는 중국에서는 너무 흔한 것이 고향에는 없다면서 안타까워한다.* 자신은 그래도 먹을 걱정을 하지 않으면서 살고 있지만, 자녀들은 당장 먹을 것이 없을 것이라며 가슴 아파하는 것이다.

그녀들의 삶은 힘겹다. 몸이 아무리 아파도 자신한테 약 한번 쓴 적 없다는 이, 성폭력의 위험으로 친척집에서 뛰쳐나오면서도 당장 송금액이 부족하다며 걱정하는 이, 하루라도 빨리 돈을 모으기 위해서 돈을 많이 준다는 한국 선교사를 소개해달라는 이, 자녀가 그리워 다시 돌아갔지만 아무도 반기지 않아 결국 중국으로 돌아온 이, 자신이 보내는 송금만 기다리는 가족이 섭섭하면서도 북조선은 원래 그렇게 힘든 곳이라며 눈물짓는 이 등 그 사례는 수도 없이 많다. 그럼에도 그녀들이 송금을 포기하지 않는 이유는 그것이 자신들이 해야만 하는 모성 실천이라고 믿기 때문이다. 북조선 어머니를 강하게 옥죄고 있는 모성이데올로기가 이들에게 가족 생계를 책임지게 했으며, 이주한 그녀들에게 '송금'

---

* 필자는 2011년 이래로 조·중 접경지역의 현지조사를 매년 계속해오고 있다. 매해 적게는 10여 명 많게는 20여 명 정도의 북조선 여성을 만나 인터뷰를 진행하였다. 여기서 인용하는 인터뷰는 현지조사에서 만난 북조선 어머니들의 목소리이다.

이나 '물품'과 같은 것은 모성 실천의 매개체가 된다.

북조선 어머니의 모성 실천에 변화가 생기기도 한다. 예컨대 중국 거주 기간이 길어지면 길어질수록 송금이나 물품을 보내는 것의 빈도가 조금씩 줄어들기도 한다. 점차 쇠약해지는 건강 상태에서 일자리를 구하는 것이 쉽지 않다는 것도 이유 중 하나이다. 이 경우 북조선 어머니들 앞에는 두가지 선택지가 있다. 하나는 북조선으로 돌아가는 것이고, 나머지 하나는 위험을 무릅쓰고 한국행을 선택하는 것이다. 물론 대부분은 어느 쪽도 선택하지 못하고, 중국에서의 불안정한 삶을 계속 이어간다. 북조선으로 돌아갈 경우 정부의 처벌을 피하기 위한 뇌물도 준비해야 하고, 자녀들이 과연 자신을 반겨줄지도 생각해야 한다. 만약 자신의 오랜 부재로 가족이 해체되었다면 그녀들이 돌아갈 집 자체가 없어졌을 수도 있다. 아무리 자신의 삶을 희생하면서 송금을 해온 어머니이지만, 하루하루 사는 것이 힘겨운 자녀들이 그녀의 노후를 책임져줄지는 확실치 않다.

한국행의 경우 중국과 동남아시아를 거쳐 가는 1만여 킬로미터의 여정이 너무나 힘겹다는 것이 문제지만 일단 도착하면 복지와 의료적 도움을 누릴 수 있기에 그녀들에게는 좋은 선택지임이 분명하다. 무엇보다 그녀들이 이제는 '합법적' 존재가 되는 것이다. 숨죽이지 않아도 되고, 불안에 떨며 몸을 숨길 필요도 없는 존재가 되는 것이다. 하지만 이주 경로의 위험은 그렇다고 쳐도 그 길을 안내해줄 브로커와 선이 닿기란 쉽지 않다. 점점 더 가격이 올라 이제 수천만원에 이르는 브로커 비용을 대는 것도 어렵다.

어머니 노릇을 위해서 용감하게 국경을 넘은 북조선 여성들은 이도 저도 하지 못하고 접경지역에서 힘겹게 하루하루를 버티고 있는 것이다.

인신매매와 결혼이주 중간 어디쯤

불법적 신분의 북조선 여성이 몸을 숨길 수 있는 또다른 방법은 중국인과 결혼을 하는 것이다. 접경지역의 에스닉 네트워크가 이들의 결혼을 가능하게 하는 주요 행위자이다. 불법적인 신분의 북조선 여성이 안전하면서도 돈을 벌 수 있는 직업을 갖기란 쉽지 않고, 그 과정에서 '결혼'이 하나의 방법으로 등장하게 된다. 전신자의 연구에 따르면 상당수의 북조선 여성이 "생존에 대한 갈망"으로 접경지역의 중국인, 대부분 조선족과 결혼을 한다고 분석한다. 하지만 중국 법률에서는 혼인등기를 하려면 "남녀 쌍방의 당사자는 반드시 함께 중국 공민의 호적 소재지의 성, 자치구, 직할시 인민정부가 지정한 혼인등기 기관에서 등기를 신청"해야 함을 명시하고 있기 때문에, 불법적 신분인 북조선 여성의 결혼이 합법적이기는 어렵다.[13] 또한 본인의 의지와 상관없이 인신매매되어 결혼하게 되는 경우가 상당수 있다는 사실도 잊어서는 안 된다. 그럼에도 북조선으로 돌아갈 수 없는 이들의 인권적 상황과 중국 둥베이 지역 조선족 사회의 붕괴 속에서, 북조선 신부가 엄연히 존재하는 게 현실이라는 것을 감안해야 한다.[14] 조·

중 접경지역의 북조선 여성의 결혼은 단순히 '합법'과 '불법'이라는 영역으로 구분되지 않는 영역에서 작동한다.

합법과 불법으로 구분되지 않는 모호한 영역이 있다는 것은 북조선 여성의 인권 문제에 대한 기존의 주류 담론에 질문을 던진다. 북조선 출신자의 증언에 따라 이들은 인신매매와 인권의 피해자로 단순화되어 해석되어왔다. 국제기구에서 제출하는 인권보고서에서도 이들의 복합적인 상황과 인신매매라는 개념의 협소함, 그리고 현실의 복잡한 맥락에 대해서는 논의하지 않고, 북조선 출신자 중 80~90퍼센트가 인신매매의 희생자라고 보고하기도 한다.[15] 인신매매라는 범죄에 대한 전세계적인 대응은 반드시 필요한 것이지만, 다른 한편으로는 인신매매와 직업 및 결혼 중개 사이의 미묘한 차이를 무력화한다는 문제점도 있다. 극한 상황에 놓인 여성들에게 결혼이주 네트워크는 그나마 이들의 이동을 가능하게 하여 이들이 생존의 가능성을 도모하게 하는 역할을 수행하기 때문이다. 또한 현실의 복잡성을 감안했을 때 인신매매 범죄의 영역을 넓히고 그것의 적용 수준을 엄격하게 할수록 인신매매는 더욱 음성적으로 이루어지게 된다는 점도 간과해서는 안 된다. 이주의 세계화가 이미 일상이 되어버린 상황에서 인신매매를 처벌하는 것과 동시에 안전하면서도 적절한 중개 네트워크를 구축하는 것이 진행될 때 인신매매로 인한 피해를 최소화할 수 있다.

인신매매 담론의 또 하나의 맹점은 북조선 여성들의 행위 주체성에 대한 고려가 적다는 데 있다. 인신매매라는 입장에서 북조선 여성들은 '피해자'로 단순화되기 일쑤고, 지금까지 수많은 이동의 선을 만들어낸 이들의 행위 주체성은 쉽사리 소거된다. 가족을 위해서 위험을 무릅쓰고 국경을 넘고 송금을 통해서 모국에 남겨진 가족을 부양하는 그들의 엄청난 역량과 에너지가 깡그리 무시되는 것이다. 그것만이 아니다. 인신매매 담론은 '결혼'이 물적 이해관계의 집약체가 아니라 낭만적 사랑에 기반을 둔다는 근대적 신화를 재생산하기도 한다. 하지만 '결혼'은 언제나 '계약관계'의 일부분이었으며, 그것을 어떻게 조율하는지는 시대적 상황과 사회적 맥락에 따라 변해왔다는 것을 기억해야 할 것이다.

이런 점에서 북조선 여성들이 생존을 위해서 혹은 좀더 나은 삶을 위해서 중국에서의 결혼을 선택하는 것을 맥락적으로 해석해야 한다. 극한의 경제적 상황에 놓인 이주 여성들에게 결혼은 때때로 유용한 삶의 방식으로 활용되었다. 게다가 그녀들의 결혼의 양상은 시대를 거치며 진화해오기도 했다. 1990년대 말과 2000년대 초반에는 생존을 위한 불법적인 월경이 많았던 까닭에 이들이 인신매매와 같은 범죄의 표적이 더 쉽게 되었지만, 2000년대 중반 이후 이주 동기가 경제적 이유나 더 나은 삶을 위한 방편으로 확장되면서 이들의 이주는 결혼이주의 성격이 강화되고 있다.[16]

북조선에서부터 중국으로 건너가 결혼을 하겠다고 떠난 이들도 있다. 이런 경우 조·중 접경지역을 가로지르는 브로커 네트워크가 북조선 내 여성을 모집하고, 여성들은 모국에서 힘겹게 살기보다는 중국에 건너가 경제적으로 여유있게 살겠다는 생각으로 길을 떠난다. 이들의 이주 방식은 법적인 보호를 받지 못한다는 것을 제외하고는 대부분 여느 국가의 결혼이주 방식과 비슷하게 진행된다. 조·중 접경지역에서 몇몇 남성들을 만나보고 결혼 대상자를 결정하기도 하고, 본인이 원하지 않을 경우 결혼을 거부하는 경우도 있다. 하지만 대부분의 경우 연고가 없고 불법적 신분이기 때문에 자신이 생각한 것에 못 미치는 환경이더라도 결혼을 받아들이는 경우가 많다. 불법적 신분인 결혼이주자에게 주어진 선택의 범위란 언제나 한계가 있음을 다시 확인할 수 있는 지점이다.

한편 북조선 여성 중 대부분은 조·중 접경지역에서 상당 기간 머물다가 더이상 몸을 숨기가 어렵다고 판단했을 때 주변의 권유로 결혼을 선택한다. 주로 가난하거나 몸이 불편한 조선족 남성들이 결혼 대상자인 경우가 많고, 시내보다는 외곽의 농촌 마을에, 경우에 따라서는 둥베이 3성 곳곳으로 흩어져 정착하게 된다. 가난한 농부 남편보다 상대적으로 교육을 많이 받은 북조선 여성은 결혼 이후에 관계를 주도적으로 이끌게 되고 조선족 부락에서도 인정받으면서 점차 중국 생활에 적응하기도 한다.

중국의 현지조사에서 만난 북조선 여성들은 자신들이 남편이나 부락에 얼마나 커다란 역할을 해오고 있는지 자랑스럽게 회고하곤 했다. "고추장이며 된장 다 만들어서 나눠 먹고, 김치 같은 것도 제대로 만들 줄 아니까" "시골 사람들이라 아는 것도 없고, 중국말도 못하고, 내가 중국말 더 잘했어" "내가 사람들 데리고 나가서 노래방이며 뭐며 다 구경시켜주고" "(남편은) 게을러서, 시부모님이 그렇게 속이 썩어지게 그랬는데, 내가 가서 열심히 일하니까 점점 돈도 모이고 (…)"라고 회고하는 이들이 많다.

처음에 그녀들을 만났을 때 연구자에게 자신들이 이렇듯 잘 살고 있음을 말하는 것을 이해하기란 쉽지 않았다. 고통스런 경험이나 기억을 기대했기 때문에 더더욱 그러했던 것 같다. 그녀들은 결코 좌절하면서 그 자리에 머물고 있지 않았다. 결혼을 활용해서 역량을 키워가고 있었다. 중국어를 익히기 위하여 일부러 핸드폰을 사달라고 해서 중국어로만 문자를 했다고 말하는 이부터, 밭에 나가면 땅에 한자를 몇 개 적어놓고 일하는 틈틈이 외웠다는 경우나, 조선말을 하는 조선족 마을에서 굳이 중국어로만 대화했다는 이도 있다. 조금씩 중국어를 배우고 중국 생활에 적응하며 삶을 꾸려가고 있었다.

용감한 그녀들 중 몇몇은 또 한번의 이주를 감행하기도 한다. 같은 마을에 사는 조선족 여성들을 따라 중국의 대도시나 지역 거점도시로 이주하는 것이다. 도시의 일자리는 주로 여성이 일하는 직종이 많은 까닭에 여성이 도시로 나가고, 남편과 아이들은 시골에 남게 된다. 이런 과정을 거치면서 가족이 해체되기도 하고, 나머지 가족들이 여성을 따라 도시로 이주하기도 한다. 하지만 여성이 경제력을 주도하는 상황에서 부부 사이의 권력관계는 역전되는 경향이 강하다. 결혼은 이렇듯 북조선 여성들이 불법적 신분으로 인해 어쩔 수 없이 선택한 성격이 강하지만, 그들이 조금이라도 나은 삶을 만들어가는 데 중요한 자원이 되기도 한다.

불법적 신분으로 살아가는 것은 힘겨운 일임에 분명하다. 궁극적으로는 그녀들이 원하는 곳에서 합법적으로 살 수 있는 국제적 환경과 제도적 방안이 구축되는 것이 중요하다. 그럼에도 조중관계와 남북관계가 복잡하게 얽혀 있는 상황에서 이들이 합법적 존재로 인정받기란 그리 쉬운 일이 아닌 것으로 보인다. 그럼에도 그녀들은 끊임없이 일상에서 자신들의 장소를 만들어가고, 존재를 증명하며 살아가고 있다. 합법과 불법이라는 이분법에 얽매이는 것이 아니라 그 중간 어디쯤의 공간을 적극적으로 확장하는 것이 그녀들의 전략일 것이다. 결혼이라는 이데올로기와 근대 국가의 국경이라는 구조에 끊임없이 틈새를 만들어내는 북조선 이주 여성들의 행위 주체성은 새로운 상상력과 실천의 한 형태임에 분명하다.

가족 신화 밖 또다른 가족

순희씨 이야기를 해야 할 것 같다. 함흥 출신으로 중국에 온 지 이제 10년이 다 되어간다. 독립운동을 하던 아버지를 일찍이 여의고 조·중 접경지역에서 열다섯살이 될 때까지 살다가 문화혁명 시기에 어머니와 형제들과 함께 북조선으로 들어갔다. 다시 중국으로 온 것은 2001년인데, 중국의 친척들에게 경제적 도움을 받기 위해서 사사여행증으로 방문하였다. 이후 2012년에 다시 여행증을 발급받아서 중국으로 나왔다.

접경지역에서 만난 그녀는 이제 어엿한 의술인이며 얼마 전에

이동하는 북조선 여성의 주체성이 잘 드러나 있는 다큐멘터리 영화로는 윤재호 감독의 「마담 B」가 있다. 영화의 주인공 마담 B는 중국에서 만난 중국인 남편, 한국으로 이주한 이후에 데려온 북조선 남편과 두 아들 사이를 넘나들며 적극적인 여성의 모습을 보여준다.

는 호구*도 만들었다. '선생님'의 도움이 결정적이기는 했지만, 그녀 또한 치열하게 살았다. 몇몇 집을 간병인으로 전전하다가 지금의 '선생님'을 만났다. 환자는 '선생님'의 부인이었다. 그녀는 중증의 병을 앓고 있던 까닭에 제대로 몸을 움직이지 못했다. 그래서 순희씨는 그 집에 살면서 선생님의 부인을 간병했다. 음식을 만드는 일이며, 청소까지 모두 다 순희씨 몫이었다. 부인이 죽고, 이번에는 아들이 아프기 시작했다. 무슨 이유에서인지 아들이 하반신을 움직이지 못하는 중병에 걸리게 되고, 순희씨는 하루 종일 아들의 몸과 다리를 주무르는 일을 맡았다. 그녀의 지극 정성 때문인지 아들은 몸을 조금씩 움직이기 시작했고, 선생님은 순희씨를 점점 더 신뢰하게 되었다.

순희씨는 아들을 간병하면서 알게 된 중국 의술에 심취하게 된다. 선생님은 기꺼이 순희씨가 의술을 배우는 데 드는 비용을 지불한다. 1만 9천 위안이 넘는 거금이었다. 순희씨는 6개월 동안 진행된 모든 과정을 성공적으로 마치고, 이제는 조그마한 클리닉을 열고 환자들을 돌보고 있다. 돈이 모이면 북조선에 남겨진 가족들에게 송금한다. 지금까지 보낸 송금액만 해도 족히 수만 위안은 될 것이라고 한다. 일년에 두번씩, 매번 5천 위안 정도씩 송금하기 때문이다.

순희씨는 자신에 대한 자부심이 대단했다. 혈혈단신으로 중국

---

* 중국의 국적시스템으로 각 지역의 거주민은 '호구'를 받게 된다. 북조선 이주민의 경우 중국에서 호구를 받지 못해서 불법적 신분이 되고, 그녀들의 자녀 또한 호구를 받지 못하는 상황에 처해 있다.

으로 넘어와 지금은 어엿한 클리닉을 운영하고 있으니 그럴 만도 하다. 이제 관심이 있는 것은 그녀의 뿌리를 찾는 일이다. 그녀의 아버지가 중국에서 독립운동을 한 인사였으며, 조선족 사회에서 존경받는 인물이었다는 것이다. 지역 신문 등에서 아버지 관련 글을 모으고, 기자들을 만나 자신의 아버지가 어떤 인물인지도 적극적으로 알리고 있다. 자신의 뿌리를 찾는 일이야말로 자신이 마지막으로 이뤄내야 하는 과업 같은 것이다. 난민적 삶을 살아가던 그녀가 생활의 기반을 만들고 난 이후에 마지막으로 하고자 하는 일이 아버지의 행적을 추적하는 일이라는 것이 흥미롭다. 그만큼 자신의 삶을 역사화하려는 시도는 삶이 뿌리 뽑힌 경험을 한 이들에게 중요한 일인 듯하다.

그럼에도 순희씨는 여전히 경계적 삶을 살아가고 있다. 그녀의 클리닉은 중국 전통의학을 표방하고 있지만 공식적인 의료 허가를 받은 곳은 아니다. 그녀는 자신의 클리닉을 "병원에서 못 고친다고 보낸 이들"을 치료하는 곳이라고 설명한다. 자신의 의술이 과학을 뛰어넘는 것이라고 설명하면서, 자신이 혼을 다해서 치료하기 때문에 환자들이 점차 건강을 회복하는 것이라고 했다. 그럼에도 그녀의 클리닉은 여전히 공식적인 영역에서 가시화되는 공간이 아니었다. 의학시스템 밖에 존재하는 클리닉, 현대 의학이 포기한 환자들, 그리고 북조선과 중국을 넘나들며 경계적 삶을 살아가는 그녀의 삶이 서로 닮아 있다.

한국으로 갈 생각을 해보지 않았냐고 묻자, 그녀는 "중국은 거슴푸레해. 뭐랄까 컴컴하고 그래서 숨을 데가 많아. 내 의술도 한국에 가면 인정 못 받는다고 하고. 한국은 중국에 비하면 너무 밝아."라고 말한다. 그녀가 중국에서 오랫동안 살아남을 수 있었던 것은 바로 비공식영역이 사회 곳곳에 남아 있기 때문이다. 근대화의 영향으로 비공식영역의 공식화가 급속하게 진행된 한국사회에서 그녀는 더욱 힘겨운 삶을 살 것이라고 예측하는 것이다. 북조선과 중국을 넘나들면서 살며, 가부장적 문화에서 여성으로, 그리고 국민과 난민 사이 어디쯤에서 경계인으로 살아가는 그녀에게 단순히 한쪽을 선택하는 것으로 삶이 나아지지는 않는다.

그녀의 가족 또한 명확히 구분되지 않는 "거슴푸레"한 영역이다. 그녀와 선생님의 관계는 더더욱 그러하다. 둘은 마치 부부처럼 일상을 함께 보낸다. '선생님'의 부인이 사망한 이후부터 쭉 그렇게 지내왔다. 하지만 둘은 법적으로 부부관계는 아니다. '선생님'의 도움이 있었던데다가 그녀의 아버지가 조선족 사회에서 중요한 역할을 한 것이 드러나면서 호구를 만들었지만, 그녀는 굳이 혼인 신고를 할 필요를 느끼지는 않는다. 하긴 '선생님'과의 관계는 다소 모호하다. '선생님'의 아들의 병을 고친 댓가로 의술 공부를 할 수 있었고, '선생님'의 돈으로 클리닉을 집안 한편에 마련할 수 있었다. 그래서 어떤 때는 마치 고용주와 피고용인 사이처럼 행동하기도 한다.

순희씨만이 아니다. 돌봄노동에 종사하는 북조선 여성 중 고용인과 사실혼의 관계를 유지하는 이들이 종종 있다. 엄청난 부를 축적한 중국인 사업가의 피고용인으로 혼자 아파트에 살고 있는 지영씨도 비슷한 상황이다. 한족 사업가의 요구가 있을 때 그의 식당에 가서 일을 하고, 사무실에서 허드렛일을 하기도 한다. 하지만 대부분의 시간은 아파트에서 지내면서 그의 건물과 아파트 등을 관리하는 것이다. 선정씨의 경우에는 자신이 돌보던 노인과 함께 산 지 이미 8년은 족히 되었다. 이제 노인의 자녀들은 그녀를 어머니라고 부른다. 자녀들이 한국에서 올 때마다 옷, 신발, 건강식품 등을 사주고, 용돈으로 쓰라면서 명절 때마다 돈을 주고 가기도 한다. 노인 또한 그녀를 "고와"하면서 잘 해준다. 둘만 사는 까닭에 그녀가 잠시라도 자리를 비우면 노인은 불안해한다. 그만큼 둘은 서로 의지하면서 일상을 살아가고 있다.

그러나 이들이 고용주와 맺는 관계는 가족과 같은 형태이지만 동시에 가족이라는 일반적인 형태와는 다소 차이가 있기도 하다. 우선 그녀들의 생활비 그리고 돌봄노동과 가사노동에 대한 댓가는 '임금'의 형태로 지급된다. 근대 가족이 여성의 가사노동을 무임금으로 착취하는 구조에 기반을 두고 있다면, 이들은 자신들의 노동력에 대한 보상을 받고 있다는 측면에서 흥미롭다. '임금'에 대한 이들의 인식 또한 분명한데, 자신들의 위치가 그만큼 경계적이라는 것을 인지하고 있기 때문이다. 아무리 자녀들이 '어머니'로 인정하고, 함께 사는 노인들이 '부인'으로 대우를 해준다고 해도, '임금'을 받는 것이 그녀들은 더 중요하다. 그래야지만 북조선에 남겨둔 가족에게 송금을 할 수 있기 때문이다.

그만큼 그녀들이 중국에서 새롭게 구성한 '가족'은 북조선에 남겨둔 '가족'과는 다른 의미를 띤다. 북조선의 자녀들에게 느끼는 모성적 사랑이나 윤리적 책임감 등은 중국의 '가족'에게는 상대적으로 약하게 발견된다. '임금'을 받으면서 수행하는 배우자와 어머니의 역할은 언제든지 그만둘 수 있는 것이기 때문이다. 간병인과 고용인 사이의 관계는 '필요'에 의한 '계약관계'이기에 그 사이의 친밀감이나 도덕적 의무감 같은 것은 부차적인 것으로 취급되기 쉽다. 예컨대 영순씨의 경우에는 50대 중반에 중국으로 건너와 조선족 노인과 7~8년은 족히 서로 의지하면서 지냈지만 노인의 건강이 점차 악화되면서 문제가 불거지기 시작한다. 노인은 자신이 죽으면 영순씨의 삶이 힘겨워질 것을 걱정해서 남겨둔 패물을 줬다고 한다. 그리고 자신의 장례식에서 혹시 돈이 남으면 그 돈의 반은 영순씨에 줄 것을 큰아들에게 유언으로 남겼다. 하지만 노인이 죽자 아들은 매몰차게 영순씨를 쫓아내게 된다. 아무것도 받지 못한 채 쫓겨난 영순씨는 큰아들을 찾아가 몸싸움까지 해봤지만, 결국 불법적 신분인 까닭에 더이상 할 수 있는 것이 없었다.

영순씨는 자신의 기구한 삶을 이야기하면서 사망한 노인을 "울타리 같은 사람"이었다고 회고한다. 자신이 중국에서 힘겨웠지만 그래도 노인 때문에 살 수 있었다는 고마운 마음이 가득했다. 죽기 전에 조금이라도 금전적 보상을 하려 했던 노인도 그녀에게 특별한 감정을 느끼고 있었다. 시간이 지나면서 북조선 여성과 고용인 남성 사이의 관계가 진화하기 때문이다. 영순씨의 경우에도 노인이 사망하기 직전까지 '임금'을 받았지만, 그것은 상당히 제한적이었다. 서로 간의 믿음이 깊어가면 갈수록 '임금' 외의 경제적 보상이나 선물 등이 더 많이 교환되고 있었다. 앞서 소개한 순희씨의 경우에도 클리닉이 자리를 잡아가면서 더이상 '임금'이 오가지 않는다. 얼마 전 북조선에 큰 물난리가 나서 갑작스레 송금이 필요한 상황에서 '선생님'이 나서서 돈을 주는 일이 있었는데, 그녀는 이를 '임금'으로 해석하지는 않았다. 그녀의 딱한 사정을 아는 선생님이 나서서 선물을 줬다는 것이다. 선물이라는 호혜성에 바탕을 둔 관계가 고용관계의 질적 전환을 이끌고 있다.

그럼에도 조선족 고용인과 함께 사는 북조선 여성들 대부분은 여전히 '임금'을 받는 관계에 만족한다. 어차피 그녀들에게 가장 중요한 것은 송금할 돈을 모으는 것이고, 조선족 고용인과의 가족관계는 이런 측면에서 한시적으로 활용하는 자원의 성격이 더 강하기 때문이다. 또한 그녀들이 가족들과의 재결합의 희망을 놓고 있지 않다면 더더욱 새로운 가족과의 관계를 깊게 할 필요는 없을 것이다.

그렇다면 이주 여성에게 '가족'이란 무엇일까? 가족 때문에 이주를 감행하기도 하고, 힘겨운 삶을 버티며 꾸준히 송금에 매진하기도 한다. 돈을 보낼 때면 그것으로 잠시나마 가족들이 편안하게 지낼 생각에 뿌듯한 마음이 크다. 남겨둔 가족이 그리워 눈물짓기도 하고, 어떻게든 가족과 다시 살고자 한다. 자녀들에게 더 많은 것을 보내주지 못해서 안타까워한다. 하지만 현실에서 그녀가 함께 살고 있는 또다른 '가족'은 조선족 노인과 그의 자녀들이다. 현실에서의 '가족'은 결국 모국에 남겨둔 '가족'을 위한 도구적 성격이 강하지만, 결국 그녀들이 접경지역에서 살아갈 수 있는 유일한 자원이기도 하다. 이렇듯 가족은 그녀들의 삶 속의 맥락에 따라 이중적 형태로 존재한다.

가족이 어찌 한가지 형태만일까. 사랑, 모성, 희생 등이 만들어 낸 가족은 신화이며 모성은 어머니를 억압하는 이데올로기일 뿐이다. 혈연을 바탕으로 한 근대 가족의 이데올로기가 그녀들이 자신을 희생하면서 원거리 모성에 모든 것을 걸게 하였다면, 그녀들이 어머니 노릇을 위해서 만들어낸 새로운 '가족'은 전혀 다른 관계의 가능성을 보여주기도 한다. 가족이라는 신화에서 벗어나보니, 새로운 관계의 가족이 존재할 수 있다는 것이 증명된 셈이다. 각자의 필요와 이해관계에 따라 적절하게 구성된 이러한 관계를 '가족'이 아니라고 할는지도 모르겠다. '임금'을 받기 때문에 그것은 고용인과 피고용인의 관계라는 해석도 가능하다. 하지만 그녀들이 받는 '임금'은 그렇게 단순화될 수 없는 복잡한 메커니즘이 존재하고, 이를 해석하는 방식 또한 관계의 밀도와 맥락에 따라 다르게 작동한다. 그만큼 북조선 여성이라는 집단의 특성과 이들이 정주하는 지역의 특이성 등을 감안했을 때 가족의 형태는 다양하게 존재할 수 있다는 뜻이다.

마지막으로 북조선 여성의 이 지독한 모성에 대해서 말해야 할 것 같다. 연구자가 조·중 접경지역에서 만난 북조선 여성 대부분은 온통 북조선에 남겨둔 자녀 걱정뿐이었다. 늙은 몸으로 끊임없이 일하는 이유 또한 자녀 때문이었다. 그러면서도 조선족 고용주와 유연하게 새로운 관계를 만들어 피난처에 몸을 숨기고 돈을 모으는 것도 그녀들이었다. 희생적인 어머니라는 이데올로기에 포섭되어 억압적인 인생을 사는 그녀들의 모습이 그리 단순하지만은 않다는 사실이 확인되는 지점이다. 가족이데올로기를 수행하면서도 동시에 새로운 형태의 가족을 만들어냄으로써 가족 신화에 균열을 만들어내는 그 최전선에 북조선 어머니들이 있다.

6
장

공동체, 연대, 그리고 사회

도덕감정의 복원

    분단적 마음은 한반도 주민들의 삶을 규율하고 있다. 이데올로기적 갈등과 적대는 남북 주민 모두의 몸과 마음에 깊게 각인되어 공동체를 해체하고, '사회' 없는 사회를 만들어냈다. 파편화된 개인은 혐오의 정동에 쉽사리 휩싸이게 되었고, 상대방에 대한 공감이나 연민 등은 점차 낯선 감정이 되어버린다. 도덕감정을 잃어버린 개인들은 적자생존을 내면화하며 하루하루 전쟁과 같은 삶을 이어가거나, 그것도 가능하지 않은 이들은 자포자기의 심정으로 자신보다 더 약한 이들에게 이유 없는 적대감을 키워간다.

    절망적인 것은 분단이 구조적 수준에서 완전히 해체되지 않는 한 분단적 마음의 궁극적인 변화 또한 요원하다는 사실이다. 하지만 동시에 분단적 마음의 약화 없이는 분단이라는 사회구조를 문제시하는 것조차 불가능하다는 것도 기억해야 한다. 분단적 마음은 분단구조의 생산물이지만 동시에 이러한 사회구조를 유지하며 재생산하는 자원이다. 마치 부르디외가 아비투스를 지칭하면서 구조화하는 구조$^{Structuring\ Structure}$, 즉 실천 그 자체와 실천을 가능하게 하는 의식 및 구조 모두를 지칭한 것처럼 분단적 마음과 분단구조는 일방향의 인과관계가 아닌 연쇄적 상호관계로 해석될 필요가 있다.[1] 그만큼 분단을 매개하고 있는 마음과 구조의 연결고리를 끊어냄으로써 재생산의 연쇄를 막아내는 일이 중요하다.

분단적 마음과 분단구조의 상호 결합관계의 틈새를 많이 만들어내는 것은 결국 우연한 역사적 기회를 추동할 것이며, 역동적 과정을 통해 그 누구도 예상하지 못한 사회변혁을 만들어낼 수 있다. 인류의 역사가 예상하지 못한 행위와 실천으로 촉발되어왔음을 다시금 기억할 필요가 있다. 가까운 예로 베를린장벽의 붕괴를 예상한 이는 단 한명도 없었지만, 서독인과 동독인들 사이의 끊임없는 교류를 통해 구축된 협력의 기반은 정치인의 '말실수'를 통일독일이라는 역사로 만들어내기도 했다.

그렇다면 한반도 평화를 위해서 지금 남북 주민이 해야만 하는 일은 바로 분단적 마음에 균열을 만들어내는 것, 즉 서로를 향한 적대와 혐오를 공감과 연대감으로 전환하는 일일 것이다. 도덕감정을 복원하고 윤리적 실천의 정치화를 이뤄냄으로써 분단구조 그 자체의 내파를 도모하는 것이다. 분단구조가 남북 더 나아가서는 (신)냉전체제의 정치적 협상과 경제적 이해관계의 복잡한 메커니즘에 따라 변화하는 것인 반면에 인식과 감정이 이러한 구조적 변화를 추동하는 힘으로서 전환하는 것은 행위 주체의 수준에서 상대적으로 자율적이기에 더더욱 '지금 여기'에서 할 수 있는 것이며, 동시에 해야만 하는 일이다.

일찍이 뒤르켐은 '도덕적 개인주의'의 사회를 가장 발전된 형태의 사회로 정의한 바 있다.[2] 전통사회에서 산업사회로의 이행은 결국 경제적 분업의 확대로 인한 사회적 연대의 전환을 의미하는 것이다. 경제가 분화될수록 인간 사이의 상호의존도는 증가하고, 그만큼 유기적인 연대가 강화된다는 주장이다. 연대감에 바탕을 둔 사회를 구성하는 것은 개인이며, 이들이 자신들의 이익이 아닌 타자와의 협력을 추구할 때 '사회'는 안정적으로 작동할 수 있게 된다. 여기서 이기심을 조율하면서 타자와의 협력을 추구하는 것은 공동체를 위한 것도 사회를 우선시하기 때문도 아니다. 바로 혼자서 살아갈 수 없는 '개인' 스스로 삶의 유지를 위해서 도덕을 구축하여 윤리적 실천에 나서는 것이다. 그만큼 도덕적 개인주의는 산업사회라는 조건에서 파편화되고 개인화된 인간들이 '사회'라는 중심축 아래 모여 사는 원리를 뜻한다.

고도화된 자본주의 사회에서 정보의 범람과 급속한 기계화 등은 인간이 자신들의 삶이 사실은 타자와 연계되어 있음을 망각하게 하였다. '돈이면 안 되는 것이 없는' 세계에서 이웃의 안위를 염려하며 나의 욕망을 절제하는 이를 찾기란 어렵다. 각자의 삶이 풍요로운 것도, 아니면 고통스러운 것도 모두 다 개인의 책임일 뿐, 서로 공감하며 고통을 나누거나 연대할 의무도 필요도 존재하지 않는다고 믿는다. 하지만 인간은 정말 그러한가? '잘난' 개인들은 세계가 어떤 비참함에 빠지게 되든 홀로 살아남을 수 있을 것인가? 그들이 낙오자들의 신세 한탄이라며 폄하하던 실업은 곧 자신들의 자산 폭락으로 이어질 수 있으며, 몇몇 실패자의 일탈로 치부하던 혐오범죄는 전방위적으로 확산되어 자신들의 삶을 직접적으로 타격할지도 모를 일이다. 인간들은 이제라도 서로가 아주 깊게 연결되어 있으며, 협력하지 않고는 결코 인류가 맞닥뜨린 문제를 해결할 수 없음을 인정해야 한다. 인간 개개인의 윤리적 각성과 도덕의 복원에서 논의를 시작해야 하는 이유가 바로 여기에 있다.

자본주의 시장경제의 주창자로 알려진 애덤 스미스Adam Smith는 『도덕감정론』The Theory of Moral Sentiments에서 인간의 본성에는 이기심과 상반되는 몇가지의 감정이 존재한다고 언급한다. 타인의 고통, 슬픔, 기쁨 등을 공감하는 능력이야말로 인간의 본성 중의 하나이며, 개인의 이익을 추구하는 이기심은 이렇듯 공감 능력으로 인해 조율된다는 것이다.[3] 왜냐하면 인간의 공감 능력은 '공정한 관찰자'impartial spectator라는 외부의 시선이 내재화됨으로써 만들어지는 것인데, 만약 각 개인이 자신의 이득만을 추구한다면 공정한 관찰자의 시선에서 이는 결코 정당화될 수 없기 때문이다.[4] 애덤 스미스에게 '보이지 않는 손'이 작동하는 시장은 단순히 이기적인 개인들이 욕망'만'을 추구하는 것이 아니라 '공정한 관찰자'라는 도덕화된 타자의 개입으로 조율되는 것을 의미한다. 시장을 가능하게 하는 것은 공감을 경유한 통제된 이기심인 것이다. 이기심은 그 자체로 부정적인 것이 아니라 시장을 가능하게 하는 중요한 자원이다. 하지만 공정한 관찰자의 개입이 없는 이기심은 시장의 활발한 작동을 어렵게 한다. 그렇다면 고도화된 자본주의 사회의 근원적인 문제점은 이기적 개인들의 범람이 아니라 이들에게 내면화되어야만 할 '공정한 관찰자'가 제 역할을 하고 있지 못한 것, 즉 인간이 공감의 능력을 잃었다는 점일 것이다.

'사회'의 붕괴가 목도되는 현 상황은 도덕이라는 가치체계의 부재를 의미하는 것이다. 인간 내면의 성찰 기준으로서 도덕이 지닌 영향력이 점차 약화되고 있으며, 모두가 합의하는 도덕 그 자체의 존재가 가능할 것인가라는 질문도 던져져 있다. 도덕은 사회적 규범과 통제로서 작동하는 것에 머물지 않고 감정으로 내면화되어 행위로 확장된다. 인간 감정의 일부분이 된 도덕은 자아를 사회적 존재로 만들어내며, 인간이 적자생존과 같은 동물적 감각에서 벗어나 윤리적 존재가 되고자 하는 의지의 자원이기도 하다. 그만큼 타자의 존재를 인정하여 배려하고 자신의 이기심을 억제하는 것이야말로 가장 기본적인 도덕감정의 형태이다.

김왕배에 따르면 도덕감정은 "타자 공감을 출발로 하여 스스로를 수치스러워하고, 죄스러워하고, 경멸하고 분노하는 감정"을 의미하는 것으로, "공감, 배려, 호혜 등 사회연대의 기초를 이루는 감정"을 뜻한다.[5] 예컨대 연민, 공감, 감사, 부채의식 등의 타자를 향한 감정과 각 개인의 성찰에 기반을 둔 부끄러움, 수치심, 죄의식, 모멸감 등 자신에 대한 감정으로 구분되는데, 타자를 향한 긍정적 감정은 그들에 대한 존중과 배려로 확장되며 자아에 대한 부정적 평가는 이기심과 같은 개인적 욕망을 통제하는 역할을 수행한다. 결국 인간이 동물적 속성을 절제하면서 타자에 대한 이해를 확장하기 위해서는 도덕감정의 활성화가 요구된다.*

도덕감정의 시작은 상대방의 입장에 서보는 것이다. 자아가 상대방이 되어보는 것은 인지과학의 입장에서는 거울뉴런을 통해 시뮬레이팅하는 것을 의미하며, 철학적 입장에서는 타인의 슬픔, 기쁨, 고통 등에 추체험을 통해 감정이입을 하는 것을 의미한다. 추체험이나 감정이입 등의 단계를 통해 인간은 상대방의 입장을 공감하거나 더 나아가서는 연민의 감정을 느끼기도 한다. 공감이 상대방의 입장에 대한 이해 전반을 가리킨다면 연민compassion은 "다른 사람의 불행이나 괴로움에 대해 느끼는 고통스런 감정"을 의미하는 것으로 이타적 감정을 내포하고 있다.[6]

연민은 타자의 불행에 대한 이해와 인식, 그/녀의 불행이 부당하다는 확신, 마지막으로 타자가 겪고 있는 불행에서 벗어나야만 한다는 믿음을 바탕으로 구성된다.[7] 연민은 일정 부분 보편성을 내장하고 있지만, 개인의 기준이나 경험에 따라 타자의 불행을 판단하여 인식한다는 측면에서 상대적이다. 각자의 삶의 목표와 가치에 따라 연민의 대상은 다르며, 그 감정의 밀도 또한 상이하다. 또한 연민이 단순히 감정적 공감에 머물지 않고 불행을 경험하고 있는 타자에게 도움을 주는 이타적 행위로 확장되는 데는 타자에 대한 심리적·감정적 거리감이 중요한 요인으로 작동하기도 한다. 타자의 입장에 공감하기 어려울 정도의 거리감은 결국 그/녀의 고통을 상상하는 것을 어렵게 하고, 이는 연민에 기반을

* 공감 능력이 인간만의 감정이 아니라 생태계의 생존을 위해서 반드시 필요한 것이라는 주장은 프란스 더 발 『공감의 시대』, 최재천 옮김, 김영사 2017 참조.

둔 적극적 행동을 추동하지 못한다.

연민의 대상을 가깝게 느끼는 것과 함께 역설적으로 타자의 불행이 자신에게 닥칠 상황은 아니라는 확신이 이러한 감정이 작동하는 데 결정적인 역할을 한다. "이중적 주목", 즉 고통받는 이의 상황을 상상하는 것과 자아는 그러한 불행에 빠지지 않으리라는 확신이 함께 작동할 때만이 연민의 작동이 가능하다.[8] 만약 자신에게도 그러한 일이 일어날 것이라고 감각된다면 연민보다는 자아의 안위에 손상이 있을 수 있다는 두려움에 노출될 가능성이 높다. 타자에 대한 이타적 감정으로 확장되지 못한 불안감과 두려움은 개인의 이기적인 자기방어 기제를 강화하는 역할을 한다.

극단적인 경쟁에 내몰리게 된 한국사회의 시민들이 타자들의 불행이나 고통에 점차 공감하지 못하는 이유는 어쩌면 여기에 있을 것이다. 상대방의 힘겨움에 대해서 상상하는 것은 그렇다고 쳐도 타자의 불행이 언제든지 자신에게도 일어날 수 있다는 두려움이 공감이나 연민보다 더 크게 작동하고 있기 때문이다. 이웃의 고통을 공감하지 못하는 사회는 결국 연대감을 잃어버리게 되고, 파편화된 개개인의 생존만이 최우선 가치가 되어버린다. 공감을 통한 연민의 복원이 필요한 이유다.

하지만 무조건적인 연민의 복원만을 외치기 전에 도덕감정이 의도치 않은 결과를 초래할 수 있음을 기억해야 한다. 연민이라는 감정이 언제나 타자와의 연대를 만들어내는 것은 아니기 때문이다. 자아와 타자 사이의 거리와 힘과 권력의 차이를 내재한 연민은 때로는 자아와 타자의 건강한 관계 맺기를 어렵게 한다. 연민의 감정은 타자에 대한 자아의 우월감과 표면적으로라도 윤리적인 존재이고자 하는 이기적 열망을 배태하고 있기 때문이다. 예컨대 한국사회로 이주한 북조선 출신자를 향한 연민이 결과적으로는 이들과의 동등한 관계 구축의 걸림돌이 되기도 한다. 그로 인해 한국 시민과 북조선 출신자 사이의 보이지 않는 서열이 만들어지는 경우도 있고, 상호 간의 기대가 커지면서 오해가 불거지기도 한다. 또다른 예로 한국이 북조선에 제공한 '선의'의 지원이나 협력사업 등이 오해와 갈등을 초래하고, 결국에는 남북관계 증진이나 신뢰 구축에 부정적인 영향을 미친 사례도 많다. 그만큼 공감과 연민으로 상대방의 상황을 이해하는 것은 중요하지만, 이러한 감정이 만들어내는 부작용 또한 경계해야 한다.

공감이나 연민은 개인적 감정 수준에 머물지 않고, 사회적 관계에 직접적인 영향을 미칠 수 있는 도덕감정이다. 여기서 긍정적으로 단순화하기에는 너무나 복잡한 연민의 면면을 문학작품을 통해서 짐작해보자. 슈테판 츠바이크Stefan Zweig의 소설「초조한 마음」은 남자 주인공 호프밀러 소위가 몸이 불편한 유복한 소녀 에디트에게 연민을 느끼게 되면서 일어나는 사건을 그려낸다. 소설은 다리를 움직일 수 없는 소녀 에디트를 연민하게 된 호프밀러 소위의 행동이 사실은 그의 나르시시즘적 욕망에 기원을 두고 있음을 경고한다. "불쌍한" 에디트에게 관심이 가기 시작하자마자, 호프밀러 소위는 마치 새로운 존재로 다시 탄생한 것 같은 우쭐한 마음에 휩싸이게 된다. 결국 그의 '선한' 의도에서 비롯된 연민은 모두의 파국으로 끝나게 된다. 아래의 인상적인 한 장면은 연민의 이중성에 대해서 적절하게 설명하고 있다. 호프밀러 소위는 자신의 다리가 치료될 수 있다고 믿는 소녀 에디트에게 과장된 희망을 심어주고, 이를 알게 된 의사 콘도어는 책임감 없는 연민은 무관심보다도 더 위험한 것이라고 충고한다.

> 그게 아니에요! 책임감을 느껴야죠! 엄청난 책임감이오! 연민에 사로잡혀 다른 사람을 바보로 만든다면, 그건 엄청난 책임이 따르는 일이라고요! (…) 하지만 연민에는 두 종류가 있습니다. 그중 하나인 나약하고 감상적인 연민은 그저 남의 불행에서 느끼는 충격과 부끄러움으로부터 가능한 한 빨리 벗어나고 싶어하는 초조한 마음에 불과합니다. 함께 고통을 나누는 것이 아닌 남의 고통으로부터 본능적으로 자신의 영혼을 방어하는 것입니다. 진정한 연민이란 감상적이지 않은 창조적인 연민입니다. 이것은 무엇을 원하는지를 분명히 알고 힘이 닿는 한 그리고 그 이상으로 인내심을 가지고 함께 견디며 모든 것을 극복하겠다는 의지를 갖는 연민을 말합니다. 마지막까지 함께 갈 수 있는 사람만이, 비참한 최후까지 함께 갈 수 있는 끈기 있는 사람만이 남을 도울 수 있습니다. 그것은 자기 자신을 희생할 수 있어야만 가능한 일입니다![9]

연민이라는 도덕감정은 때때로 선한 행동을 추동하기도 한다. 하지만 대부분의 경우 연민은 불편한 상황을 마주하게 된 자아의 심리적 방어기제에 머무르는 경향이 높다. 오직 소수의 경우에만 자신이 해야 하는 일이 무엇인지 그리고 어디까지 할 수 있는지

정확하게 판단하고, 끝까지 자신의 행동에 책임지겠다는 의지와 결합되어 작동한다. 그만큼 연민은 엄청난 책임감과 인내심, 그리고 의지를 요구하는 감정이다. 연민이 점점 어려워지는 이유가 여기에 있다.

사람들은 자신들이 "좋은 사람"이라는 자족적 느낌으로서 연민을 전유한다. 수전 손택^{Susan Sontag}은 이미지로 재현되는 "타인의 고통"에 너무 쉽게 연민하는 것은 사실 무책임성을 의미하는 것이라고 비판한 바 있다. 고통스러운 사람들을 보면서 연민에 휩싸이는 것은 우리가 타인에게 감정이입을 하고 있음을 나타내는 징표이지만 동시에 상대방의 고통에 스스로 그 어떤 잘못도 하지 않았다는 알리바이를 증명하는 감정이기도 하다. 연민이라는 도덕감정은 "우리의 무능력함뿐만 아니라 우리의 무고함도 증명"해주며, 그만큼 "(우리의 선한 의도에도 불구하고) 연민은 어느 정도 뻔뻔한 (그렇지 않다면 부적절한) 반응일지도 모른다."[10] 단순히 연민하지 못하는 상태만이 아닌 연민의 개인화와 파편화를 문제시해야 한다. 연민의 무게를 감당하며 동시에 타자의 고통에 모두가 일정 부분 기여하고 있는 것은 아닌지 철저히 성찰하는 것이 필요하다. 결국 연민이란 감정은 타자의 고통이 결코 정당하지 않으며, 그런 상태를 변화하기 위해서 인간으로서의 책임을 공유해야 함을 일깨우는 것이어야 한다.

연민이 촉발한 수치심

　이제 우리는 연민이라는 감정이 그리 간단치 않음을 알게 되었다. 타인의 고통을 가늠할 수 있는 능력이며, 연민이 바꿔낼 수 있는 것의 범위, 그리고 자신이 어디까지 책임질 수 있는지에 대한 냉정한 판단이 함께해야 한다. 잠시 감상에 젖어 보여주는 호의는 타자를 위한 이타적인 행동이 아니라 불편한 마음에서 벗어나기 위한 이기적인 감정일 뿐이다. 그렇기에 연민의 힘은 단순히 타자를 향한 '선한' 실천에 있는 것이 아니라, 자신이 충분히 연민하지 못하고 있음 혹은 자신의 연민이 자족적인 수준에 머물고 있음을 인식하고 반성하는 성찰의 순간 발현되기도 한다. 왜냐하면 이는 인간이 완결하지 않다는 것을 스스로 확인하는 존재론적 순간이기 때문이다.

　공감에서 촉발되는 자아의 내부적 성찰과 연관된 도덕감정으로 수치심, 죄의식, 모멸감, 미안함 등이 있다. 특히 수치심은 본인의 잘못이나 결함에 대해서 느끼는 부끄러운 감정이며 타자의 시선, 즉 사회적 의미체계를 자신의 내면에 내재화함으로써 유발되는 감정이다.[11] 수치심은 도덕적 기준에 자아가 닿지 못하는 상황에서 느끼는 감정으로 죄의식이나 미안함 등이 뒤섞여서 발현되기도 한다. 월턴Stuart Walton에 따르면 수치심이 작동하는 기제는 바로 양심이라는 사회적 합의와 규범이다.[12] 사실 인류는 동물적 욕망을 금기로 규정함으로써 문명을 발전시켜왔는데, 이런 구조 내에서 금지되어 있는 것은 인간이 가장 욕망하는 것이다. 매혹적인 유혹에 노출된 인류는 양심이라는 기제를 통해서 욕망을 억누르고 금기의 규칙을 지키게 된다. 하지만 만약 누군가가 욕망에 무릎 꿇게 된다면 그 순간 양심의 가책을 느끼게 되고, 인간으로서의 수치심에 빠져들게 된다. 수치심은 양심이 생산하는 감정인 까닭에 스스로 수치스러워하는 것은 자아의 성찰이라는 맥락에서 통제이면서, 누군가가 자아에 수치심을 안기는 것은 모욕을 줌으로써 잘못된 행위에 대해 처벌하는 기능을 행한다. 그만큼 사회적으로 통용되는 도덕이 내면적 성찰 혹은 외연적 처벌이라는 기제를 통해서 작동하는 과정에서 생산 및 활용되는 감정이 수치심이다.

수치심을 주목하는 이유는 현대 사회에서 개인들이 권리와 의무의 균형성을 점차 잃어버려서이다. 내재화된 타자의 시선에 의해 작동해서 성찰의 계기를 만들어내는 수치심이나 죄의식이 약화되고, 자아중심적인 입장에서 자신의 권리만을 내세우는 혐오와 적대의 정서가 확장되었기 때문이다. 그만큼 인간으로서의 도덕적 자기완성을 지향하는 명예와 그로 인한 자긍심에 대한 열망은 쇠퇴하였고, 타자의 시선 아래 자아의 존재가 구성된다는 믿음이 흔들린다는 의미이기도 하다. 그만큼 타자의 실존을 인정하며 자아의 세계가 타자와 연루되어 있음을 나타내는 감정이 바로 수치심이다. 수치심이 사회적 감정인 이유이기도 하다.

또한 수치심은 인간의 도덕적 고양이라는 내면의 성숙에 기여하기에 중요하다. 니체F.W. Nietzsche의 정의를 참고하자면 수치심은 "자기 고양을 욕망하는 순결한 존재가 갖는 감정"으로 "고통스러운 상황을 바꿀 수 있는 역량이 자기 안에 있음을 알며, 그 역량을 미처 사용하지 못한 자신에 대한 부끄러운 감정"이다.[13] 수치심에 노출된 인간은 자신에 대한 부정적 자책에서 머물지 않고 도덕적 진전을 도모하기 위한 행동에 나서기도 한다. 그만큼 자신의 부족함과 불안정함을 인정하면서 이를 극복하기 위한 시도를 감행한다는 뜻이다.

수치심이 만들어낸 변화는 사회 곳곳에서 찾아볼 수 있다. 세월호 사건을 겪은 이후 한국사회가 경험한 감정으로 수치심을 주목한 것이 대표적이다.[14] 어른들이 아무것도 하지 못한 채 아이들이 수장되는 것을 지켜본 트라우마적 사건인 세월호 참사는 국가시스템 자체에 대한 국민적 비판과 저항을 야기했으며, 시민들에게 공유된 이러한 감정이 이후 촛불혁명으로까지 진화되었다. 수치심이라는 감정이 정치적 운동과 변혁의 힘으로 진화할 수 있음을 의미하는 것이다. 일본군 위안부의 존재가 알려지지 않았던 1990년대 초반 김학순 할머니의 최초 증언 이후 여성계를 중심으로 한국사회 모두가 경험한 감정도 그렇게 다르지 않다. 어린 소녀들을 지키지 못했다는 죄의식과 아무것도 하지 못했다는 수치심이 사회적 공론화의 근간이 되었으며 각자의 자리에서 할머니들의 고통과 연대하기 위한 노력들이 계속되기도 하였다.

물론 수치심을 갖는다는 것은 자아에게 엄청난 심적·감정적 부담임에 분명하다. 자신이 충분히 도덕적이지 못하다는 것을 스스로 깨닫는 과정은 그만큼 상당한 고통이 따르기 때문이다. 예컨대 금희의 단편소설 「옥화」는 양심에 따라 행동했다고 믿는 홍이 타자의 날선 눈빛 앞에서 무기력하게 고통받게 되는 상황을 그린다. 조선족인 홍은 열심히 교회를 다니며 나름 선하게 살려고 노력하는 이다. 어느날 너무나도 당당하게 돈을 빌려달라고 요구하는 북조선 여성 '그녀'가 나타나자 홍은 당혹스럽기만 하다. 더욱 괴로운 것은 몇해 전 남동생과 살림을 차리고 살았던 북조선 출신자 옥화가 '그녀'의 모습에서 자꾸 떠올랐기 때문이다. 홍은 정을 나눴던 옥화가 갑작스레 집을 나가자 '배신감'을 느끼기도 했다. 그럼에도 홍은 불편한 마음에 '불쌍한' 북조선 출신자에게 돈을 쥐여주는 것으로 선의를 베푼다.

그날밤, 홍은 이미 떠나가버린 여자와의 남은 감정을 끄잡아 안고 또다시 혼자 끙끙거리며 연 며칠 꾸었던 비슷한 꿈속을 헤매고 다녔다. "왜 내가 줘야 하지?" 홍이 묻자 "가졌으니까" 하고 여자가 대답했다. 홍은 자꾸 옥화로 변하려 하는 여자를 붙들고 물었다. "그래서 줬잖아, 근데도 뭐가 불만이야?" 하면 여자는 매번 꿈속에서 볼 때마다 그랬던 것처럼 찢어져 올라간 눈으로 홍을 찌뿌둥하니 내려다보았다. "그 잘난 돈, 개도 안 먹는 돈, 그딴 거 쪼꼼 던재준 거 한나도 안 고맙 다요."

'그딴 거'라니? 어떻게, 어떻게 그렇게 말할 수가…… 홍은 꿈속에 서도 가슴이 답답하여 손으로 박박 내리 쓸어보았다. "내도 한국 가서 돈 많이 벌어바라. 내는 너들처럼 안 기래." 홍의 몰골을 보고 피식 웃 던 여자는 급기야 킬킬대며 배를 부여잡고 웃어대다가 옥화로 변하고 말았다.[15]

사실 홍은 '그녀'의 평판을 듣고 돈을 주는 것에 대해서 썩 내 켜하지 않고 있었다. 넉넉하지 않은 살림에 꼭 도와야 한다는 법 이 있는 것도 아니니 충분히 그럴 만도 하다. 교회의 다른 이들은 '그녀'의 행동이 적절하지 않다며 돕는 것을 꺼려하는 상황이었 다. 하지만 과거 '옥화'에게 마음속 의심을 지우지 않았던 죄의식 때문인지 홍은 '그녀'에게 돈을 건네게 된다. 그러면서도 마음 한 구석에서는 너무나도 당당한 태도의 '그녀'가 불편하고, 자신이 도대체 어디까지 해줘야 하는지 의문스럽기까지 하다.

마음이 불편한 홍은 "이제 시작인가. 왜 나인가. 왜 내가 이런 말을 들어야 하는가." 하며 괴로워한다. '홍'은 북조선 출신자라 는 타자를 맞닥뜨리게 되면서 자신이 진정으로 "하나님의 뜻을 따르며" 선하게 사는 사람인지 스스로에게 질문을 던지게 된 것 이다. 홍은 타자를 만나 자신을 되돌아보며, 존재적 질문 앞에서 끊임없이 성찰하는 사람이다. 교회의 다른 사람들은 '그녀'의 행동을 평가하며 자기방어에 머물고 있다면, 홍은 옥화와 '그녀'라는 타자를 경유하여 더 나은 윤리적 존재로 성장하고 있는 것이다.

기억할 것은 윤리적 주체는 모든 것이 정제되어 있고, 사회가 '선한 것'이라고 명령하는 도덕적 규범을 기계적으로 행하는 사람이 아니라는 사실이다. 오히려 스스로 타자의 고통을 '충분히' 나누지 못해온 것을 자책하며 끊임없이 자신을 향해 질문을 던지는 사람이다. '그녀'를 의심하던 찰나 만나게 된, 한국에서 일하다가 온 친척의 모습을 보면서 북조선 출신자 '그녀'가 중국에서 불법 이주민으로서 살아가는 것이 어떤 것일지 짐작해보는 것이나, 자신이 아무렇지도 않게 했던 말과 행동이 '옥화'에게는 어떤 상처가 되었을지 비춰보는 것 등은 바로 타자와 소통하면서 자신의 선입견을 확인해나가는 사회적 존재의 가능성을 보여준다. 김홍중은 스노비즘snobbism의 반대편에 존재하는 윤리적 삶이 '모럴'의 내면화가 아닌 욕망과 사회적 '모럴' 사이에서 내면의 목소리를 들으며 주저하고 망설이는 것이라고 설명한 바 있다. 그 주저함과 망설임은 무엇에 정주하지 못하는 것을 의미하고, 이곳저곳에 부유하면서 타자와 만나고, 다시금 자신을 성찰하는 삶을 의미한다.[16] 결국 수치심과 같은 도덕감정은 타자와 더불어 사는 삶의 중요성을 간파한 윤리적 자아를 생산하며, 이러한 주체의 복원은 파괴된 공동체를 재건하는 시작점이다.

연대감과 사회 만들기

공감, 연민 그리고 수치심을 통해 재탄생한 인간을 가정해보자. 자아와 타자의 연관성을 공감을 통해서 매 순간 확인하는 이가 있다. 타인의 고통에 대해서 연민을 느끼며, 자신이 그/녀의 고통을 해결하기 위해서 더 많은 일을 하지 못함을 수치스러워하는 윤리적 주체가 존재한다. 하지만 '선한' 주체들의 존재와 공동체를 만들고 사회를 구성하는 것 사이에는 여전히 풀리지 않는 의문이 존재한다. 개인화된 인간은 공동체를 만들지 않고서도 윤리적인 주체로 살아갈 수 있기 때문이다. 도덕적인 개인들은 어떤 이유에서 타자와의 연대를 모색하게 되었으며, 사회라는 공동체는 어떤 배경과 조건 아래 구성된 것일까?

모스Marcel Mauss는 「증여론」에서 증여의 원리를 사회를 만들어내는 기본 구조, 즉 '총체적 사회적 사실'로 설명한다. 그에게 사회란 개인을 뛰어넘어 작동하는 절대적인 어떤 것이 아니라, 개인들이 매 순간 타자와 만들어가는 관계의 구조이다. 개인 간에 선물을 주고, 받고, 그리고 답례하는 삼중의 작동원리를 바탕으로 한 증여가 사회의 근본적 작동원리이다. 선물을 '주는 것'은 자발적 의무로 시작되고, 동시에 선물을 받는 것과 그것보다 더 가치 있는 선물로 답례하는 것의 의무를 통해 사회적 연대와 감정적 유대가 구성된다. 모스가 연구한 부족사회(아메리카, 남태평양, 뉴질랜드의 부족)에서는 서로 나누는 선물의 '물'에 '영혼'이 담겨 있다고 믿었고, '영혼'이 담긴 선물은 수증자의 '소유'에 머무는 것이 아니라 상호 관계 맺기의 수단으로 공유된다. 증여자의 영혼을 담은 선물은 결국 증여자의 권위, 상징, 의미로부터 지배를 당한다는 것이고, 수증자가 자유롭고 동등한 존재로 호혜적 관계를 맺기 위해서는 다시금 자신의 영혼을 담은 선물을 증여자에게 답례로 되돌려주어야 한다.

증여란 일종의 '지연된 약속'이다. 증여자는 자신의 선물이 수증자에게 받아들여질지 그리고 수증자가 과연 답례를 할지 확실하지 않음에도 선물 주기에 나선 것이다. 약속이 지켜질지 확실치 않은 상황에서 '먼저' 선물 주기에 나섰기에 그만큼 더 큰 상징적 힘을 갖게 된다. 흥미롭게도 선물을 주는 것 그 자체는 의무적으로 이루어지지만 동시에 그 실천을 가능하게 하는 것은 바로 '자유와 자발성'이다.[17] 개인의 자유를 통해서만 실현될 수 있는 의무가 바로 선물의 증여가 된다. 동시에 증여는 강제적이며 타산적으로 이루어지기도 한다. 관계 맺기 없이는 파국을 맞을 것이 분명한 상황에서 어쩔 수 없는 선택으로 증여가 이루어지고,

상대방 또한 선물을 받고 되돌려줘야 하는 강제력 아래 행동하게 된다. 예컨대 서로 전쟁을 일삼던 부족 사이에서 한쪽이 '자발적으로' 선물 주기를 실천한다면, 그것은 관계 맺기를 해야만 상호 공존할 수 있기 때문이다. 먼저 무기를 내려놓고, 자신의 중요한 일부를 선물로 상대방에게 증여하는 행위를 통해 두 부족은 신뢰를 만들어가고 서로 연결되어 있다는 연대감을 구축하게 된다. 만약 한쪽이 전쟁으로 다른 한쪽을 궤멸시키겠다는 생각을 한다면, 그 둘 사이의 관계는 구축될 수 없다. 모스는 이러한 선물의 선순환 구조를 아래와 같이 설명한 바 있다.

> 두 집단이 만나는 경우, 그들은 서로 피하거나 — 경계심을 나타내거나 도전하는 경우에는 싸우거나 — 아니면 잘 거래할 수밖에 없다. (⋯) 교역을 개시하려면 먼저 창을 내려놓지 않으면 안 되었다. 그렇게 해서 사람들은 씨족 사이에서뿐만 아니라 부족 간, 민족 간 그리고 — 특히 — 개인 간에서도 재화와 사람을 교환하는 데 성공하였다. 그다음에야 비로소 사람들은 서로 이익을 만들어주고 충족시키며, 마침내는 무력에 의존하지 않고서도 그것을 지킬 수 있었던 것이다. 이렇게 해서 씨족·부족·민족은 서로 살육하지 않으면서 대립하고 또 서로 희생시키지 않으면서 주는 법을 배웠다.[18]

모스는 부족사회의 사람들이 우리보다 훨씬 더 관대하다는 것에 주목했다. 재산의 교환과 축제와 같은 의례를 통해서 서로 후하게 베풀었으며 이를 기반으로 교류를 이어나갔고, 연대감에 바탕을 둔 평화를 구축하였다. 특히 포틀래치^{potlatch}라는 의례에서 나타나듯이 선물을 받은 자는 더 큰 답례를 해야 할 의무가 있었는데, 이는 자신의 재화를 다시금 분배함으로써 자신의 사회적 위신이나 지위를 유지 혹은 상승시킬 수 있었기 때문이었다. 답례를 후하게 베풀어서 자신이 증여자에 종속되지 않으면서도 관계의 연쇄를 만들어내는 것이다. 이런 맥락에서 사회라는 공동체의 기본 원리는 경제적 이해관계라기보다는 상징 교환을 통해 사회적 위신을 구축하는 도덕적 성격을 띠고 있음을 확인할 수 있다.

사회라는 공동체의 복원은 파편화된 개인이 관계 맺기에 나서는 것을 의미한다. 물론 서로 본체만체 각자 살아가는 것도 방법이다. 하지만 아무리 기술이 고도화된 사회라고 할지라도 개인이 고립되어 살아가기란 쉽지 않다. 생존이 가능하지 않을뿐더러 심리적으로도 건강한 '인간'으로 살아가기 어렵다. 그렇다면 결국 서로 관계를 맺고 연대감을 구축하여 함께 살아가야 하는 것이다. 지금 현대 사회가 "전쟁·고립·정체"에 매몰되어 있어 모두가 고통스럽다면, 이를 "동맹·증여·교역"으로 대체할 방법을 찾아야만 한다.[19]

예를 들어보자. 한국사회의 경우 신자유주의로 표방되는 자본주의와 분단체제가 중첩되어 '사회'를 위협해왔다. 이데올로기라는 명목 아래 사회 내 갈등과 대립이 공공연하게 확장되었으며, 정전 상황에서 비대해질 수밖에 없던 국가와 군대는 비틀어진 가부장제를 생산하였다. 거기에 극단적 경쟁체제가 장착된 한국식 압축성장과 신자유주의는 그나마 존재해온 호혜적 관계를 교환

관계로 전환시켰다. 합리적 선택 아래 작동하는 교환관계가 사회 전반으로 확장되었으며, 도덕적 원리에서 작동했던 호혜적 관계는 점차 축소되었다. 친구와 가족 사이의 관계까지도 교환법칙이 작동하기에 이르렀다. 일찍이 호혜성의 원칙이 제도화된 것으로 주목되던 사회보장체제를 두고도 '경영 혁신'이라는 이름으로 도덕적 가치를 거세하기도 했다.*

　예컨대 북조선 출신자라는 사회적 약자를 대상으로 하는 사회복지체계의 '개혁'을 주장하는 이들은 '노동하지 않으려는 자'에게 복지 혜택을 주는 것은 무의미하며 부정의한 것이라고 주장한다. 북조선 출신자를 대상으로 하는 정착지원금이 이들의 노동 근속기간에 따라 차등적으로 지급되게 된 가장 큰 원인이 '노동'과 '보상'이라는 등가의 원칙이 적용되었기 때문이기도 하다. 즉 새롭게 한국사회의 일원이 된 이들과의 관계 맺기 차원에서 성립한 호혜적 원칙은 효율성과 합리성이라는 이름으로 무력화되었다. 이제 각자의 위치에서 더 많은 것은 얻어내는 것에만 골몰하게 되면서 사회복지체계가 추구한 공공의 가치는 이상적 구호 취급을 받게 된다. 게다가 복지체계의 수혜자인 북조선 출신자조차 자신들이 한국사회의 새로운 구성원으로 환대받는다는 느낌을 갖지 못한다. 합리성의 원칙에서 시행된 많은 정책과 제도가 '사

* 마르셀 모스 『증여론』, 이상률 옮김, 한길사 2002, 253면. 모스에 따르면 호혜성의 원리는 현대 사회에서 제도화된 바 있는데, 사회보장제도가 바로 그것이다. 노동자가 자신의 노동과 삶을 '주고', 국가와 사업가는 이를 '받아' 이윤을 만들어냈으며, 이에 국가와 사업가는 단순히 임금뿐만 아니라 생활보장으로 '답례'를 하는 구조로 구성되어 있기 때문이다.

회 만들기'에 걸림돌이 되는 이유가 바로 여기에 있다.

서로 전쟁을 멈춘 남과 북의 관계 또한 마찬가지이다. 누가 먼저 총을 내려놓을 것인가를 두고 싸워온 것이 지난 70여년의 분단 역사이다. 신뢰 구축이라는 말을 되풀이하면서도 상대방에게 먼저 신뢰를 보이라고 소리치기도 했다. 적대와 대립의 관계를 흔들기 위한 방법은 두가지이다. 하나는 서로 전혀 모른 척하고 살아가는 것이다. 가능하면 눈에 띄지 않는 것이 중요하다. 하지만 한반도라는 작은 땅덩어리에서 서로 얼굴을 맞대고 사는 상황에서 그것이 쉽지만은 않다. 분단구조를 공유해온 남북이 각자의 길을 가는 것은 불가능에 가깝다. 그렇다면 전쟁을 멈추고 관계를 만들어야만 한다. 자발적으로 먼저 선물을 주는 자가 결국 더 큰 힘을 가질 수밖에 없다. 만약 동등한 관계를 맺고 싶다면 선물을 받은 자가 받은 선물보다 더 소중한 것을 내어주면 될 일이다.

먼저 손을 내미는 것은 용기가 필요하다. 약속이 무참히 깨질 위험을 감수해야 하기 때문이다. 상대방이 나의 선물을 내팽개칠 수도 있고, 배반하고 총칼을 들이밀 가능성도 없지는 않다. 하지만 기억할 것은 싸움을 멈추고 평화에 이르는 방법은 이것밖에 없다는 사실이다. 그러니 이제 어떻게 그 목적에 다다를 수 있는지, 이 방법이 맞는지, 혹여나 해를 당하는 것은 아닌지에 대한 의구심은 그만 갖기로 하자. 한반도 평화와 탈분단으로 가는 유일한 길은 "동맹·증여·교역"밖에는 없다.

평화와 탈분단의 상상

    평창동계올림픽을 시작으로 한반도 평화의 훈풍이 불었다. 불과 그 몇달 전까지만 해도 전쟁에 준하는 군사적 충돌이 예견된다는 보도가 심심치 않게 흘러나왔던 터라 더욱 어리둥절하기도 했다. 북조선의 올림픽 참가 이후 급물살을 타게 된 남북관계는 전례에 없이 정상회담이 1년에 두차례나 개최되기에 이르렀다. 금방이라도 평화가 올 것만 같았지만 그 기대가 꺾이는 것은 생각보다 오래 걸리지 않았다. 복잡한 국제정치적 맥락이 존재한다. 오래된 북미관계의 특수성, 북조선의 핵무기 능력, 동아시아에서의 미·중 패권경쟁, 군사력을 겸비한 정상국가가 되고자 하는 일본의 야망까지 복잡하기 이를 데 없는 함수를 과연 풀어낼 수 있을 것인지 비관적이기까지 하다.

    거기에 코로나19 COVID-19, 코로나바이러스감염증-19라는 문명사적 전환까지 겹쳐 평화는커녕 당장 사회 구성원의 생명이 위협받는 시대를 맞게 되었다. 질병, 생명, 생존의 논리 앞에 평화가 들어설 자리는 점차 좁아지기까지 한다. 이러한 상황에서 한국사회는 평화라는 새로운 사회를 상상하지 못한다. 아니 어쩌면 도달하고자 하는 미래 사회에 한반도 평화는 이미 소거되었을지도 모른다. 언택트, 디지털 기술, 탈세계화, 플랫폼 노동, 그린뉴딜 등 미래를 지칭하는 수많은 기획과 실천이 적어도 짐작 가능한 무엇인가를 지칭하고 있다면, 탈분단과 평화 같은 상태는 그것이 어떠한 형태로 등장하며 실천될 것인지 가늠조차 어렵다. 상상하지 못한다는 것은 언어화할 수 없다는 뜻이고, 그것은 결국 현실에서도 존재할 수 없는 것이 되어버린다. 그렇다면 질문은 우리가 왜 평화와 탈분단을 이토록 가늠하지 못하게 되었는지 하는 것이다.

예술가의 상상력에 기대봐야겠다. 몇몇 사회과학적 개념과 이론을 들이대봐도 뾰족한 수가 없어서다. 한국계 독일인 희곡작가 박본Park Bonn은 작품 「으르렁대는 은하수」라는 독특한 형식의 희곡을 선보인 적이 있다. "연설"의 형태로 총 7막으로 구성된 이 희곡은 지구의 위기가 무엇인지를 비틀어서 보여주고, 이를 해결하기 위한 방법을 제시한다. SF적 상상력으로 현실 문제를 전면화하는 것으로 잘 알려진 그의 작품에 등장하는 "세상을 이해할 수 없는 김정은"은 조선을 통일해야겠다고 결심하는 캐릭터이다. 서로 존중하는 것만이 세상을 치유할 수 있다고 믿는 "김정은"은 남조선 대통령에게 바로 전화를 걸어 "근혜 누나, 나 조선 통일할래요"라고 외친다. 주변의 참모들은 무슨 말도 안 되는 이야기냐면서 펄쩍 뛰기까지 한다. 도무지 자신의 마음을 알아주는 이를 찾기 어려웠던 "세상을 이해할 수 없는 김정은"은 남조선으로 향한다. 그렇게 쉬운 일이 아니라며 난색을 표하는 남조선 대통령을 만나기 위해서다. 원자폭탄의 리모컨을 들고 서울로 직접 간 "김정은"은 통일부 장관과 대통령을 만나 "통일 아니면 쾅!"이라고 겁박한다.

"통일 아니면 **쾅!**" 그래도 대통령은 얘기를 멈추지 않습니다. 아무 의미 없는 말을 수천 단어씩 써가면서 말입니다. 모든 것이 엄청난 중대사라는 겁니다. 다시 한번 "통일 아니면 **쾅!**" 하고 으름장을 놓을 수밖에 없습니다. 근혜 누나는 수많은 과제를 말하다가 주제를 벗어나다가를 반복하며 반 환각 상태에 빠진 것 같습니다. 약간 안쓰러운 생각이 듭니다. 생명에 대한 얘기인데 자꾸만 초점에서 어긋난단 말입니다. (…) 그녀 손을 잡고 이렇게 말합니다. "근혜 누나, 말이지, 정말 쉬운 일이야. 통일 아니면 **쾅!** 최선이냐 최악이냐지. 어쩌면 좋겠어? 누나 정말 쉽다니까. 우리 그냥 하자고." 누나가 이럽니다. "그게 그리 단순한 일이 아니야. 정말이야. 그렇게 단순하지가 않아요. 내 영혼을 다해서 말하는 건데 정말 쉽지 않은 일이야."[20]

"세상을 이해할 수 없는 김정은"의 논리와 의지는 마치 복잡한 세상의 이치를 알지 못하는 어린아이의 응석처럼 치부된다. 하지만 냉정한 현실 파악이라는 맥락에서 쉽사리 간과되는 것은 바로 세계의 가장 근본이 되는 원칙일 것이다. 희곡에서는 지구 세계에 사는 "이 바보 멍청이들"에게 남북한을 통일하자고, 무기

를 녹여 예술작품을 만들자고, 그리고 세상의 모든 악과 부정을
다 먹어치우자고 제안한다. 희곡 「으르렁대는 은하수」의 마지막
장은 기린이 등장하여 서로 존중하자고, 그것만이 타락한 세계
를 바꿔낼 수 있다고 외치는 것으로 구성되어 있다. 타락한 인간
들에게 희망이 없다면 결국 가장 평온해 보이는 동물이 가르쳐줄
수밖에 없다는 듯이 기린은 사람들에게 서로 존중하고 아끼라고
소리친다.

　박본의 희곡은 전통적인 연극과는 커다란 차이가 있다. 서사를
바탕으로 하지 않을뿐더러 인물의 대사가 아닌 퍼포먼스를 강조
하는 형식 때문이기도 하다. 이주민 희곡작가라는 사회적 배경으
로 인해 더욱더 기존의 희곡과는 구별되는 작품활동을 하고 있는
것으로 알려져 있다. 그가 지구와 인간 문명의 문제를 드러내는
기제로 남북통일을 주목한 것은 그만큼 자연과 생명의 가치에 반
하는 일들이 분단 한반도에서 일어나고 있기 때문이리라. 작품에
서는 통일이라는 것을 복잡하게 생각하는 것의 의미 없음을 희화
화하여 드러낸다. "옳은 일을 하고" 싶은 김정은이 통일에 나선다
는 설정도 그렇고, 통일이 수용소보다 원자폭탄보다 배고픔보다
나은데 당연히 통일을 해야겠다는 김정은의 결심 또한 너무 당연
해서 오히려 어색할 지경이다. 작가는 이처럼 간명한 논리적 귀
결이 현실에서 얼마나 '바보 같은 생각'으로 치부되는지를 보여
준다. "세상을 이해할 수 없는 김정은"이 세상을 향해 던지는 마
지막 말, "이 바보 멍청이들아!"는 현실에서 통일이나 평화를 염
원하는 소수의 시민들이 종종 들어온 말일 것이다. 꿈에서 깨라

고, 북조선을 어떻게 믿을 수 있냐고, 돈이 되는 것도 아닌데 굳이 평화며 통일이며 애쓸 필요 있냐고 하는 '현실주의자'들의 빈정 거림을 예술가의 상상력을 통해 비틀고 있다.

혹여 우리 모두가 평화를 상상하지 못하는 이유가 현실의 조건을 따지는 것에 너무 깊이 매몰되어 있기 때문은 아닐까. 탈분단과 통일을 준비한다는 명목 아래 분단을 성역으로 만들어버린 것일까. 곰곰이 돌이켜보면 남북한이 맞닥뜨린 현실적 문제를 둘러싼 논의는 한반도에서 평화와 통일의 불가능성을 증명하는 알리바이가 되어왔다. 예컨대 미·중 패권경쟁이라는 프레임에서 한반도 평화나 통일 논의는 몇몇 시민단체가 외치는 구호 정도로 취급되어왔으며, 남북한 사람들의 공감과 연대 같은 꿈을 꾸는 이들은 그나마도 찾아보기 어려워졌다. 북핵 문제가 발발하자 양국 사이의 협력이나 합의를 도출하는 것이 점차 어려워졌고, 이런 상황에서 사람들 사이의 교류는 중단되었으며 서로에 대한 오해와 배제는 점차 심해져만 갔다. 텅 빈 기표로 남겨진 한반도 평화와 통일은 현실이 다다를 수 없는 혹은 가닿으려 해서도 안 되는 미래에 머물고 만다. 한반도의 상황 그 자체로 평화로의 이행은 불가능하다는 냉소주의 혹은 평화와 통일을 향한 시도는 부정적인 결과로 귀결될 것이라는 비관주의만이 존재한다는 뜻이다. 결국 우리 모두 마음에 가득한 부정적 감정과 수동적 정동을 긍정적 감각과 능동적 의지로 바꿔내는 일이 필요하다.

상황에 대한 철저한 분석과 대비를 비판하는 것이 아니다. 평화와 통일에 대한 과잉된 두려움을 조장하며, 현재의 상황에 안

주할 것을 은밀하게 강요하는 주류 담론에 대한 문제제기를 하고
자 하는 것이다. 현실에 대한 비판적 해석은 삶이 작동하는 방식
을 확인하게 하지만 동시에 허무주의적 비판을 생산하거나 현실
이 내포한 문제점을 가시화함으로써 오히려 그 구조를 더욱 공고
하게 하는 효과를 만들어내기도 한다. 예컨대 점차 확산되고 있
는 통일 대신 평화라는 논리가 분단이라는 근본 문제를 비켜나가
기 위한 방편으로 활용되지는 않는지 비판적으로 분석할 필요가
있다. 통일의 불가능성을 강조함으로써 현재 상태를 안정적으로
유지하는 것으로 평화의 의미를 제한하려는 시도는 아닌지 살펴
보자는 뜻이다. 무엇보다도 한반도라는 시공간적 맥락에서 평화
와 탈분단, 그리고 통일은 상호 연관되어 있음에도 불구하고, 어
떠한 이유와 과정에 의해 이 둘이 마치 함께 성취될 수는 없는 것
이라는 의미를 지니게 되었는지, 이러한 일련의 과정에서 결국
신음하는 이들은 누구인지 또한 고민해볼 일이다.

랑시에르Jacques Rancière는 지식의 역할은 현실에 대한 진단과 함
께 아직은 현실화되지 못했지만 반드시 이루어져야 하는 필연적
가치를 담아내는 것이어야 한다고 주장한 바 있다. 그의 표현으
로는 "아름다운 거짓말"을 통해 더 나은 세상에 대한 믿음과 보편
적 가치를 일깨우는 것이다.[*] 핵무기 위협이 현존하는 한반도에

---

[*] Jacques Rancière, "Thinking between Disciplines: An Aesthetics of Knowledge,"
Parrhesia 1, 2006; 진은영 『문학의 아토포스』, 그린비 2014, 297면에서 재인용. 진은
영은 랑시에르의 논의를 활용하여 폭로와 비판으로 수렴되지 않는 인문학의 역할로
소통의 시학을 제안한다.

서 지금 우리가 잊지 말아야 할 것은 바로 작금의 현실을 극복할 수 있는 가치를 찾는 것이며, 그것이 현실 가능하다는 믿음을 널리 확산시키는 것이다. 부정적 감정에 젖어 냉소주의와 비관주의에 빠져 있는 대다수가 희망과 가능성을 감각할 수 있도록 담론의 장을 확장해야 한다.

현실에서 아직은 실현되지 않은 가치를 말하는 것은 이상주의로 폄하되어서도, 상상에 기댄 거짓으로 평가되어서도 안 된다. 오히려 현실로 만들어야만 하는 가치에 대한 공동체의 동의를 구축하는 일이야말로 이 시대가 요구하는 지식의 역할이 분명하다. 평화의 문제가 사실은 우리 모두의 생명, 존엄과 깊게 연관되어 있음을, 그리고 분단을 극복하는 일이 무너져버린 사회를 복원하는 것의 시작임을 일깨우는 것이 중요하다. 단순히 평화와 통일이 더 풍요로운 사회를 만들어줄 것이라는 경제주의적 지식으로는 안 된다. 왜냐하면 이러한 가치가 이해관계와 숫자로 수치화되는 순간 '현실주의적' 접근에 포획되는 것이기 때문이다. 인간으로 존재하기 위한 기본 요건으로서 평화를 재위치시킬 때, 평화와 통일은 경제적 이해관계의 부침에 요동치지 않는 사회적 가치와 합의로 이행될 수 있을 것이다. 또한 풀뿌리 수준에서 이루어지고 있는 다양한 움직임과 실천 등을 의미화하여 담론화하는 작업 또한 중요하다. 한반도가 한번도 가보지 못한 길에 대한 믿음을 만들어내어 공유하는 것, 지금까지의 실천과 노력을 확장시키는 것, 그리고 무엇보다 분단구조의 익숙한 습성을 낯설게 하는 것이 공동의 목표가 되어야 한다.

평화를 상상하기 시작하는 것은 의외로 간단할지도 모르겠다. "한국사회는 평화로운가?" "북조선사회는 평화로운가?"와 같은 질문을 던져보는 것이다. 대부분은 적어도 지금의 상태 전반을 두고 "평화"를 운운하기란 쉽지 않다는 사실에 동의할 것이다. 그렇다면 "평화"를 상상하기 위한 시작점은 발견한 셈이다. 이제 여기에서부터 우리가 가진 모든 자원을 동원해서 지금과는 '다른' 세계를 그려보는 것이다. 그 끝이 진정으로 완전한 '평화'에 이를지 자신할 수는 없지만, 적어도 그것은 현재보다는 더 나은, 조금이라도 더 평화로운 미래로 우리를 안내할 것이다.

에필로그

일화 1

지독히도 추웠던 겨울, 오오사까의 작은 선술집에서 왈칵 눈물을 쏟은 적이 있다. 선한 얼굴의 여사장이 운영하는 그곳은 조선적 자이니찌^{朝鮮籍 在日} 2세들이 퇴근길에 잠시 쉬어가는 사랑방 같은 곳이었다. 재정난으로 몇달째 월급도 없이 조선학교를 지키고 있는 이, 사업 때문에 한국 국적을 취득했지만 총련^{재일본조선인총연합회}에서 일했던 경력으로 인해 한국 방문이 좌절된 이, 차별받으며 몇몇 직장을 전전하다 결국 식당을 하는 아버지를 돕기로 결정한 이 등 각자의 경험은 상이했지만 모두 조선적이라는 '민족'을 부여잡고 사는 이들이었다.

지구화시대에 '민족'이라니, 그게 도대체 뭐라고 세대를 이어가며 지켜내려고 그리 안간힘을 쓴단 말인가. 개인의 안위와 행복을 위해서라면 모든 것이 가능한 요즘 같은 시대에 말이다. 조선적 자이니찌는 일본에 머물지만 그곳의 일부가 되지 못한다. 전쟁이 끝나고 제국의 내부에 남겨진 조선인 중 상당수는 분단된 조국을 거부하고 '조선적'으로 남을 것을 선택했다. 그들에게 '조선' 국적과 한민족이라는 정체성은 일본사회의 차별을 견뎌내는 공동체의 다른 이름이었다. 하지만 시간이 흘러 대부분은 대한민국으로 국적을 바꾸거나 일본인으로 귀화하였고, 그나마 유대의 끈을 이어가던 북조선에 대한 일본 내 인식이 최악으로 치닫게 되면서 이들은 점점 더 고립되어갔다.

지금이라도 국적을 바꾸면 간단히 해결될 일인데, 굳이 험난한 삶을 선택한 그들을 이해하기 어려웠다. 도대체 무엇 때문에 '조선적'을 유지하냐는 나의 질문에 술을 내오던 여사장이 강한 일본어 억양으로 대답한다. "그냥 내 민족이니까." 그때 쏟아져 나온 내 눈물이 그 대답 때문만은 아닌 것 같다. 걷잡을 수 없이 쇠락해가는 공동체를 유지하고자 하는 무리들의 지친 표정과 남북 관계에 대한 희망을 듣고자 내 말에 귀 기울이는 그들의 간절한 몸짓에 이미 내 마음은 요동치고 있었다. 그들에게 '민족'은 분단된 남북이나 한민족과 같은 거창한 것이 아닌 그냥 지금 옆에 앉아 있는 친구, 가족, 이웃인 듯했다. 지금껏 일본에서의 힘겨운 삶을 살아온 아버지 세대에 대한 존경심과 사랑, 조선학교에서 함께 공부하며 버텨온 친구들에 대한 애틋함, 그리고 조선인 출신이라는 이름으로 살아가야만 하는 자녀들에 대한 책임감 등이 뒤섞인 감정이 바로 이들이 말하는 '민족' 정체성이었다.

결국 그들에게 조선적이라는 것은 가족, 공동체의 다른 이름이다. 내가 오오사카에서 만난 A씨를 잠깐 소개해야 할 것 같다. 해방되던 시기 멸시와 차별에 만신창이가 된 어느 남자 아이가 비슷한 처지의 사람들을 만나 '조직 생활'을 시작하고, 그곳에 기대 결혼도 하고, 아이도 낳고, 그리고 지금은 손주들에 둘러싸여 행복한 일상을 사는 할아버지가 되었다. 총련에 어떻게 참가하게 되었냐고 묻자, 그는 "조직을 만나기 전에 나는 사람이 아니었어. 아무도 사람으로 취급하지도 않았어. 난 그냥 물질이었어."라고 되뇐다. 그에게 총련이란 조직은 공산주의라는 이념의 교두보도, 친북적인 정치단체도 아닌 제국에 남겨진 식민지 청년의 안식처이자, 정체성의 보루였다. 그곳에서 친구와 동지 들을 만나고, 일본에서의 설움을 서로 위로하며 그렇게 살아온 것이다.

조선학교에 진학한 그의 아들과 딸은 아버지의 삶을 이해하는 만큼 '조선적'이라는 의미의 무게를 이해하고 있었다. 앞으로의 삶이 그리 평탄하지만은 않으리라는 것도 직감한다. 그들은 아버지의 뜻을 받들어 총련 커뮤니티에 직간접적으로 연관되어 있기도 하다. 비슷한 경험 세계를 공유하는 또래들과 만나 의지하며, 위로하면서 지낸다. 이제 그들 또한 자신의 자녀들을 조선학교에 보낸다. 자녀들이 일본 학교에서 자이니찌라는 이유로 배제당하거나 정체성의 혼란을 겪는 것보다 조선적 공동체에서 귀하게 양육되는 것이 낫다고 판단했기 때문이다. 물론 그것보다 삶 자체가 역사인 아버지와 자신의 자녀가 서로 소통하고 사랑하는 가족으로 지내는 것이 그 어떤 것보다도 중요했기 때문일 것이다. 그렇게 조선적 자이니찌는 세대를 넘어, 가족이라는 울타리를 통해 그 명맥을 유지한다.

조선적 자이니찌들의 삶은 식민과 탈식민, 그리고 분단이 개개인의 삶에 얼마나 커다란 영향을 끼칠 수 있는지를 보여준다. 그들은 남북관계의 부침에 따라 때로는 빨갱이라고 손가락질 받고, 갑자기 상황이 나아지면 '민족' 운운하며 손을 내미는 이들이 그들 앞에 나타난다. 자신들만의 자그마한 공동체를 만들어 겨우겨우 살아가고 있는 조선적 자이니찌들을 우리 맘대로, 분단이데올로기가 가리키는 대로 호명해온 것이다.

외부의 핍박과 억압이 강해지면 강해질수록 소수의 집단은 강력한 결속력을 지니기 마련이다. 게다가 이미 떨어져나갈 사람들은 대부분 떨어져나간 상황에서 남겨진 소수 사람들의 유대감은 더욱 끈끈해질 수밖에 없다. 앞으로 그들이 얼마나 더 공동체를 유지할 수 있을지, 무엇보다도 일본정부의 탄압 속에서 조선학교를 지켜낼 수 있을지 장담하기는 어렵다. 그럼에도 그들은 결코 약해 보이지만은 않는다. 조선적의 감탄스러울 정도의 생명력이라면 이겨낼 수 있지 않을까 하는 막연한 기대도 있다. 그들을 만날수록 인간미에 매료된다. 도대체 어떻게 이들은 이토록 따뜻할 수 있을까? 어쩌면 이렇게 서로를 보듬으며 살 수 있을까? 나는 그들이 '민족' 정체성을 지켜내고 있다는 이유에서 감탄하는 것이 아니다. 일본이라는 결코 녹록지 않은 환경에서 서로의 소중함을 실천하고 끊임없이 연대하는 모습에 감동하는 것이다. 그들은 분단으로 삶이 피폐해졌을지 몰라도, 자신들만의 방식으로 탈분단의 서사를 만들어내고 있다.

일화 2

조·중 접경지역에서 만난 영미는 이제 오십이 조금 넘은 나이
의 여성이었다. 까만 눈이 무척이나 인상적이던 그녀는 참 선한
표정을 갖고 있었다. 영미는 중국에서 5~6년 동안 지내면서 산전
수전 다 겪으며 살다가 위험을 무릅쓰고 한국으로 가 정착한 지
이제 1년이 되었다. 서울에 임대주택을 배정받지는 못했지만 그
래도 일거리가 꽤나 많은 중소도시에서 삶을 시작한 터라 정착이
그리 어렵지는 않았다. 하지만 몸은 편하지만 이상하게 마음이
외로웠다. 마음을 의지할 친구도 없었고, 한국사회의 빠른 속도가
여전히 불안하기만 했다. 때마침 자신이 돌봤던 조선족 할머니의
건강이 더 나빠졌다는 소식을 듣고 다시 중국으로 건너왔다. 이
제는 합법적인 신분으로 중국으로 이주 노동을 온 것이다.

"내가 지은 죄가 많아서, 그래서 이렇게 사는 거예요." 별다른
질문을 시작하지도 않았는데 눈물이 한가득이다. 목이 메어 말을
제대로 잇지 못한다. 중국에서 모진 삶을 버텨내고, 그 힘들다는
한국행까지 다 겪은 이의 입에서 나온 말이라고는 믿어지지 않을
정도다. 마음이 편해져서 그런지 자꾸 나쁜 생각만 하게 된다며,
북에 남겨둔 딸아이 걱정을 쏟아낸다. 그래도 중국에 있었을 때
는 자신과 비슷한 처지의 북조선 여성과 의지하면서 살았던 까닭

에 또다시 중국행을 결심하는 것은 어렵지 않았다. 중국에 있으면서 정이 든 동무들도 몇몇 되고, 자신이 돌보는 조선족 할머니도 사실상 가족과 다름없다고 한다.

그런데도 그녀는 눈물을 멈추지 못했다. 그 이유를 어찌 다 가늠할 수 있을까. 불법적 신분으로 살아온 자신의 삶이 처량하게 느껴지기도 할 것이고, 도대체 무슨 연유에서 북조선 가족의 소식조차 수소문할 수 없는 것인지, 새롭게 정착한 한국에서는 왜 자신을 그다지도 이상하게 쳐다보는지 어리둥절해하는 것이 분명하다. 그녀를 인터뷰한답시고 만난 그 자리에서 결국 그녀의 이야기를 더 깊게 듣지 못했다. 다만 간간이 던져지는 그녀의 삶의 편린과 울음 섞인 목소리, 그리고 감정에 북받쳐 말을 잇지 못한 채 계속된 침묵이 녹음파일의 전부였다. 하지만 내가 지금까지 만난 여성 중에서 영미를 자꾸 떠올리는 이유는 인터뷰가 끝날 때 즈음 그녀가 나에게 한 부탁 때문이었다.

이제 헤어지려고 인사를 하던 찰나, 영미는 쭈뼛거리며 커다란 봉지를 꺼낸다. 그녀의 하나원 동기 중 한명이 몸이 아프다면서 약을 한국으로 가져가 전해달라는 부탁이다. 혹시나 하는 마음에 무슨 약이냐고 물어보니, 그녀는 주섬주섬 검은 비닐봉지를 열어 약을 보여준다. 독일제 약이라면서 이 약은 중국에서만 구할 수 있다고 설명한다. 약봉지에 적힌 설명서를 읽어보니 치료제라기보다는 건강식품에 가까운 것 같았다. 걱정스러움에 일그러진 영미의 얼굴을 보니 갑자기 마음이 먹먹해진다. 자신의 삶이 버거워 눈물지으면서도, 주변의 더 힘겨운 사람 걱정을 하고 있다니.

몇푼 안 되는 월급을 쪼개 이 약도 샀을 것이 분명하다. 영미의 마음이 느껴진다. 북조선의 여성으로서 그 고통의 시간과 삶의 궤적을 겪으면서도 간직해온 그 따뜻한 마음 말이다.

북조선 사람들을 처음 만난 것은 2011년 봄이다. 한국으로 온 북조선 출신 가족을 하나원에서 처음 만난 이후 내 삶이 바뀌었다. 연구주제의 변화만을 의미하는 것이 아니다. 생각이 변했고, 세계관이 요동쳤고, 그리고 마음이 흔들렸다. 운이 좋았다. 처음 만난 북조선 출신 가족은 따뜻했고, 배려심이 깊었다. 그들을 통해 북조선을 알게 되고, 분단이 켜켜이 작동하는 한국을 마주했다. 그리 긴 시간도 아니다. 고작해야 10년도 되지 않는 시간 동안 온통 분단, 북조선 '만' 생각했다. 북조선의 흔적을 찾으러, 북조선 사람들을 만나러 중국, 일본, 유럽, 아프리카까지 겁 없이 돌아다녔다. 북조선에 다가가면 갈수록 내가 살고 있는 한국사회가 눈에 들어왔고, 분단구조에서 나 또한 자유로울 수 없다는 것을 확인했다. 내가 만난 수많은 북조선 사람들은 내 삶 속의 분단의 작동을 비로소 감각하게 해준 고마운 이들이었다.

나는 사람들에게 관심이 많다. 우리 모두의 종잡을 수 없는 마음이 궁금하다. 인간의 마음이 결국 무엇보다도 중요하다고 믿기 때문이기도 하다. 인간에 대한 과도한 신뢰가 있다는 비판에 익숙하다. 지금 같은 시대에 윤리적 주체를 주목하는 것이 딱할 정도로 순진한 발상이라는 시선도 그리 낯설지는 않다. 그럼에도 불구하고 내가 만난 많은 북조선 사람들, 조선적 자이니찌들, 중국 동포들은 결국 '마음'이 중요하다는 것을 다시 일깨워준다. 분단이 우리들의 마음을 아무리 헤집어놓아도, 낮은 자리에 있는 누군가는 다른 마음으로 새로운 역사를 만들어가고 있기 때문이다. 그리고 그 다른 마음과 실천이 가닿는 곳에서 만들어지는 작지만은 않은 파장을 안다. 이것들이 결국에는 거센 파동이 되어 우리 삶을 흔들어버리길 희망한다.

분단이 만들어낸 마음이 있다면, 그것을 바꿀 자원 또한 우리 안에 있을 것이다. 주변과 소통하는 것, 약한 자와 연대하는 것, 현재의 익숙함에 굴복하지 않는 것, 무엇보다 평화라는 가치를 믿는 것이 중요할 것이다. 마음 다잡고, 이제 시작.

주

1장 분단의 사회심리학

1 백낙청·김성민 대담 「민족문학론, 분단체제론, 변혁적 중도론」, 『백낙청 회화록』 7권, 창비 2017, 520면.

2 백낙청 『분단체제의 변혁의 공부길』, 창비 1994.

3 이매뉴얼 월러스틴 『월러스틴의 세계체제 분석』, 이광근 옮김, 당대 2005, 63~102면.

4 백낙청 『흔들리는 분단체제』, 창비 1998, 118~23면.

5 J. M. 바바렛 『감정의 거시사회학: 감정은 사회를 어떻게 움직이는가?』, 박형신·정수남 옮김, 일신사 2007; 스캇 R. 해리스 『감정 사회학으로의 초대』, 박형신 옮김, 한울아카데미 2017.

6 Diana Coole and Samantha Frost (eds.), *New Materialisms: Ontology, Agency, and the Politics*, London: Duke University Press 2010.

7 멜리사 그레그·그레고리 J. 시그워스 엮음 『정동 이론: 몸과 문화·윤리·정치의 마주침에서 생겨나는 것들에 대한 연구』, 최성희·김지영·박혜정 옮김, 갈무리 2015, 14~15면.

8 김홍중 「마음의 사회학을 이론화하기: 기초개념들과 설명논리를 중심으로」, 『한국사회학』 48집 4호, 2014, 180면.

9 김홍중의 논의는 그의 단행본 『마음의 사회학』(문학동네 2009)과 『한국사회학』

49집 1호(2015)에 실린 논문 「서바이벌, 생존주의, 그리고 청년세대: 마음의 사회학의 관점에서」를 참고하라.

10 타께우찌 요시미 「방법으로서의 아시아」, 『일본과 아시아』, 서광덕·백지운 옮김, 소명출판 2004.

11 '방법으로서의 아시아'는 이후 천광싱(陳光興)과 쑨거(孫歌)와 같은 문화연구자들에 의해서 계승 발전된다. 이에 대한 논의는 천광싱 「세계화와 탈제국, '방법으로서의 아시아」, 『아세아연구』 52권 1호, 2009, 57~80면; 천광싱 『제국의 눈』, 백지운 옮김, 창비 2003; 쑨거 『다케우치 요시미라는 물음: 동아시아의 사상은 가능한가?』, 윤여일 옮김, 그린비 2007.

12 김누리 엮음 『머릿속의 장벽: 통일 이후 동·서독 사회문화 갈등』, 한울 2006.

13 Alvin W. Gouldner, "Sociology and the Everyday Life," Lewis A. Coser (ed.), *The Ideas of Social Structure: Papers in Honor of R. K. Merton*, New York: Harcourt Brace Javanovich 1975; 강수택 「일상생활의 개념과 일상생활론의 역사」, 『사회과학연구』 15집, 1997, 120~21면에서 재인용.

14 앙리 르페브르 『현대세계의 일상성』, 박정자 옮김, 기파랑 2005.

15 같은 책 89면.

16 어빙 고프먼 『스티그마: 장애의 세계와 사회적응』, 윤선길·정기현 옮김, 한신대학교출판부 2009, 15면.

17 랜들 콜린스 『사회적 삶의 에너지』, 진수미 옮김, 한울 2009, 31~38면.

18 Henri Lefèbvre, *Critiques of Everyday life*, Vol. 2, London: Verso 2002; 최병두 「르페브르의 일상생활 비판과 도시공간적 소외」, 『대한지리학회지』 53권 2호, 2018, 158면에서 재인용.

19 클리퍼드 기어츠 『문화의 해석』, 문옥표 옮김, 까치 2009, 35면.

20 레이먼드 윌리엄즈 『문화사회학』, 설준규·송승철 옮김, 까치 1984, 8~25면.

2장 분단의 감정과 정동

1 감정과 마음에 관련된 과학적 접근과 철학적 해석을 정리한 연구로는 신현정 외 『마음학: 과학적 설명+철학적 성찰』, 백산서당 2010 참조.

2 안또니우 다마지우 『스피노자의 뇌: 기쁨, 슬픔, 느낌의 뇌과학』, 임지원 옮김, 사이

언스북스 2007.

3 레이먼드 윌리엄즈『마르크스주의와 문학』, 박만준 옮김, 지식을만드는지식 2013, 제2장 제9절 '감정의 구조' 참고.

4 박형신·정수남『감정은 사회를 어떻게 움직이는가: 공포 감정의 거시사회학』, 한길사 2015, 42면.

5 한병철『피로사회』, 김태환 옮김, 문학과지성사 2012.

6 주은우「'감정사회학'의 어려움」,『경제와 사회』110호, 2016, 408~409면.

7 「조선민주주의인민공화국 국무위원회 위원장 성명」, 2017년 9월 21일.

8 이나영·이영애「위험 지각에서 정신물리적 무감각에 영향을 미치는 요인들」,『한국 심리학회지: 실험』18권 1호, 2006, 57~58면.

9 권인숙「새로 시작된 전쟁과 그에 대한 단상들: 무감각함에 대하여」,『당대비평』 2001년 겨울호 200면.

10 다이앤 헌터「히스테리, 정신분석, 페미니즘: 안나의 사례」(한애경 옮김), 케이티 콘보이·나디아 메디나·사라 스탠베리 엮음『여성의 몸, 어떻게 읽을 것인가?: 성의 상품화 그리고 저항의 가능성』, 고경하 외 편역, 한울 2001.

11 김종곤「'분단적대성'의 역사적 발원과 감정구조」,『통일인문학』75호, 2018, 16면.

12 같은 글 20~23면.

13 정영철·정창현『평화의 시선으로 분단을 보다』, 유니스토리 2017, 81면.

14 하상복「금강산댐 사건과 정치적 현실의 구성」,『사회과학 담론과 정책』1권, 2008.

15 서동진『자유의 의지 자기계발의 의지: 신자유주의 한국사회에서 자기계발하는 주체의 탄생』, 돌베개 2009.

16 김홍중「서바이벌, 생존주의, 그리고 청년세대: 마음의 사회학의 관점에서」,『한국 사회학』49집 1호, 2015; 김상민 외『속물과 잉여』, 지식공작소 2013.

17 정세현『정세현의 통일토크 — 남북관계 현장 30년: 이론과 실제』, 서해문집 2013.

18 앨리 러셀 혹실드『자기 땅의 이방인들: 미국 우파는 무엇에 분노하고 어째서 혐오하는가』, 유강은 옮김, 이매진 2017.

19 김현미「난민 포비아와 한국 정치적 정동의 시간성」,『황해문화』2018년 겨울호.

20 박권일「소비자-피해자 정체성이 지배하는 세계」,『자음과모음』2018년 봄호.

21 박현선「태극기집회의 대중심리와 텅 빈 신화들」,『문화과학』2017년 가을호 109~10면.

22 지그문트 바우만『쓰레기가 되는 삶들: 모더니티와 그 추방자들』, 정일준 옮김, 새

물결 2008, 34~35면.

23 최현숙 『할배의 탄생: 어르신과 꼰대 사이, 가난한 남성성의 시원을 찾아』, 이매진 2016.

24 김진호 「'태극기집회'와 개신교 우파」, 『황해문화』 2017년 여름호 80~87면.

25 윤정란 『한국전쟁과 기독교』, 한울 2015.

26 김진호 『시민 K, 교회를 나가다: 한국 개신교의 성공과 실패, 그 욕망의 사회학』, 현 암사 2012.

27 토머스 칼라일 『영웅숭배론』, 박상익 옮김, 한길사 2003.

28 문성훈 「태극기 군중의 탄생에 대한 사회 병리학적 탐구」, 『사회와 철학』 36집, 2018.

29 악셀 호네트 『인정투쟁』, 문성훈·이현재 옮김, 사월의 책 2011.

30 같은 책 166~220면.

31 권헌익 『또 하나의 냉전: 인류학으로 본 냉전의 역사』, 이한중 옮김, 민음사 2013.

32 Special Issues "Bandung/Third Worldism: the 50th Anniversary of the 1955 Bandung Conference", *Inter-Asia Cultural Studies*, Vol. 6, No. 4, 2005; Kuan-Hsing Chen, "Introduction: "Bandung/Third World 60 Years" — in Memory of Professor Sam Moyo," *Inter-Asia Cultural Studies*, Vol. 17, No. 1, 2016.

33 Lyong Choi and Il-young Jeong, "North Korean and Zimbabwe, 1978-1982: from the strategic alliance to the symbolic comradeship between Kim Il Sung and Robert Mugabe," *Cold War History*, Vol. 17, Issue 4, 2017.

34 Samuel Goff, "The Pyongyang Connection: North Korea's strange and surprisingly effective cham offensive in Africa," *The Calvert Journal*, https://www.calvertjournal. com/features/show/5336/red-africa-che-onejoon-north-korea-statues-africa. 4 February, 2016

35 Laura Mulvey, "Visual Pleasure and Narrative Cinema," *Visual and Other Pleasures*, Basingstoke: Macmillan 1989.

36 Stuart Hall (ed.), *Representation: Cultural Representation and Signifying Practices*, London: Open University Press 1997, chapter 1 'the work of representation' 참조.

37 레이먼드 윌리엄즈 『시골과 도시』, 이현석 옮김, 나남 2013.

3장 북조선 인민의 마음

1 알렉시 드 또끄빌 『미국의 민주주의 1』, 임효선·박지동 옮김, 한길사 2013; Robert Bellah et al., *Habits of the Heart: Individualism and Commitment in American Life*, LA: University of California Press 1985.

2 파커 J. 파머 『비통한 자들을 위한 정치학: 왜 민주주의에서 마음이 중요한가』, 김찬호 옮김, 글항아리 2012.

3 이우영·구갑우 「남북한 접촉지대와 마음의 통합이론: '마음의 지질학' 시론」, 『현대북한연구』 19권 1호, 2016.

4 알렉시 드 또끄빌 『미국의 민주주의 2』, 임효선·박지동 옮김, 한길사 2013, 731~35면.

5 알렉시 드 또끄빌 『미국의 민주주의 1』 59면.

6 같은 책 381면.

7 이황직 「토크빌의 제도와 습속의 방법론 연구: 『미국의 민주주의』를 중심으로」, 『사회이론』 36호, 2009, 160면.

8 Robert Bellah et al., 앞의 책; 유승무·신종화·박수호 「북한사회의 합심주의 마음문화」, 『아세아연구』 58권 1호, 2015.

9 파커 J. 파머, 앞의 책 90면.

10 같은 책 91면.

11 Lene Arnett Jensen, "Habits of the Heart Revisited: Autonomy, Community, and Divinity in Adults' Moral Language," *Qualitative Sociology* Vol. 18, No. 1, 1995.

12 Émile Durkheim, *The Elementary Forms of Religious Life*, tr. Carol Cosman, New York: Basic Books 1995; Émile Durkheim, *The Rules of Sociological Method*, tr. W. D. Halls, New York: Free Press 1951.

13 송재룡 「한국사회의 자살과 뒤르케임의 자살론: 가족주의 습속과 관련하여」, 한국사회이론학회 엮음 『뒤르케임을 다시 생각한다』, 동아시아 2008, 180면.

14 송재룡 「한국사회의 문화구조 특성에 대한 연구: 전근대적 문화 습속을 중심으로」, 『담론 201』 12권 3·4호, 2009, 14~15면.

15 이황직, 앞의 글 160면.

16 서재진 『주체사상의 이반: 지배이데올로기에서 저항이데올로기로』, 박영사 2006.

17 북조선과 종교의 유사성에 대한 논의로는 김병로 『북한사회의 종교성: 주체사상과

기독교의 종교양식 비교』, 통일연구원 2000 참고.

18 김정일 「온 사회를 김일성주의화하기 위한 당사상사업의 몇가지 과업에 대하여: 전국당선전일군강습회에서 한 결론 1974년 2월 19일」, 『주체혁명위업의 완성을 위하여 3』, 평양: 조선로동당출판사 1987.

19 「혁명하는 사람에게 있어서 가장 고귀한 것은 사회정치적 생명이다」, 『근로자』 8호, 1973, 3면.

20 사회과학출판사 엮음 『주체사상의 철학적 원리』(주체사상총서 1), 백산서당 1989, 180면.

21 김성경 「북한 주민의 일상과 방법으로서의 마음: 생활총화와 검열의 상황에서의 공모하는 마음」, 『경제와 사회』 109호, 2016; 김병로 『북한, 조선으로 다시 읽다』, 서울대학교출판문화원 2016.

22 이에 대한 연구로는 조은희 「북한 혁명전통의 상징화 연구」(이화여자대학교 사회학과 박사학위논문 2006), 김일성 시기의 현지지도를 분석한 유호열 「김일성 '현지지도' 연구: 1980~90년대를 중심으로」(『통일연구논총』 3권 1호, 1994), 현지지도의 정치적 목적을 밝힌 이교덕 『김정일 현지지도의 특성』(통일연구원 2002), 김정은 시대의 현지지도를 분석한 것으로 정유석·곽은경 「김정은 현지지도에 나타난 북한의 상징정치」(『현대북한연구』 18권 3호, 2015) 등이 있다.

23 정유석·곽은경, 앞의 글 167면.

24 『조선말대사전』, 평양: 사회과학출판사 2002.

25 박영자 『김정은 시대 조선노동당의 조직과 기능: 정권 안정화 전략을 중심으로』, 통일연구원 2017, 198~200면.

26 김일성 「일부 당단체들의 사업에서 나타나고 있는 오류와 결함을 퇴치할 데 대하여: 북조선로동당 중앙위원회 제6차회의에서 한 보고, 1947년 3월 15일」, 『김일성저작집』 3권, 평양: 조선로동당출판사 1979.

27 김일성 「당단체들의 사업을 개선 강화할 데 대하여: 북조선로동당 중앙위원회 제5차회의에서 한 결론, 1947년 2월 13일」, 같은 책.

28 김일성 「당사업을 개선하며 당대표자회 결정을 관철할 데 대하여: 도, 시, 군 및 공장 당책임비서협의회에서 한 연설, 1967년 3월 17~24일」, 『김일성저작집』 21권, 평양: 조선로동당출판사 1983.

29 김정일 「당과 혁명대오의 강화 발전과 사회주의 경제 건설의 새로운 앙양을 위하여: 조선로동당 중앙위원회 책임일군들 앞에서 한 연설, 1986년 1월 3일」, 『김정일저

작집』 8권, 평양: 조선로동당출판사 1987.

30 최진이 「'중앙당 1호 신소'는 '북한의 현대판 신문고'」, 『NK조선』 2001년 3월 29일
자, http://nk.chosun.com/news/articleView.html?idxno=5477; 박영자, 앞의 책.

31 박영자, 앞의 책 199~200면.

32 송재룡 「한국사회의 자살과 뒤르케임의 자살론: 가족주의 습속과 관련하여」 179~81면.

33 「조선로동당 제7차 대회 결정서, 2016년 5월 9일: 경애하는 김정은 동지를 우리 당
의 최고수위에 높이 추대할 데 대하여」, 『로동신문』 2016년 5월 10일자.

34 오경섭 「10대원칙 개정안의 주요 내용과 정치적 의미」, 『정세와 정책』 2013년 9월호.

35 알렉시 드 또끄빌 『미국의 민주주의 2』 3장 참고.

36 기 드보르 『스펙타클의 사회』, 유재홍 옮김, 울력 2014, 29면.

37 같은 책 13~34면. 특히 테제 1과 '1장 완성된 분리' 참조.

38 같은 책 64면.

39 같은 책 60~61면.

40 기 드보르 『스펙타클의 사회에 대한 논평』, 유재홍 옮김, 울력 2017, 23~24면.

41 김경숙 「북한 '수령형상문학'의 역사적 변모 양상: 1960~1990년대 북한 서정시를
중심으로」, 『민족문학사연구』 51호, 2013; 전영선 「이야기 방식을 통한 북한 체제 정
당화 연구: 총서 "불멸의 력사"와 영화 '조선의 별'을 중심으로」, 『북한연구학회보』
13권 1호, 2009.

42 사회과학원 주체문학연구소 「수령의 형상 창조」, 『문학예술사전』, 평양: 과학백과
사전종합출판사 1991, 306면.

43 김일성 「전후 평양시 복구건설 총계획도를 작성할 데 대하여」, 『김일성저작집』 6권,
평양: 조선로동당출판사 1980, 277면.

44 임동우 『평양 그리고 평양 이후: 평양 도시 공간에 대한 또 다른 시각, 1953~2011』,
효형출판 2011, 133~36면.

45 홍민 「역사적 다양체로서 사회주의 도시의 이해」, 북한도시사연구팀 엮음 『사회주
의 도시와 북한: 도시사연구방법』, 한울 2013, 39~48면.

46 김원 『사회주의 도시계획』, 보성각 1998; Svetlana Boym, *Common Places: Mythologies
of Everyday Life in Russia*, Cambridge: Harvard University Press 1994; 기계형 「사회주
의 도시 연구: 1917~1941년 소비에트 러시아의 주택정책과 건축 실험에 대한 논의」,
북한도시사연구팀 엮음, 앞의 책.

47 필립 뮈제아 엮음 『이제는 평양건축』, 윤정원 옮김, 담디 2012, 102~103면; 기계형,

앞의 글.

48 임동우, 앞의 책 137~38면.

49 리화선『조선건축사 2』, 평양: 과학백과사전종합출판사 1989; 111~14면; 장세훈
『냉전, 분단 그리고 도시화』, 알트 2017, 90면에서 재인용.

50 임동우, 앞의 책 88~101면.

51 안창모「북한건축의 이해: 북한사회 연구의 지속성 확보를 위한 제언」, 『건축』 58권
8호, 2014, 30면.

52 김일성「사회주의 위업의 계승 완성을 위하여」, 『김일성저작집』 44권, 평양: 조선로
동당출판사 1996.

53 필립 뒈제아 엮음, 앞의 책 114면.

54 Henri Lefebvre, *Writings on Cities*, translated and edited by Eleonore Kofman and
Elizabeth Lebas, Oxford: Blackwell 1996, 185면; 최병두「르페브르의 일상생활 비판
과 도시·공간적 소외」, 『대한지리학회지』 53권 2호, 2018 참고.

55 스피노자『에티카/정치론』, 추영현 옮김, 동서문화사 1994, 114면.

56 같은 책 164~65면.

57 질 들뢰즈『스피노자의 철학』, 박기순 옮김, 민음사 1999, 77면.

58 브라이언 마수미『가상계: 운동, 정동, 감각의 아쌍블라주』, 조성훈 옮김, 갈무리
2011; 이또오 마모루『정동의 힘: 미디어와 공진(共振)하는 신체』, 김미정 옮김, 갈무
리 2015; 멀리사 그레그·그레고리 J. 시그워스 엮음『정동 이론: 몸과 문화·윤리·정
치의 마주침에서 생겨나는 것들에 대한 연구』, 최성희·김지영·박혜정 옮김, 갈무리
2015; 질 들뢰즈「정동이란 무엇인가?」, 질 들뢰즈·안또니오 네그리 외『비물질노동
과 다중』, 서창현·김상운·자율평론번역모임 옮김, 갈무리 2005.

59 브라이언 마수미, 앞의 책과 이또오 마모루, 앞의 책의 논의를 참조하라.

60「평양속도」, 『평양신문』 1960년 12월 11일자.

61 백남운『쏘련인상』, 선인 2005, 60~62면.

62『평양신문』 1958년 6월 7일자;『평양신문』 1958년 7월 10일자;『로동신문』 1979년
2월 1일자;『로동신문』 1981년 1월 30일자; 장세훈, 앞의 책 91면에서 재인용.

63 사회과학원『문학대사전』 4권, 평양: 사회과학출판사 2000, 224면.

64 최학수『평양시간』, 평양: 문예출판사 1976, 6면.

65 같은 책 328면.

66 리철민『려명거리, 비약하는 조선의 기상』, 평양: 평양출판사 2017.

67 같은 책 24~25면.

68 「록화실황 주체건축의 본보기, 로동당시대의 선경으로 훌륭히 일떠선 미래과학자 거리 준공식 진행」, https://www.youtube.com/watch?v=gy9BRXN9o6g.

69 「누리를 밝히는 승리의 려명, 려명거리 건설에 깃든 위대한 령도」, https://www. youtube.com/watch?v=y7BtveipCD0.

70 리철민, 앞의 책, 13면.

71 질 들뢰즈·안또니오 네그리 외, 앞의 책 32면.

4장 우리 안의 타자, 북조선 출신자

1 이대희 「독일 통일 새롭게 보기 "이제 평화 능력을 기를 때": [인터뷰] 통일 독일 일 상사 이야기한 이동기 강릉원주대 교수」, 『프레시안』 2018년 5월 28일, http://www. pressian.com/news/article/?no=197851 (접속일, 2020년 2월 26일).

2 Alfred Schuetz, "The Homecomer," *American Journal of Sociology* Vol. 50, No. 5, 1945.

3 한나 아렌트 『전체주의의 기원 1』, 이진우·박미애 옮김, 한길사 2006, 524~34면.

4 조르조 아감벤 『목적 없는 수단』, 김상운·양창렬 옮김, 난장 2009, 35면.

5 같은 책 25면.

6 한나 아렌트, 앞의 책 489~523면.

7 '북한이탈주민의 보호 및 정착지원에 관한 법률' 제7조를 참조하라.

8 '북한이탈주민의 보호 및 정착지원에 관한 법률' 제7조와 시행령 제12조의 2, 3, 4를 참조하라.

9 슬라보예 지젝 『부정적인 것과 함께 머물기』, 이성민 옮김, 도서출판b 2007, 144~49면; 김성경·오영숙 『탈북의 경험과 영화 표상』, 문화과학사 2012, 221면에서 재인용.

10 한나 아렌트, 앞의 책 517~18면.

11 홍찬숙 「독일 통일 후 구동독 출신 여성의 서독 이주와 서독화의 다양성」, 『한국여성학』 27권 4호, 2011, 84면.

12 박강성주 『슬픈 쌍둥이의 눈물: 김현희-KAL 858기 사건과 국제관계학』, 한울 2015, 139면. 젠더 정치학의 시각에서 이루어진, 이 사건에 대한 재해석은 이 책의 6장 '젠더의 정치학'을 참조하라.

13 김연철 「누가 탈북자를 '알바 시위꾼'으로 만들었나?」, 『프레시안』 2016년 4월 27일.

14 한나 아렌트 『예루살렘의 아이히만: 악의 평범성에 대한 보고서』, 김선욱 옮김, 한
길사 2006.

15 블레인 하든 『14호 수용소 탈출』, 신동숙 옮김, 아산정책연구원 2013, 252~53면

16 같은 책 263면

17 같은 책 265면

18 같은 책 284면

19 A. Fifield, "Defector Shin Dong-hyuk urges continued pressure on North Korea," *The
Washington Post* Jan. 18, 2015; Sang-Hun Cho, "North Korea Uses Defector's Partial
Retraction to Lash Out at Washington," *The New York Times* Jan. 15, 2015.

20 폴 톰슨 「구술사, 과거의 목소리」, 윤택림 편역 『구술사, 기억으로 쓰는 역사』, 아르
케 2010.

5장 한반도 밖 분단

1 김석주 「연변조선족자치주의 문화적 변화에 관한 연구」, 『한국지역지리학회지』
12권 1호, 2006, 16~17면.

2 강수옥 「중국 조선족의 역사적 형성과 정체성」, 『디아스포라연구』 7권 1호, 2013,
91면.

3 곽승지 『조선족, 그들은 누구인가: 중국 정착 과정에서의 슬픈 역사』, 인간사랑 2013,
63면.

4 남명철 「연변 조선족 공동체의 변화와 향후 대책에 관한 제언」, 『공존의 인간학』 창
간호, 2019, 208~209면.

5 법무부 출입국·외국인정책본부 『2018 출입국·외국인정책 통계연보』, 2019, 70면.

6 이재하·김석주 「연변조선족자치주의 지역성 변화에 관한 세계체제론적 분석: 산업
을 중심으로」, 『한국지역지리학회지』 13권 4호, 2007; 김석주, 앞의 글.

7 강주원 『나는 오늘도 국경을 만들고 허문다: 국경도시 단둥을 읽는 문화인류학 가이
드』, 글항아리 2013.

8 권태환·박광성 「중국 조선족 대이동과 공동체의 변화: 현지조사 자료를 중심으로」,
『한국인구학』 27권 2호, 2004, 83~85면; 구지영 「지구화시대 조선족의 이동과 정주
에 관한 소고: 중국 청도를 중심으로」, 『인문연구』 68호, 2013 참고.

9 Saskia Sassen, "Women's Burden: Countergeographies of Globalization and The Feminization of Survival," *Journal of International Affairs* Vol. 53, No. 2, Spring 2000.

10 이현조「조중국경조약체제에 관한 국제법적 고찰」,『국제법학회논총』52권 3호, 2007.

11 강재홍「중국 동북3성, 부활을 꿈꾸다」, 강태호 외『북방 루트 리포트: 환동해 네트워크와 대륙철도』, 돌베개 2014, 205~29면. 이 책의 5부 '국경의 빗장을 열다' 또한 조·중 협력에 대해서 설명하고 있다.

12 Douglas S. Massey et al., "Theories of International Migration: A Review and Appraisal," *Population and Development Review* Vol. 19, No. 3, 432~33면. 이주에 관련된 다양한 이론과 입장은 이 논문과 더불어 마이클 새머스『이주』, 이영민·박경환·이용균·이현욱·이종희 옮김, 푸른길 2013 참고.

13 전신자「중국조선족여성과 북한여성의 "국제결혼" 비교연구」,『북한학연구』10권 1호, 2014, 191면.

14 같은 글.

15 "US concerned about trafficking of North Koreans," https://humanrightshouse.org/articles/us-concerned-about-trafficking-of-north-koreans/ (접속일: 2020년 3월 10일).

16 Rhoda Margesson, Emma Chanlett-Avery, and Andorra Bruno, "North Korean Refugees in China and Human Rights Issues: International Response and US Policy Options," *Congressional Research Service Report for Congress*, September 26, 2007; Kim Sung Kyung, "I am well-cooked food: survival strategies of North Korean female border-crossers and possibilities for empowerment," *Inter-Asia Cultural Studies* Vol. 15, No. 4, 2014.

6장 공동체, 연대, 그리고 사회

1 삐에르 부르디외『구별짓기: 문화와 취향의 사회학(상)』, 최종철 옮김, 새물결 1995 참고.

2 에밀 뒤르켐『사회분업론』, 민문홍 옮김, 아카넷 2012. '도덕적 개인주의'와 관련해서 서론을 참고하라.

3 애덤 스미스『도덕감정론』, 박세일·민경국 옮김, 비봉출판사 2009, 3면.

4 같은 책 272면.

5 김왕배「도덕감정: 부채의식과 감사, 죄책감의 연대」,『사회와 이론』23집, 2013, 137면.

6 마사 누스바움『감정의 격동 2: 연민』, 조형준 옮김, 새물결 2015, 561면.

7 같은 책 587면.

8 같은 책 598면

9 슈테판 츠바이크『초조한 마음』, 이유정 옮김, 문학과지성사 2013, 236면.

10 수전 손택『타인의 고통』, 이재원 옮김, 이후 2004, 154면.

11 김찬호『모멸감: 굴욕과 존엄의 감정사회학』, 문학과지성사 2014, 64면.

12 스튜어트 월턴『인간다움의 조건: 인간을 인간이게 만드는 10가지 감정 이야기』, 이희재 옮김, 사이언스북스 2012, 343면.

13 프리드리히 니체『차라투스트라는 이렇게 말했다』, 정동호 옮김, 책세상 2000, 201면; 진은영「우리의 연민은 정오의 그림자처럼 짧고, 우리의 수치심은 자정의 그림자처럼 길다」, 김애란 외『눈먼 자들의 국가: 세월호를 바라보는 작가의 눈』, 문학동네 2014, 72면에서 재인용.

14 같은 글 67~84면.

15 금희『세상에 없는 나의 집』, 창비 2015, 74~75면.

16 김홍중『마음의 사회학』, 문학동네 2009, 98~99면.

17 박정호「마르셀 모스의『증여론』: 증여의 사회학적 본질과 기능 그리고 호혜성의 원리에 대하여」,『문화와 사회』7호, 2009, 9면.

18 마르셀 모스『증여론』, 이상률 옮김, 한길사 2002, 280~81면.

19 같은 책 281면.

20 박본「으르렁대는 은하수」,『박본 희곡집』, 고정희 옮김, 오즈의 마법사 2018, 118~19면.

수록문 출처

1장 분단의 사회심리학
2장 분단의 감정과 정동
  : 새로 집필함.

3장 북조선 인민의 마음

• 북조선 정치체제와 마음
  :「북한 정치체제와 마음의 습속: 주체사상과 신소 제도의 작동을 중심으로」(『현대
북한연구』 21권 2호, 2018)를 일부 수정하여 『감정의 세계, 정치』(『세계정치』 29권,
사회평론아카데미 2018)에 수록한 후, 본서에 게재하면서 다시 대폭 수정·보완하
였음.
• 평양 스펙터클과 북조선 인민의 정동
  :「평양 도시 건설 스펙터클에 관한 소고: 열망과 체념의 정동을 중심으로」(『개념과
소통』 24호, 2019)를 일부 수정·보완하였음.

4장 우리 안의 타자, 북조선 출신자

• 난민, 장소를 잃어버린 자
• 인권보다 국가, 그 위의 분단
• 젠더화된 탈북 과정과 한국사회의 관음증

: 「이곳에서 탈북자 사유하기」(『말과 활』 11호, 2016)를 대폭 수정·보완하였음.
• 타자 중심의 윤리
: 「탈북자 증언의 윤리」(『건축신문』 18호, 2016)를 『뉴 셸터스: 난민을 위한 건축적 제안들』(프로파간다 엮음, 2017)에 수록한 후, 본서에 게재하면서 일부를 수정·보완하였음.

5장 한반도 밖 분단
6장 공동체, 연대, 그리고 사회
: 새로 집필함.

에필로그
: '일화'에 소개한 조선적 자이니찌와 접경지역에서 만난 북조선 출신 여성의 생애사는 몇몇 신문 칼럼에서 간략하게 소개한 바 있음.

이미지 제공처

이 책은 다음의 단체 및 저작권자의 허가 절차를 밟았습니다.
이미지를 제공해주신 분들께 진심으로 감사드립니다.
수록된 사진은 대부분 저작권자의 사용 허가를 받았으나,
일부 저작권자를 찾지 못한 경우는 확인되는 대로 허가 절차를 밟겠습니다.

- 국가기록원 66
- 김성경 77, 209, 237, 244
- 연합뉴스 60
- Bjørn Christian Tørrissen/Wikimedia Commons 142
- Explore DPRK 175, 178
- ilf_/flickr 88(아래)
- Jeff Attaway/flickr 88(위)
- Laika ac/Wikimedia Commons 161

갈라진 마음들
분단의 사회심리학

초판 1쇄 발행 / 2020년 9월 11일
초판 2쇄 발행 / 2020년 11월 18일

지은이 / 김성경
펴낸이 / 강일우
책임편집 / 이하림 신채용
조판 / 박아경
펴낸곳 / (주)창비
등록 / 1986년 8월 5일 제85호
주소 / 10881 경기도 파주시 회동길 184
전화 / 031-955-3333
팩시밀리 / 영업 031-955-3399 편집 031-955-3400
홈페이지 / www.changbi.com
전자우편 / human@changbi.com

ⓒ 김성경 2020
ISBN 978-89-364-8672-3 03300